YU TIAN YEAR BOOK

2023

中共于田县委党史地方志研究所　编

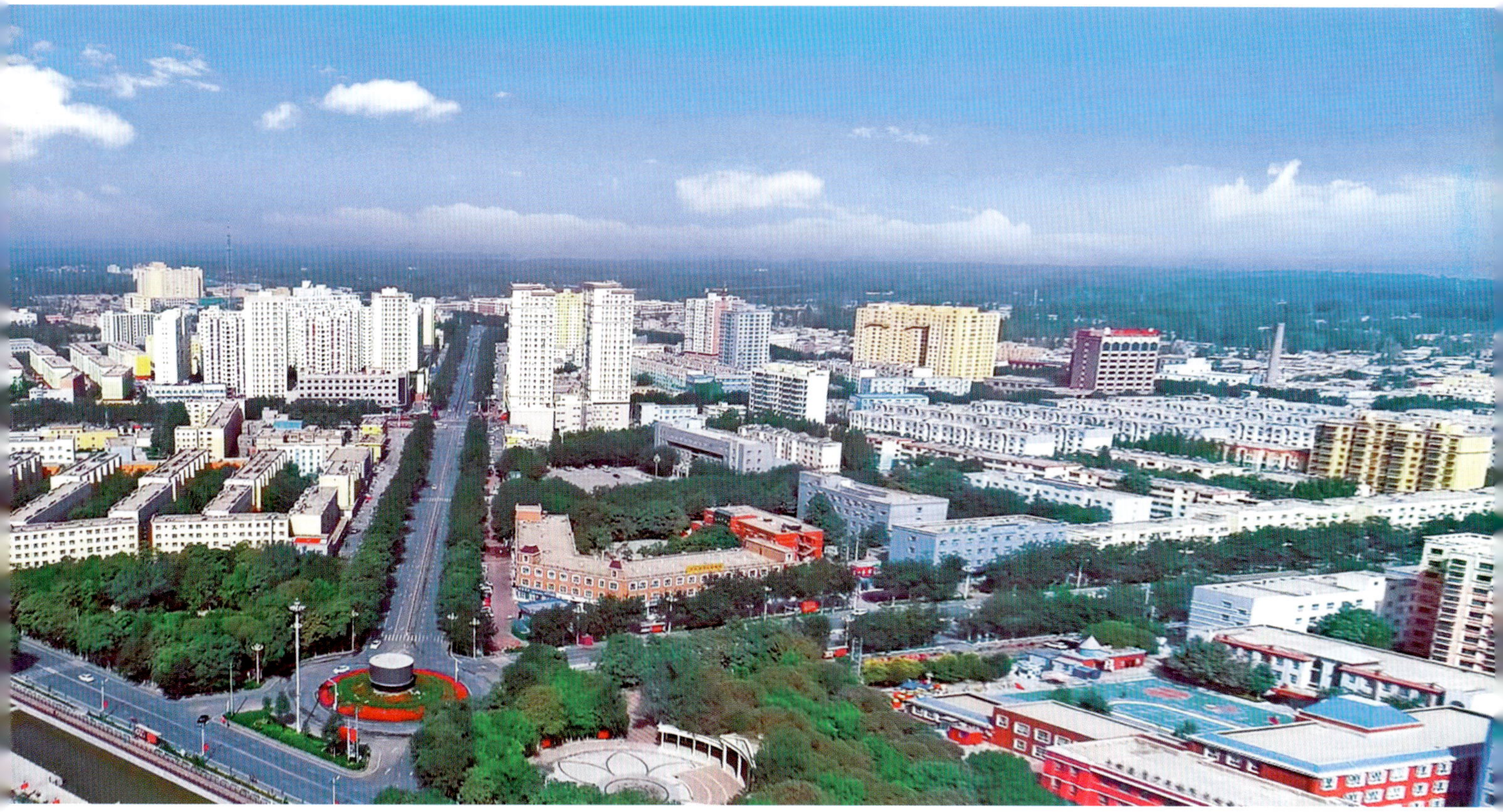

图书在版编目(CIP)数据

于田年鉴. 2023 / 中共于田县委党史地方志研究所编.—北京 : 方志出版社, 2023.12
ISBN 978-7-5144-6070-4

Ⅰ. ①于… Ⅱ. ①中… Ⅲ. ①于田县—2023—年鉴
Ⅳ. ①Z524.54

中国国家版本馆CIP数据核字(2024)第001825号

责任编辑:张颢
责任校对:张玉霞
责任印制:梅中英
出 版 者:方志出版社
地　　址:北京市朝阳区潘家园东里9号(国家方志馆4层)
邮　　编:100021
网　　址:http://www.zgfzcb.cn
发　　行:方志出版社图书营销中心(010-67110500)
印　　刷:新疆金版印务有限公司
开　　本:889毫米×1194毫米 1/16
印　　张:15
字　　数:396千字
版　　次:2023年12月第1版
印　　次:2023年12月第1次印刷
定　　价:180.00元

《于田年鉴（2023）》编纂委员会

《于田年鉴（2023）》编辑人员

《于田年鉴(2023)》组(撰)稿人名单

(按姓氏笔画排序)

丁国顺　　丁　建　　丁晓峰　　卜热比·吾斯曼　　于翠翠　　卫鸿基　　马军全

王卫平　　王玉凤　　王平平　　王庆玲　　王京状　　王彦国　　王雪杰　　王　琴

木塔力甫·木吐送　　瓦日斯江·麦麦提　　文国前　　艾比布汗·吾布力艾山

艾比拜·艾买尔　　艾比拜·买买提明　　艾沙江·玉苏甫　　田　芳

吐尔洪·买买提明　　吐妮莎古丽·吐送　　朱海峰　　乔丽潘·吐尔洪

任赛群　　华显东　　邬巧巧　　刘广纪　　刘　凤　　刘汉君　　刘　扬　　刘　华

刘　闯　　刘翠翠　　米日古丽·买合苏提　　如则·买提图尔迪　　买吐送·阿不力孜

买热木尼沙·吾加布拉　　苌　壮　　芦红珍　　苏祥荣　　李飞梅　　李文斌

李永昌　　李好强　　李红梅　　李迎红　　李　玮　　李　佳　　李金华　　李　胜

李凌志　　李　梦　　李　蕊　　杨永强　　杨　欢　　杨国栋　　杨定平　　杨居让

杨　涛　　吾布力·卡斯木　　吾哈力尼沙·巴拉提　　吴新兰　　何生亮　　何金平

库尔班江·阿不都瓦克　　汪　丽　　沙　昆　　张小龙　　张付靖　　张团结　　张　军

张建军　　张昭武　　张浩男　　张海滨　　张喜凤　　阿不力孜·买提托乎提

阿不都来提·艾则孜　　阿布都热合曼·阿布都卡地　　阿地力江·比建　　阿米娜·买吐逊

阿米娜·买买提明　　阿米娜·阿不地热依木　　阿依古丽·阿布都卡地

阿依夏木古丽·阿卜杜拉　　陈　龙　　陈仙仙　　陈丽丽　　陈秀英　　陈　海

苗德雨　　苟青云　　欧为才　　罗婵娟　　依再提罕·阿布都外力　　金　凡

金　磊　　周云鹏　　周　杰　　郑　兴　　单自鹏　　宗严录　　赵　帅　　赵　强

赵　薇　　胡伟荣　　胡海兰　　胡耀飞　　南　丽　　钟佳峰　　侯丽军

祖米热提·艾合买提　　热介甫·吐地　　贾红霞　　徐孝贤　　徐姣姣　　高彦海

郭丛丛　　郭　宁　　郭军丽　　唐丽平　　唐睿婷　　海里旦木·阿布都卡地　　黄　琼

康宽堂　　章主龙　　梁有寿　　梁松国　　董江伟　　蒋周维　　韩永利　　韩　刚

韩延根　　程建忠　　程维华　　曾少林　　谢艳春　　戴　芳　　魏玉祥　　魏宗文

编辑说明

一、《于田年鉴(2023)》以马克思列宁主义、毛泽东思想、邓小平理论、“三个代表”重要思想、科学发展观、习近平新时代中国特色社会主义思想为指导，坚持辩证唯物主义和历史唯物主义的立场、观点和方法，全面、客观、系统记述区域发展情况，记述时限为2022年1月1日至12月31日。

二、《于田年鉴》是由中共于田县委员会、于田县人民政府主办，于田县委党史地方志研究所主编的年度综合性、资料性文献，2019年首次出版，《于田年鉴(2023)》为第5卷。

三、本年鉴采用分类编辑法，设类目、分目、条目三个层次，部分分目下设子目，条目标题均为黑体字加【】。

四、《于田年鉴(2023)》设有特载、大事记、于田概况、中国共产党于田县委员会、于田县人民代表大会、于田县人民政府、中国人民政治协商会议于田县委员会、纪检监察、对口支援 定点帮扶、法治、群众团体、经济管理、农业农村、工业 建筑业、商贸服务业、经贸合作、旅游业、金融业、交通、邮政 通信、城乡建设、科技 气象、生态环境与保护、教育、文化 体育、卫生医疗、社会生活、应急管理、乡镇(街道)、驻县单位、人物 荣誉、附录、索引。

五、《于田年鉴(2023)》中“自治区”均指新疆维吾尔自治区，“地委”“地区”均指和田地委、和田地区，县委均指于田县委，全县均指于田县。

六、《于田年鉴(2023)》数字用法、标点符号用法分别采用国家标准《出版物上数字用法》(GB/T 15835—2011)、《标点符号用法》(GB/T 15834—2011)，计量单位采用国家技术监督局1993年12月发布的《量和单位》系列国家标准。

七、《于田年鉴(2023)》采用的稿件由于田县各部门、各单位、各乡镇组织有关人员或专业人员收集提供，所有资料已经有关部门审核。

八、由于统计数据来源、口径、方式、时间的不同，所载数据存在不一致的情况，请读者以于田县统计局提供的统计资料为准。

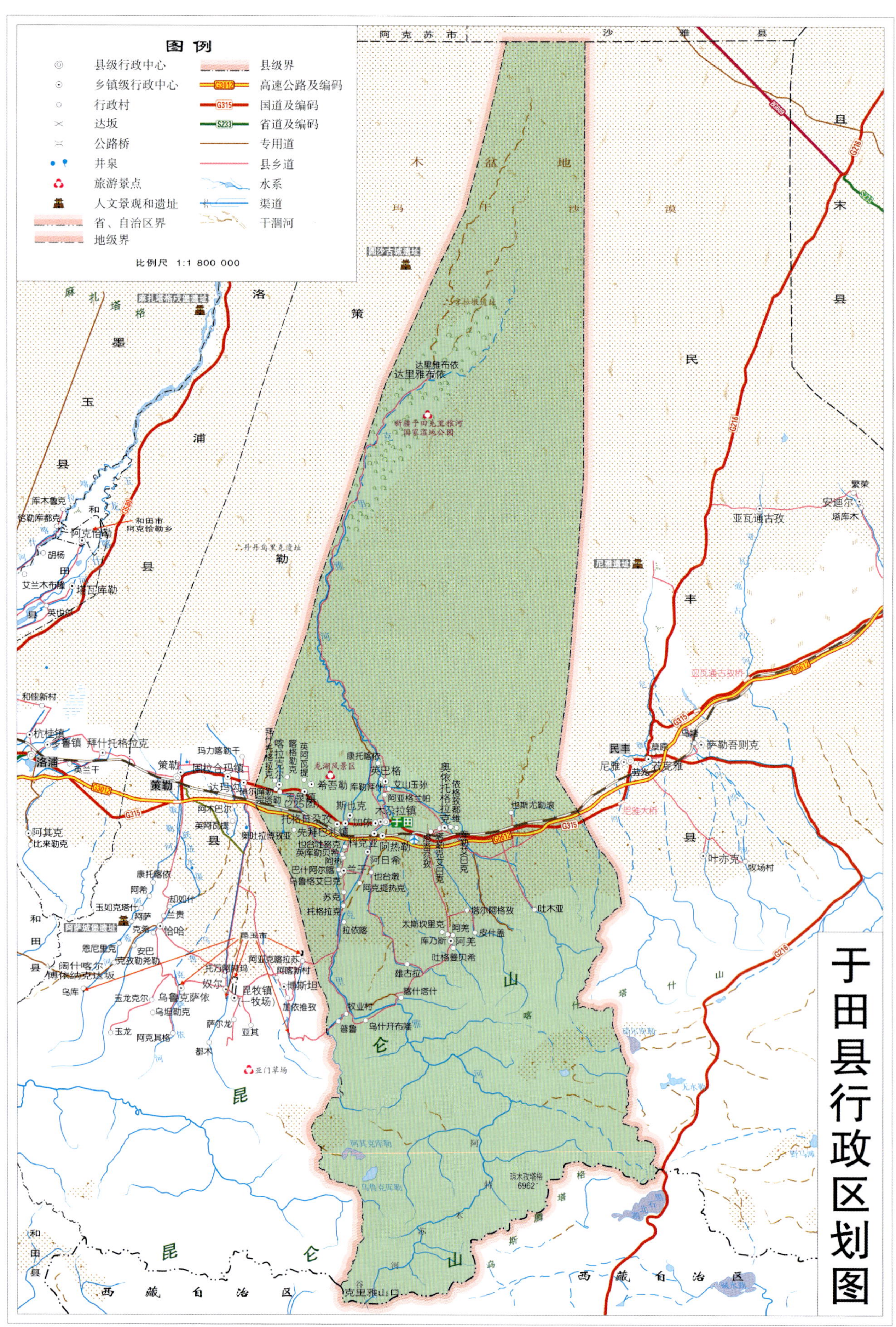

审图号：新S(2024)210号

新疆维吾尔自治区第二测绘院编制　注：此图不作为行政划界依据。

2022年3月22日，于田县第十八届人民代表大会第二次会议第一次全体会议在于田县委礼堂召开

（于田县人大办公室提供）

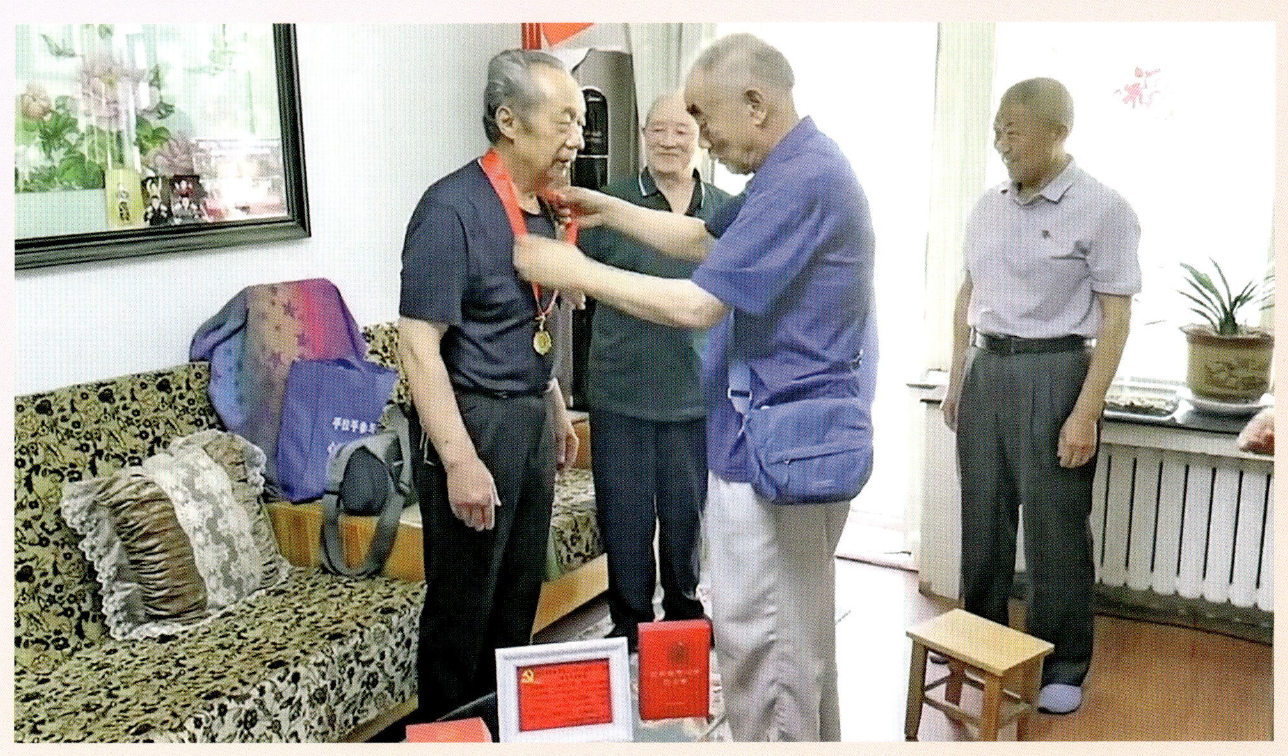

2022年7月1日，于田县组织人员为退休干部发放“光荣在党50年”纪念章

（于田县委直属机关工委提供）

2022年7月19日，于田县委宣传部宣讲员在葡萄架下向村民传达习近平总书记视察新疆重要讲话重要指示精神

（于田县委宣传部提供）

2022年8月12日，于田县委宣传部在县博物馆举办“喜迎党的二十大 强国复兴有我”宣讲员大赛

（于田县委宣传部提供）

2022年12月，于田县开展“深入学习宣传贯彻党的二十大精神”巡回演出活动

（于田县委宣传部提供）

2022年1月3日，鸿星尔克新疆于田服装生产基地正式落成并投产

（来自“于田零距离”微信公众号）

2022年9月19日，“美玉香馕”参展第七届中国—亚欧博览会

（华喜汇通〈天津〉供应链管理有限公司提供）

2022年，新疆国资委于田防护用品产业园

（于田天津工业园区管委会提供）

2022年12月14日，春秋航空于田—上海航线复航　　（于田县人民政府办公室提供）

2022年，新疆津垦通和农牧业有限公司　　（于田天津工业园区管委会提供）

2022年4月，于田县检察院和县妇联联合成立家庭教育指导站（于田县检察院提供）

2022年7月，于田县先拜巴扎人民法庭在葡萄架下调解村民纠纷（于田县法院提供）

2022年7月24日，于田县司法局开展“普法宣传进夜市 法律服务零距离”活动（于田县司法局提供）

2022年6月，于田县乡村振兴示范村托格日尕孜乡托格日尕孜村文化大院（于田县乡村振兴局提供）

2022年7月18日，于田县托格日尕孜乡万寿菊花田　　（于田县农业农村局提供）

2022年4月14日，于田县奥依托格拉克乡阿甫塔市勒克库勒村肉苁蓉种植农民交流采收技巧（来自“于田零距离”微信公众号）

2022年4月27日，于田县阿热勒乡香菇种植基地的香菇丰收景象让种植户喜上眉梢（来自“于田零距离”微信公众号）

2022年5月2日，新疆于田瑰觅生物科技股份有限公司晾晒玫瑰花（来自“于田零距离”微信公众号）

2022年，于田县希吾勒乡津垦牧业饲繁育场 （于田县乡村振兴局提供）

2022年，于田县农业农村局组织人员为养殖大户培训多胎羊养殖及疫病防治技术

（于田县农业农村局提供）

2022年，于田津垦牧业肉羊技术中心（杨建礼　摄）

2022年9月，于田县兰干乡葡萄产业
（于田县农业农村局提供）

2022年10月，于田万方硒鸽实业有限公司肉鸽食品加工车间
（来自“于田零距离”微信公众号）

2022年4月8日，于田公路管理分局以构建"畅、安、舒、美"公路通行环境为标准，持续强化日常公路养护
（于田公路管理分局提供）

2022年5月30日，于田县团结渠首建设工程竣工
（于田县水利局提供）

2022年6月，于田县实施希吾勒乡等农村道路建设项目
（于田县交通局提供）

2022年6月16日，于田县各族人民热烈欢迎和若铁路首发列车到达于田站（于田火车站提供）

2022年6月30日，民丰至洛浦段高等级公路开通运营现场（来自“于田零距离”微信公众号）

2022年9月，于田县新建克里雅河3号通行桥完工并投入使用（于田县交通局提供）

2022年，于田天津工业园区 （于田天津工业园区管委会提供）

2022年，于田县津和农产品深加工产业园综合服务中心 （于田天津工业园区管委会提供）

2022 年，于田天津工业园区校园——于田中等职业学校
（于田天津工业园区管委会提供）

2022 年，新建的于田天津工业园区玫瑰综合市场
（于田天津工业园区管委会提供）

2022 年，于田天津工业园区医院——于田县人民医院一分院
（于田天津工业园区管委会提供）

2022年5月10日，新疆农业大学在于田县开展农业科技服务　　（于田县科技局提供）

2022年5月21日，于田县科技局在先拜巴扎镇开展科技宣传活动　　（于田县科技局提供）

2022年5月24日，于田县加依乡阿亚格萨亚提拉村利用无人机喷洒农药（来自“于田零距离”微信公众号）

2022年7月23日，和田地区第四届科创大赛于田县获奖单位代表合影（于田县科技局提供）

2022年8月23日至25日，于田县气象局升级改造翻斗雨量传感器（于田县气象局提供）

2022年2月15日，于田县开展欢度春节社火巡演活动（来自“于田零距离”微信公众号）

2022年5月19日，于田县在瑰觅玫瑰种植基地启动于田县第五届玫瑰风情文化旅游节　　（于田县文旅局提供）

2022年6月13日，于田县在农牧民运动场举行自治区第十届少数民族传统体育运动会于田县预选赛暨于田县第26届少数民族传统体育运动会开幕式

（来自“游在于田”视频号）

2022年4月，于田县第一小学开展吹奏葫芦丝教学
（于田县教育局提供）

2022年5月10日，于田县举行第二届校园运动会开幕式
（于田县教育局提供）

2022年6月，于田县先拜巴扎镇中学师生在VR教室开展教学
（于田县教育局提供）

2022年9月8日，于田县第一幼儿园教师开展“古韵中秋”传统文化展示活动
（于田县教育局提供）

2022年，于田县CEC希望学校校园文化建设宣传栏
（于田县教育局提供）

2022年，于田县第一高级中学书法室
（于田县教育局提供）

2022 年 5 月 25 日，于田县人民医院召开中国人民解放军总医院第八医学中心首批援于医疗队座谈会　（于田县人民医院提供）

2022 年 6 月 1 日，于田县卫生局卫生监督所组织民营医疗机构医护人员开展健康义诊帮扶活动（于田县卫生局卫生监督所提供）

2022 年 7 月 8 日，于田县人民医院获得新疆护理学会“科普促健康，携手向未来”科普健康教育大赛三等奖

（于田县人民医院提供）

2022年，于田县组织开展工会会员安全知识竞赛 （于田县总工会提供）

2022年5月，共青团于田县委员会在英巴格乡举办"相约青春 不负韶华"青年交友联谊活动

（共青团于田县委员会提供）

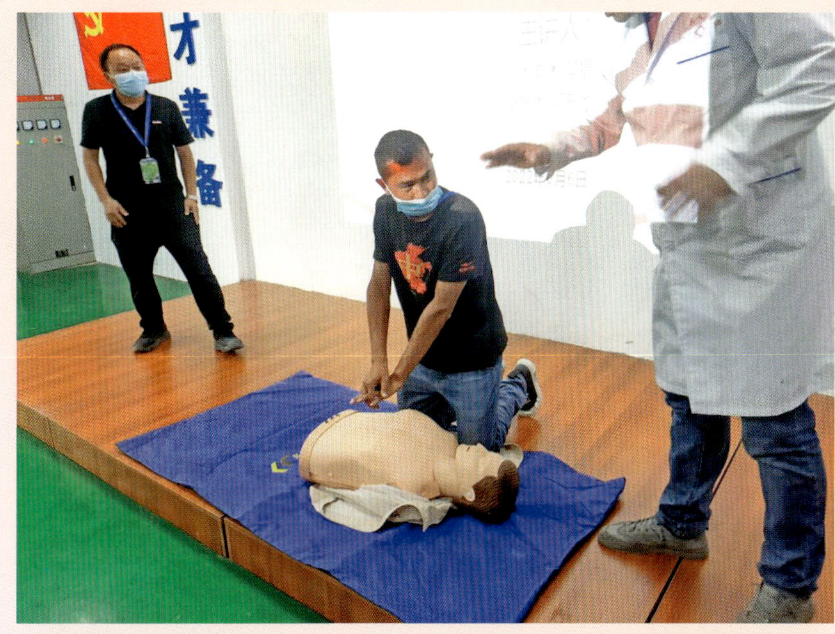

2022年6月，于田县红十字会联合中国南丁格尔志愿护理服务总队于田县人民医院分队走进机关、部队、企业，开展应急救护培训

（于田县红十字会提供）

2022年7月16日，于田县斯也克乡克提其村开展“石榴花开·最美家庭”故事会活动

（于田县妇联提供）

2022年8月22日，于田县妇联举办中国妇女发展基金会“鹅伴天使”智能陪伴机器人发放仪式　　（于田县妇联提供）

数字于田2022

2022年，于田县实现地区生产总值(GDP)49.75亿元，同比增长4.5%。

固定资产投资额72.1亿元。

地方财政总收入5.35亿元，地方财政总支出63.32亿元。

农林牧渔总产值（现价）41.15亿元，同比增长5.5%。

耕地总面积3.86万公顷。

玫瑰花面积3240公顷。

万寿菊面积2666.67公顷。

人工种植红柳面积1.2万公顷，接种肉苁蓉面积1.02万公顷，产量2.83万吨。

葡萄产量11.86万吨，杏产量1.17万吨，红枣产量2.39万吨。

坚果（核桃）产量2.84万吨。

年末牲畜存栏95.76万头（只），牲畜出栏76.78万头（只）。

年末农业机械总动力19.61万千瓦。

工业总产值15.22亿元。

工业企业销售产值（现价）12.97亿元。

建筑业总产值8.16亿元，实现增加值5.48亿元。

房屋建筑施工面积17.15万平方米，房屋竣工价值1.79亿元。

社会消费品零售总额7.37亿元。

实施招商引资项目68个（新建项目47个、往年结转项目21个），到位资金35.25亿元。

进出口贸易总额1103.85万美元。

邮政业务总量1394.27万元。

机动车总量2.79万辆。

电信业务总量1.2亿元，固定电话用户0.61万户，互联网接入用户9.41万户。

接待旅游者64.65万人次，旅游消费收入5.12亿元。

各级各类学校242所，班级2300个，在校学生8.83万人，各类教职人员5619人。

专业文艺团体1个，图书馆1个，博物馆1个，文化馆（站）18个。

医疗卫生机构261家，床位1375张。

城镇居民家庭人均可支配收入3.34万元。

农村居民人均可支配收入1.14万元。

城镇登记失业率3.2%。

（于田县统计局提供）

目　录

特　载

于田县人民政府工作报告(节选) ··················1

大事记

1月 ··················9
2月 ··················9
3月 ··················9
4月 ··················10
5月 ··················10
6月 ··················10
7月 ··················11
8月 ··················11
9月 ··················11
10月 ··················11
11月 ··················12
12月 ··················12

于田概况

基本县情

位置面积 ··················13
地形地貌 ··················13
气候气象 ··················14
历史沿革 ··················14
行政区划 ··················15
河流资源 ··················15
土地资源 ··················15
矿产资源 ··················16
森林资源 ··················16
植物资源 ··················16
草场资源 ··················16
野生动物资源 ··················16
湿地资源 ··················16

经济和社会发展

经济运行情况 ··················17
农业发展 ··················17
工业发展 ··················17
旅游业发展 ··················17
基础设施建设 ··················17
招商引资 ··················17
社会生活 ··················17

中国共产党于田县委员会

综　述

政治建设 ··················18
经济发展 ··················18
惠民实事 ··················18
党的建设 ··················18

重要会议

于田县委理论学习中心组理论学习 ……………19
常委会会议（部分） ……………………………19
议事机构会议（部分） …………………………20

重要文件

于党发文件（部分） ……………………………20
于党办文件（部分） ……………………………21

县委办公室工作

概况 ……………………………………………21
理论学习 ………………………………………21
建章立制 ………………………………………21
办文办会 ………………………………………21
督查考核、基层减负 ……………………………22
保密服务保障 …………………………………22
机关服务 ………………………………………22
保障专用通信服务 ……………………………22
档案管理 ………………………………………22
开展活动 ………………………………………23

组织工作

概况 ……………………………………………23
党组织和党员队伍 ……………………………23
干部教育培训 …………………………………23
夯实基层基础 …………………………………23
组织振兴建设 …………………………………23
两新组织党建 …………………………………24
项目建设 ………………………………………24
人才工作 ………………………………………24
干部管理 ………………………………………24
老干部管理 ……………………………………24
驻村工作 ………………………………………24
工作亮点 ………………………………………25

宣传工作

概况 ……………………………………………25
意识形态工作责任制落实 ………………………25
理论学习中心组学习 …………………………25
精神文明创建 …………………………………25
宣传宣讲 ………………………………………25
文化润疆工作 …………………………………26
审读工作 ………………………………………26
“扫黄打非” ……………………………………26
工作亮点 ………………………………………26

统一战线工作

概况 ……………………………………………27
铸牢中华民族共同体意识 ………………………27
民族团结创建 …………………………………27
于田县伊斯兰教协会换届 ………………………27
少数民族发展资金项目和民品民贸 ……………27

县直机关党建

概况 ……………………………………………27
责任落实 ………………………………………28
政治建设 ………………………………………28
基础建设 ………………………………………28
引领基层治理 …………………………………28

网信管理

网络监督 ………………………………………28
网络安全 ………………………………………28
网信宣传 ………………………………………29

机构编制管理

机构编制管理服务 ………………………………29

深化拓展权责清单管理 ……29
社会信用代码赋码管理 ……29

群众工作

概况 ……29
困难诉求收集 ……29

党史和地方志工作

概况 ……30
年鉴编纂 ……30
名村志申报 ……30
职能服务 ……30

党校工作

概况 ……30
干部培训 ……30
教研工作 ……30
教师队伍建设 ……30

于田县人民代表大会

综 述

概况 ……31
监督工作 ……31
国家机关工作人员任免 ……31
党建工作 ……31

重要会议

于田县第十八届人民代表大会第二次会议 ……32
于田县十八届人大常委会会议 ……32

代表工作

概况 ……33
代表活动 ……33
代表视察 ……33

于田县人民政府

综 述

法治政府建设 ……34
提升城市品质 ……34
放管服改革 ……34
优化营商环境 ……34
产业发展 ……35
生态环境保护 ……35

重要会议和文件

政府常务会议(部分) ……35
于政发文件(部分) ……35
于政办发文件(部分) ……37

政府办公室工作

概况 ……37
政务督查 ……37
办文办会 ……38
综合协调 ……38
信息服务 ……38
政务公开 ……38
信访工作 ……38

政务服务

概况 ……38
工程类交易 ……39
采购类交易 ……39
移交公共资源交易 ……39
政务服务 ……39

中国人民政治协商会议于田县委员会

综　述

概况 ……40
助力社会治理 ……40
解决群众困难 ……40

协商议政

政协于田县第十六届委员会全体委员会议 ……40
专题调研 ……40
提案办理 ……40
社情民意收集 ……40

纪检监察

综　述

概况 ……41
党风廉政建设 ……41
政治监督 ……41
反腐败斗争 ……41
纠治"四风" ……42
专项治理 ……42
自身建设 ……42
派驻监督 ……42

巡察工作

概况 ……42
组织领导 ……42
规范巡察规程 ……43
信息化建设 ……43
亮点工作 ……43

对口支援 定点帮扶

天津市对口支援

概况 ……44
智力支援 ……44
产业支援 ……44
保障和改善民生 ……44
交往交流 ……45
文化教育支援 ……45

中国民用航空局定点帮扶

概况 ……45
机场建设运营 ……45
乡村振兴帮扶 ……45
产业帮扶 ……46
民生实事 ……46

自治区机关单位企业定点帮扶

概况 ……46
项目实施 ……46
消费帮扶 ……47
就业帮扶 ……47
教育帮扶 ……47
医疗帮扶 ……47
走访慰问 ……47

地区机关单位定点帮扶

概况 ……47
就业帮扶 ……47
教育帮扶 ……47
医疗帮扶 ……48
消费帮扶 ……48
群众慰问 ……48

县直单位定点帮扶(部分)

县委办公室定点帮扶 ……48
县人大常委会机关定点帮扶 ……48
医疗保障局定点帮扶 ……48
县委编办定点帮扶 ……48
交通运输局定点帮扶 ……48

法 治

政法委与综治工作

概况 ……49
涉法涉诉信访 ……49
司法救助 ……49
预防和化解社会矛盾 ……49
综治责任落实 ……49
平安建设 ……49
市域社会治理 ……50
工作亮点 ……50

法治政府建设

依法治县 ……50
法治政府建设 ……50
建立法治化营商环境 ……50

公 安

公安英模 ……51
经济犯罪侦查 ……51
禁毒工作 ……51
食药环犯罪侦查 ……51
交通事故隐患排查治理 ……51
机场派出所 ……51
公安法治 ……51

检 察

概况 ……51
刑事检察 ……51
职务犯罪检察 ……51
民事检察 ……52
行政检察 ……52
公益诉讼检察 ……52
控告申诉检察 ……52
普法工作 ……52

法 院

立案工作 ……52
民事审判 ……52
刑事审判 ……52
普法宣传 ……53
执行工作 ……53
党风廉政 ……53
基层人民法庭品牌建设 ……53

司法行政

概况 ……53
法治宣传 ……54
法律服务 ……54
人民调解 ……54

群众团体

于田县总工会

概况 ……55
基层组织建设 ……55
工会宣教 ……55
送温暖活动 ……55
劳动技能竞赛 ……56
工会维权 ……56

中国共产主义青年团于田县委员会

概况 ……56
团组织建设 ……56
主题团课 ……56
“团团”陪你过暑假活动 ……56
法治相伴活动 ……56
教辅相伴活动 ……57
服务青年 ……57
联谊活动 ……57
青年志愿服务 ……57
开展专题活动 ……57
建团百年活动 ……57

于田县妇女联合会

概况 ……57
妇联组织建设 ……58
业务指导 ……58
活动开展 ……58
关爱帮扶 ……58
妇女就业 ……58
石榴籽系列活动 ……58
“两规”规划实施 ……59

于田县科学技术协会

科协换届 ……59
科技教育 ……59
科技培训 ……59
基层科普行动计划 ……59
科普宣传 ……60
科技富民工程 ……60

于田县工商业联合会

概况 ……60
工商联换届 ……60
工商联谊 ……60
参政议政 ……60
万企兴万村 ……60

于田县残疾人联合会

概况 ……61
残疾人证办理 ……61
残疾人社会保障 ……61
残疾人康复 ……61
残疾人就业 ……61
信息数据更新 ……61
残疾人保障金征收 ……61

于田县红十字会

概况 ……62
人道救助 ……62
救灾备灾 ……62
红十字会捐赠 ……62
应急救护培训 ……62
献血与造血干细胞捐献 ……62
博爱周活动 ……62

经济管理

宏观经济调控

固定资产投资 ……63
项目建设 ……63
易地搬迁 ……63
物价管理 ……63

财　政

概况 ……63
财政收入 ……63
财政支出 ……64
财源建设 ……64

隐性债务化解 ……………………………………64
债券资金 ……………………………………………64
推进乡村振兴 ……………………………………64
惠民惠农补贴发放 ………………………………64
医疗卫生保障 ……………………………………64
社会保障 ……………………………………………65
政务公开 ……………………………………………65
财政管理 ……………………………………………65

税 务

概况 …………………………………………………65
税源管理 ……………………………………………65
税收法治 ……………………………………………65
税收优惠政策 ……………………………………65
汇算清缴 ……………………………………………65
风险管理 ……………………………………………65
社会保险费征收 …………………………………65

审 计

概况 …………………………………………………66
财政审计 ……………………………………………66
经济责任和自然资源审计 ………………………66
援疆审计 ……………………………………………66
审计整改 ……………………………………………66

统 计

统计监测分析 ……………………………………66
统计服务 ……………………………………………66
统计监督 ……………………………………………66

市场监督管理

概况 …………………………………………………66
质量提升活动 ……………………………………66
特种设备监管 ……………………………………67
食品安全监管 ……………………………………67
药械化领域安全监管 ……………………………67
产品质量安全监督 ………………………………67
市场价格监管 ……………………………………67
计量监管 ……………………………………………67

农业农村

综 述

概况 …………………………………………………68
惠民补贴 ……………………………………………68
现代农田建设 ……………………………………68
种业发展 ……………………………………………68
经营主体 ……………………………………………68
减量增效 ……………………………………………68

农村集体“三资”管理

集体资产清查 ……………………………………68
集体土地清查 ……………………………………68
农村集体成员和股权确认 ………………………69
土地流转 ……………………………………………69

种植业

概况 …………………………………………………69
粮油种植 ……………………………………………69
蔬菜种植 ……………………………………………69

畜牧业

概况 …………………………………………………69
免疫防疫 ……………………………………………69
牲畜品种改良 ……………………………………70
畜牧兽医技术培训 ………………………………70

渔 业

概况 …………………………………………………70

渔政管理 ……70
水产健康养殖和生态养殖 ……70

林草业

概况 ……70
林长制组织 ……71
病虫害防治 ……71
苗圃基地建设 ……71
林果提质增效 ……71

农牧业机械化

概况 ……71
农机新技术推广 ……71
农机购置补贴 ……72
路检路查 ……72

水　利

概况 ……72
灌溉 ……72
水利工程 ……72
水政水资源管理 ……72
河(湖)长制 ……72
农村饮水安全 ……72

乡村振兴

概况 ……73
责任体系 ……73
政策制度 ……73
衔接资金项目 ……73
动态监测和帮扶 ……73
扶贫项目资产 ……73
厕所革命 ……73
亮点工作 ……73

新品种水稻种植示范

概况 ……74
精选良种 ……74
种养结合 ……74
助推联农带农 ……74

工业　建筑业

综　述

概况 ……75
安全生产 ……75
企业服务 ……75

工业园区

概况 ……75
基础设施建设 ……75
安全生产 ……76
党建引领 ……76
文化工作 ……76

馕产业

新疆于田县玫瑰园食品有限公司 ……76
于田县美玉香馕文创发展有限责任公司 ……77

矿产开发与加工

概况 ……77
探矿权设置 ……77
采矿权设置 ……77
矿产勘查 ……77
于田县赛地苦拉木和田玉矿 ……77
于田县宝玉石开发公司阿拉玛斯和田玉石矿 ……77

电力工业

社会用电量 ……77
电网建设与发展 ……77
营销工作 ……77
供电服务 ……78
巴什康苏拉克水电站 ……78

建筑业

概况 ……78
工程质量监管 ……78
文明施工建设 ……78
规范工程审批流程 ……78

商贸服务业

综　述

概况 ……79
批零住餐贸易 ……79
县域商业体系建设 ……79
营销活动 ……79
家政服务业 ……79
快递寄递业 ……79
新车、二手车促销 ……80
夜间经济 ……80

电子商务

电商交易 ……80
平台销售 ……80
电商孵化 ……80

市场开发建设服务

概况 ……80
农贸市场食品安全 ……80
安全生产 ……80

阗昆物流园

概况 ……80
市场服务 ……80
安全生产 ……81

供销合作

概况 ……81
供销体系建设 ……81
供销销售 ……81
基层社建设 ……81
农资配送及粮油、蔬菜配送 ……81

烟草专卖

专卖管理 ……81
卷烟营销 ……81
物流配送 ……81

石油销售

概况 ……81
中石油销售 ……81

经贸合作

招商引资

概况 ……82
招商引资冬季攻势工作专班 ……82
招商引资项目储备 ……82
招商引资活动 ……82

经济协作

结对帮扶 ……83
消费协作 ……83

人才交流……83

旅游业

综　述

概况……84
旅游接待……84
旅游创建……84
旅游基础建设……84
文旅融合活动……84
旅游宣传推介……84

旅游资源

库尔班·吐鲁木纪念馆……84
中国人民解放军独立骑兵师先遣连进藏纪念碑……85
昆仑山……85
昆仑瑶池……85
龙湖旅游区……86
阿什库勒火山群……86
进藏第九线……86
下都草原……86
吉音景区……86
流水墓地……86
克里雅河……86
克里雅河国家湿地公园……86
达里雅布依古村落……86
喀拉墩古城遗址……87
亚兰干佛寺遗址……87
圆沙古城……87
丹丹乌里克遗址……87

旅游项目

项目建设……87
旅游商品专柜设置……87

旅游促销

文化旅游节庆活动……87
“大漠胡杨季”特种旅游发展论坛……87

金融业

金融管理

概况……88
国库会计核算……88
征信查询……88
人民币账户……88
现金投放……88
金融支持新型农业经营主体……88

银　行

中国农业银行股份有限公司于田县支行

概况……88
存贷业务……88
农户贷款……88
惠农工程……89
内控合规管理……89

中国农业发展银行于田县支行

概况……89
粮棉油信贷……89
支农工作……89

中国邮政储蓄银行于田县支行

概况……89
基础建设……89
服务管理……90
内控合规建设……90
内部管理……90

于田县农村信用合作联社

概况 ……………………………………………90
信贷业务 …………………………………………90
服务降费让利 ……………………………………90
小额信贷政策 ……………………………………91
网络金融及业务拓展 ……………………………91

保　险

中国人民财产保险股份有限公司于田支公司

概况 ……………………………………………91
保费收入 …………………………………………91
车险保费 …………………………………………91
个人非车保险 ……………………………………91
商非保险 …………………………………………91
农业保险 …………………………………………91
财险理赔 …………………………………………91

中国人寿保险股份有限公司于田县支公司

概况 ……………………………………………91
业务经营 …………………………………………92
理赔业务 …………………………………………92
客户服务 …………………………………………92
企业管理 …………………………………………92

中华联合财产保险股份有限公司于田县支公司

概况 ……………………………………………92
业务经营 …………………………………………92
理赔业务 …………………………………………92
企业管理 …………………………………………92

交　通

综　述

概况 ……………………………………………93
农村公路工程建设 ………………………………93
农村公路日常养护 ………………………………93

公路管理

概况 ……………………………………………93
公路养护 …………………………………………93
除雪保畅 …………………………………………94
应急保障 …………………………………………94
自然灾害修复 ……………………………………94
机械设备管理 ……………………………………94

交通运输行政执法

概况 ……………………………………………94
路产路权 …………………………………………94
路政案件办理 ……………………………………94
超限超载治理 ……………………………………94

民航运输

概况 ……………………………………………94
吞吐量 ……………………………………………94

铁路运输

概况 ……………………………………………95
开通运营 …………………………………………95

公路客运

概况 ……………………………………………95
营运线路 …………………………………………95
安全生产 …………………………………………95

窗口服务和行风评议 ……95

邮政　通信

邮　政

邮政储蓄 ……96
金融客户 ……96
邮政寄递 ……96
电商市场 ……96

通　信

中国电信股份有限公司和田地区于田县分公司

概况 ……96
网络基础建设 ……96
通信保障 ……96

中国移动通信集团新疆有限公司于田县分公司

网络建设 ……96
综合管理 ……96
业务培训 ……97
应急保障 ……97

中国联合网络通信有限公司于田县分公司

概况 ……97
工程建设 ……97
医共体内网建设 ……97
服务社会 ……97

城乡建设

城乡规划与土地开发

国土空间规划 ……98
土地市场 ……98
行政许可 ……98
用地审批 ……98
闲置土地处置 ……98

市政建设

重点项目 ……98
城市绿化 ……99
市政设施维护 ……99
供排水 ……100

住房改建

保障性住房建设 ……100
棚户区改造 ……100
老旧小区改造 ……100
产城融合项目 ……101
公益安置点 ……101

市政管理

城市环境卫生 ……101
城管执法 ……101
燃气管理 ……101

征收与补偿

征收评估 ……101
拆迁安置 ……101

乡村建设

农村人居环境整治 ……102
实施抗震防灾工程 ……102
农村“煤改电” ……102

房地产管理

概况 ……102
房屋预售许可办理 ……102

网签审批 ……………………………………102
不动产登记 …………………………………102

物业服务

专项检查 ……………………………………102
小区优化管理 ………………………………102
业主委员会建设 ……………………………102

公租房管理

概况 …………………………………………102
公租房清理规范 ……………………………102

科技　气象

科　技

概况 …………………………………………103
科技项目 ……………………………………103
高企培育 ……………………………………103
科小申报 ……………………………………103
技术合同 ……………………………………103
科创大赛 ……………………………………103
科技服务 ……………………………………103
科技宣传 ……………………………………104

气　象

概况 …………………………………………104
气象服务 ……………………………………104
人工降水 ……………………………………104
设施维护 ……………………………………104
气象科普宣传 ………………………………104

生态环境与保护

土地资源保护

耕地保护 ……………………………………105
卫片执法及变更 ……………………………105
矿产保护 ……………………………………105
地质灾害防治 ………………………………105
测绘地理 ……………………………………105
新增耕地项目 ………………………………105

生态环境监管

生态监管执法 ………………………………106
空气监测 ……………………………………106
严格落实环评制度 …………………………106
医疗废物管理 ………………………………106
饮用水水源地环境整治 ……………………106

森林草场保护

概况 …………………………………………106
沙化治理 ……………………………………106
森林草原资源管理 …………………………107
森林草原执法审批 …………………………107

野生动植物保护

概况 …………………………………………107
野生动植物保护与救助 ……………………107

湿地保护

概况 …………………………………………107
湿地动植物 …………………………………108

公益林管护

概况 …………………………………………108
公益林区 ……………………………………108
管护队伍 ……………………………………108
古树保护 ……………………………………108

教　育

综　述

概况 ……109
教育经费投入 ……109
学生资助 ……109
教育基建项目工程 ……109
教师队伍管理 ……109
教育督导 ……109
教学研究 ……110
学生学籍管理 ……110
考试组织 ……110
区内初中班招生 ……110
新疆高中班录取 ……110
校外教育 ……110

学前教育

概况 ……110
于田县第一幼儿园 ……110
于田县第二幼儿园 ……111
于田县第三幼儿园 ……111
于田县第四幼儿园 ……111
于田县第五幼儿园 ……111
于田县第六幼儿园 ……111
于田县金凤幼儿园 ……111
于田县镇海幼儿园 ……111

义务教育

概况 ……111
于田县第一小学 ……111
于田县第二小学 ……112
于田县CEC希望学校 ……112
于田县第一中学 ……112
于田县第二中学 ……112
于田县第三中学 ……112

高中教育

概况 ……112
于田县第一高级中学 ……112
于田县第二高级中学 ……112

职业教育

概况 ……112
落实职业教育生均经费 ……113
社会学习考试 ……113

技工学校

概况 ……113
定向培训 ……113
岗位开发 ……113
就业跟踪服务 ……113

文化　体育

综　述

概况 ……114
公共文化设施 ……114
文物保护管理 ……115
广播电视入户 ……115
文化市场监管 ……115

体育活动

概况 ……115
于田县2022年“津和杯”男子篮球比赛 ……115
于田县第26届少数民族传统体育运动会 ……115

融媒体工作

概况 ……117

新闻宣传 ……117
媒体融合 ……117
专题宣传 ……117
工作亮点 ……118

图书发行

概况 ……118
出版物发行 ……118

卫生医疗

综 述

概况 ……119
基本医疗 ……119
健康促进 ……119
健康帮扶 ……119
“星级化”管理 ……120
人才促发展 ……120
增强基层服务 ……120
医防融合 ……120
薪酬改革 ……121

卫生监督

概况 ……121
卫生监督业务培训 ……121
卫生监督执法检查 ……121
卫生监督执法案件查处 ……121
卫生许可 ……121

计生服务

概况 ……121
国免孕优项目检查 ……122
药具工作 ……122
业务培训 ……122
技术服务质量管理 ……122

疾病预防控制

概况 ……122
卫生服务能力 ……122
传染病防控 ……122
规划免疫 ……123
结核病防治 ……123
地方病防治 ……123
检验工作 ……124
慢性病防治 ……124
宣传教育 ……124

妇幼保健

概况 ……124
健康教育和业务培训 ……124
托幼机构体检评估 ……124
婚前医学检查 ……124
孕产妇救助 ……124
预防出生缺陷 ……124
宫颈癌、乳腺癌筛查 ……125
新生儿遗传代谢病筛查 ……125
新生儿听力筛查干预 ……125
出生医学证明管理和发放 ……125
营养包发放 ……125
高危儿筛查 ……125

医疗机构

于田县人民医院

概况 ……125
医疗业务 ……125
疫苗接种 ……125
健康体检 ……126
科研教学 ……126
新技术、新项目开展 ……126

医共体建设 ……126

于田县维吾尔医医院

概况 ……126
医疗业务 ……126
业务培训 ……127
健康体检 ……127
推广中医技术 ……127
医德医风建设 ……127
医共体建设 ……127

社会生活

人力资源和社会保障

概况 ……128
干部管理 ……128
职称评审 ……128
工资福利 ……128
管理岗职员等级晋升 ……128
就业服务 ……128
技能培训 ……128
社保扩面 ……129
构建和谐劳动关系 ……129
根治欠薪 ……129
惠企政策 ……129

医疗保障

概况 ……129
参保工作 ……129
待遇保障工作 ……129
二次医疗救助 ……130
欺诈骗保专项整治 ……130
困难群众医疗费用负担监测预警 ……130
异地备案 ……130
慢性病报销工作 ……130
免收住院押金 ……130
医疗政策宣传 ……130
医保定点药店 ……131

民　政

概况 ……131
城乡低保 ……131
特困人员救助供养 ……131
孤儿收养 ……131
困难老人救助供养 ……131
临时救助工作 ……132
残疾人“两项补贴”发放 ……132
80周岁以上老人基本生活津贴发放 ……132
婚姻登记 ……132

退役军人事务

概况 ……132
体系建设 ……132
建档立卡和优待证申领发放 ……132
优抚政策落实 ……132
就业创业 ……133
双拥共建 ……133

住房公积金管理

概况 ……133
住房公积金缴存 ……133
住房公积金提取 ……133
公积金贷款 ……133
住房公积金服务 ……133

应急管理

安全生产

概况 ……134
安全责任 ……134
道路运输安全 ……134

城市建设安全 ……134
特种设备监管 ……134
危险化学品安全 ……134
矿山安全 ……134
安全生产基础设施 ……134
安全生产宣传 ……135

防震减灾

地震应急 ……135
防汛抢险 ……135
森林草原防灾 ……135
防灾减灾宣传 ……135

消防救援

概况 ……135
消防安全 ……135
消防宣传 ……135

乡镇(街道)

木尕拉镇

概况 ……136
集体经济发展 ……136
乡村振兴 ……136
社会事务 ……136
人居环境整治 ……136
农村经济 ……136
妇女儿童保障 ……137

先拜巴扎镇

概况 ……137
基层党建 ……137
乡村振兴 ……137
社会事务 ……137
农村经济 ……138
社会治理 ……138
人大工作 ……138
群众工作 ……138
党风廉政 ……138

加依乡

概况 ……138
基层党建 ……138
乡村振兴 ……138
社会事业 ……139
农村经济 ……139
社会治理 ……139
群众工作 ……139
文化宣传 ……139

科克亚乡

概况 ……139
基层党建 ……139
社会事业 ……140
农村经济 ……140
社会治理 ……140
廉政建设 ……140
文化润疆 ……140
卫生医疗 ……140

阿热勒乡

概况 ……140
基层党建 ……140
乡村振兴 ……141
社会事业 ……141
农村经济 ……141
社会治理 ……141
群众工作 ……141

阿日希乡

概况 ……141
基层党建 ……141
乡村振兴 ……142
社会事业 ……142
农村经济 ……142
社会治理 ……142
群众工作 ……142
就业工作 ……143
拥军优属 ……143

兰干乡

概况 ……143
基层党建 ……143
乡村振兴 ……143
脱贫攻坚成果同乡村振兴有效衔接 ……143
民生建设 ……143
社会事业 ……143
农村经济 ……143
村容村貌 ……144
党风廉政 ……144
群众工作 ……144

斯也克乡

概况 ……144
基层党建 ……144
乡村振兴 ……144
社会事业 ……144
农村经济 ……145
群众工作 ……145
纪检工作 ……145
工作亮点 ……145

托格日尕孜乡

概况 ……145
基层党建 ……145
乡村振兴 ……145
社会事业 ……145
农村经济 ……145
社会治理 ……146

喀拉克尔乡

概况 ……146
基层党建 ……146
乡村振兴 ……146
社会事业 ……146
市域治理 ……146
农村经济 ……147
群众工作 ……147
改厕工作 ……147
安全生产 ……147

希吾勒乡

概况 ……147
基层党建 ……147
乡村振兴 ……147
社会事务 ……147
农村经济 ……148
社会治理 ……148
群众工作 ……148
工作亮点 ……148

奥依托格拉克乡

概况 ……148
基层党建 ……148
乡村振兴 ……149
社会事业 ……149

农村经济 ……149
社会治理 ……149
群众工作 ……149
亮点工作 ……149

阿羌乡

概况 ……149
基层党建 ……150
乡村振兴 ……150
社会事业 ……150
农村经济 ……150
社会治理 ……150
群众工作 ……150

英巴格乡

概况 ……150
基层党建 ……151
社会事业 ……151
农村经济 ……151
社会治理 ……151
群众工作 ……151

达里雅布依乡

概况 ……151
基层党建 ……151
乡村振兴 ……152
社会事业 ……152
农村经济 ……152
社会治理 ……152
科学技术普及推广 ……152
党风廉政建设 ……152
文化宣传 ……152

兰干博孜亚农场

概况 ……152
基层党建 ……152
社会事业 ……152
农村经济 ……152
社会治理 ……153
群众工作 ……153

新城区街道

概况 ……153
基层党建 ……153
社会治理 ……153
文化宣传 ……153
党风廉政 ……153
社会事业 ……153
就业工作 ……153

老城区街道

概况 ……153
基层党建 ……154
乡村振兴 ……154
社会事业 ……154
公共服务 ……154
群众工作 ……154
纪律检查 ……154

驻县单位

新疆生产建设兵团第十四师二二五团

经济建设 ……155
农业种植业 ……155
畜牧业 ……155
庭院经济 ……155
生态环保 ……155
工业建筑业 ……155
商业服务业 ……155
城镇建设 ……156

民生工程 ……………………………………156
教育事业 ……………………………………156
文化活动 ……………………………………156
医疗卫生 ……………………………………156
社会事务 ……………………………………156
社会保障 ……………………………………156
人民生活 ……………………………………157
乡村振兴 ……………………………………157
党风廉政 ……………………………………157

新疆吉音水利枢纽工程建设管理局

概况 ………………………………………157
水库调度 ……………………………………157
电力生产 ……………………………………157
安全生产 ……………………………………158
精神文明 ……………………………………158
党的建设 ……………………………………158
廉政建设 ……………………………………158

人物　荣誉

2022年度于田县先进集体一览表 ……………159
2022年度于田县先进个人一览表 ……………160

附　录

2022年于田县组织机构及负责人名录 ………162
2022年于田县国民经济和社会发展统计公报 ……………………………………………………174
2022年于田县乡镇(街道)、村(社区)一览表 …180
于田县2022年古树名木一览表 ………………189

索　引

索引 …………………………………………193

于田县人民政府工作报告（节选）

于田县委副书记、政府县长　木合塔尔·买提尼牙孜

（2023年1月5日）

2022年工作回顾

2022年，是党和国家历史上具有里程碑意义的一年，中国共产党第二十次全国代表大会（以下简称党的二十大）胜利召开，擘画了以中国式现代化推进中华民族伟大复兴的宏伟蓝图，发出了为全面建设社会主义现代化国家、全面推进中华民族伟大复兴而团结奋斗的伟大号召。

2022年，也是于田发展极不寻常、极不平凡、极为不易的一年，在自治区党委、政府和地委、行署、县委的坚强领导下，全县上下坚持以习近平新时代中国特色社会主义思想为指导，认真学习贯彻党的二十大精神，深入贯彻落实习近平总书记视察新疆重要讲话重要指示精神，全面落实自治区党委十届历次全体会议精神。坚持稳中求进总基调，坚决落实"疫情要防住、经济要稳住、发展要安全"重要要求，高效统筹疫情防控和经济社会发展，更好统筹发展和安全，坚定维护政治安全、社会安定、人民安宁。加快构建现代化产业体系，着力扩大投资激活消费，尽心竭力增进民生福祉，不断加强生态保护治理，持续加强政府自身建设，保持了于田县社会大局持续稳定和经济平稳健康发展。

——经济运行稳中有进。2022年全县完成固定资产投资72.1亿元；国民生产总值49.75亿元，比上年增长4.5%；社会消费品零售总额7.37亿元，比上年下降9.11%；规模以上工业增加值3.34亿元；公共财政预算收入3.82亿元，同比增长24.2%；农村居民人均可支配收入1.14万元，完成对外贸易出口额1103.85万美元。落地招商引资资金35.25亿元，项目（续/新）68个，新增就业4456人。

——产业升级步伐加快。深入实施优质粮食工程，种植粮食作物面积1.95万公顷，新增高标准农田1333公顷，投资2.16亿元完成2397.6公顷补充耕地任务，新增耕地面积2400.14公顷。全县年产蔬菜21.89万吨；牲畜存栏95.76万头（只），出栏76.78万头（只）；家禽存栏22.21万羽（只），出栏60.55万羽（只）。夯实文化旅游新型载体，以"共圆中国梦"为主题，投入资金1500万元打造库尔班·吐鲁木文旅产业园。积极提升全县文旅服务规模和文旅承载能力，全面加快文旅产业提质升级，投入资金2200万元打造全域旅游建设，全年接待游客64.65万人次，完成旅游接待收入5.12亿元。

——园区建设扩量提质。以加快工业园区建设，推动全县经济高质量发展为指引，不断放大工业园区经济支撑载体作用。着眼于产业转型升级、建设现代化产业体系，于田县集中优势资源，严格落实资金、项目要素机制，全面加快产业集群化、集约化发展步伐，不断完善服务设施保障和公共服务功能，全力抓好工业园区保投资、保产值、促增长，加速园区形成提质增量的向上发展态势。于田天津工业园区政府投资建设厂房面积29.17万平方米，建设厂房195栋；2022年新建厂房30栋、新建标准用房1栋、科研培训楼1栋，建筑面积13.32万平方米；于田天津工业园区入驻企业86家，就业员工8436人，预计产值达11亿元。2022年，全县共向园区投入项目资金8.82亿元，投入援疆资金5300万元，分别实施于田天津工业园区服装产业园建设项目（一期）、于田天津工业园区绿色生态产业园建设项目（一期）、于田县第二中等职业技术学校、于田天津工业园区2022年保障性住房建设项目等11个投资项目。

——城乡品质不断提升。坚持城乡融合、协调发展，积极投入资金11.5亿元，实施住房建设、老旧小区和棚户区改造、供热供水管网改造、工业园区产城融合示范区等政府投资项目21个，新增东山路南侧、木板桥路等绿地面积6.71万平方米。投入资金1400万元，加宽315国道—木尕拉镇阿热木喀木村公路5.6千米；投入资金1220万元，新建英巴格乡、希吾勒乡、喀拉克尔乡等5个乡镇农村公路19.55千米；投入资金6250万元，完成木尕拉镇—工业园区产城融合园道路扩建；投入资金9000万元，完成阿热勒乡—万方村—万方机场—玫瑰小镇道路建设项目；投入资金2000万元，完成于田县津和克里雅河通行桥建设项目；投入860万元，完成315国道—达里雅布依乡搬迁点道路及阿日希乡吉格代克其克村—阿羌乡雄古拉村道路养护；投入资金775万元，安装公路路灯1688盏。扎实开展庭院改造、种植区、生活区、养殖区分离（以下简称“三区”分离）、农村改厕工作，全年清运农村生活垃圾1.05万车次，清运农村生活垃圾2.93万吨；新建农村改厕925座，完成户厕整改6482座。托格日尕孜乡托格日尕孜村、斯也克乡克提其村被确定为自治区乡村振兴重点示范村。

——简政放权持续推进。不断加大政务服务大厅进驻单位管理，全面精简办事流程，按照六类及公共服务事项833项应进必进工作要求，政务服务进驻单位进驻率100%。发布申请类事项540项，可网办事项比例99.77%。完善政务服务“12345”热线机制，进一步畅通政府与群众互动渠道。积极推广使用新疆政务服务网一体化在线政务服务平台，将6个部门41项高频审批事项下放到18个乡镇（街道）、220个村（社区）群众服务中心，延伸率100%，实现群众小事办理不出村、大事办理不出乡。

——生态环境持续改善。突出生态优先、绿色发展理念，坚持污染减排与生态扩容两手发力，统筹水资源利用、水生态保护和水环境治理。依法依规淘汰落后产能、“散乱污”企业，实施化肥农药减量增效行动，有机肥（以农家肥为主）增加到2.6吨/亩，较上年增加0.15吨，施用总量达133.7万吨。全面实施国家节水行动，推动节水型社会建设，县级饮用水源地水质达标率100%，完成全县16个行政村农村生活污水治理，5个乡镇29个村生活污水治理项目可研报告编制工作，全县排污许可证执行报告提交率100%，重点污染源达标排放率100%。10家加油站全部完成油气回收治理设施安装、验收等工作。全县完成人工造林1018.98公顷，完成沙化土地治理1.35万公顷，完成育苗139.66公顷436.2万株，巩固经济林2.49万公顷，完成林果业提质增效1998公顷。常态化开展河湖“清四乱”行动，开展河长巡河4459人次，巡河长度5213.6千米，同比增长21%。

——民生福祉持续增进。2022年，全县发放职业培训补贴、社会保险补贴、农村就业等以奖代补奖励资金2122.7万元；农村就业10.1万人次，完成目标任务8.1万人次的124.69%；脱贫劳动力实现就业4.75万人次，完成目标任务4.71万人次的100.85%。城乡居民基本医疗保险参保100%，困难群体“三重保障”得到全面落实。县域内医共体建设持续完善，远程影像、心电、病理、检验等十大中心专业型信息化建设全部完成，37种农村大病专项政策全部得到落实。教育投入进一步加大，投入教育类专项资金11.53亿元，同比增长5.54%。

——营商环境全面优化。持续推进审批事项压流程、减时间，全面开展营商环境自评工作，认真落实减免税收等减税降费政策。2022年，全县中小型微利企业所得税共减免393户，减免金额3123.27万元。为29家企业拨付薪酬补贴、运输补贴、订单补贴等各类补贴2321.77万元。召开“政银企”推介会4次，发放扶贫再贷款余额4亿元，新型农业经营主体贷9111户、贷款余额11.96亿元，乡村振兴致富贷8589户、贷款余额2.72亿元。完成3个“三星级”、2个“四星级”供电所创建。

——民族团结更加稳固。认真贯彻习近平总书记关于加强和改进民族工作重要思想，深入贯彻落实中央民族工作会议精神，坚持以铸牢中华民族共同体意识为主线，完整准确全面贯彻新时代党的治疆方略。坚持把民族团结教育纳入干部教育、青少年教育和社会教育全过程，引导干部群众树立正确“五观”，进一步树牢“三个离不开”思想。全面推进宗教工作法治化，依法依规管理宗教事务。全县各族干部职工累计办实事好事5.5万件，举办各类活动1.4万场次，进一步拉近了干部与群众间距离，让各族群众切实感受到党和政府的温暖和关怀。

——援疆工作再上台阶。深入贯彻第八次全国对口支援新疆工作会议精神，主动加强与天津市协调配合，强化政策、规划、项目对接，争取援疆项目30个，涉及资金2.83亿元。投入援疆资金1500万元，实施于田县产业发展扶持资金项目，带动群众就业增收。投入援疆资金1100万元，开展交往交流交融类项目，深化交流合作。投入资金1091.50万元，支持贫困劳动力稳岗就业，消费帮扶力度不断加大。投入资金3000万元，打造于田县津和服装产业园区，为园区发展壮大提供强大助力。投入援疆资金5070万元，实施基层干部人才培训、干部人才引进、科技人才创新合作、人才公寓建设等项目，取得良好效果。

——兵地融合实现突破。牢固树立兵地“一盘棋”“一家亲”思想，全面深化兵地协商会商机制，立足文化交流促进、产业融合发展、兵地资源整合，全面推动兵团企业入驻工业园区。创新兵地融合产业发展新模式，投入资金600万元，在托格日尕孜乡托格日尕孜村打造53.28公顷“羊脂籽米”兵地融合水稻种植试点。强化兵地共轨式发展，积极帮助兵团第十四师二二五团提升兵团用电保障，解决二二五团1509户“煤改电”接入工程。签订兵地青贮玉米收购合同，金额达4230万元。坚持将兵地农业融合作为区域农业发展战略，融入两地农业发展总体规划。持续推进兵地医疗机构双向转诊机制，选派2名医护人员担任二二五团医院包联主任、包联护士长，开展坐诊、临床带教、业务指导、教学查房，帮助二二五团提升医疗服务能力。

——政府自身建设全面加强。认真学习贯彻党的二十大精神，深入贯彻落实习近平总书记视察新疆重要讲话重要指示精神，坚决落实县委重大决策部署，始终做到思想同心、目标同向、行动同步。严格执行重大事项报告制度，依法接受县人大及其常委会监督，自觉接受县政协民主监督，主动接受社会和舆论监督。办理人大代表意见、批评、建议91件，政协委员提案65件，办复率100%，备案审查规范性文件3件。持续纠治“四风”“四气”，着力解决形式主义和官僚主义突出问题。依法开展审计监督，从严从实抓好问题整改，建立完善整改长效机制。加强统计监督，严防统计数据造假。强化工程招投标、政府采购、国有产权转让等重点领域监管，加强就业、医保、民政等民生资金管理，坚决整治群众身边的不正之风和腐败问题。深入实施“八五”普法。严格落实中央八项规定及其实施细则精神、自治区“十条禁令”，全年“三公”经费压缩5.2%。

2023年工作安排

2023年，于田县人民政府工作总体要求是：坚持以习近平新时代中国特色社会主义思想为指导,全面贯彻落实党的二十大精神,坚持稳中求进工作总基调,完整准确全面贯彻新发展理念,服务和融入新发展格局。以推动高质量发展为主题,以改革创新为动力,以满足群众日益增长的美好生活需要为根本目的,持续弘扬只争朝夕、时不我待拼搏精神,埋头苦干、攻坚克难,全方位推进高质量发展,更好统筹发展和安全。加快建设公共基础完善、人居环境良好、社会治理高效、百姓安居乐业的魅力城市,走出产业兴旺、城市繁荣、乡村美丽、共同富裕县域振兴之路。

2023年,全县经济社会发展目标是:国民生产总值52.83亿元,比上年增长7.5%;固定资产投资81.84亿元,比上年增长13.6%;规上工业企业增加值达到3.62亿元,比上年增长8.3%;公共财政预算收入完成4.33亿元,比上年增长13.4%;税收收入3.85亿元,比上年增长14.39%;社会消费品零售总额9.27亿元,比上年增长7.5%;城镇新增就业3000人,城镇失业登记率控制在4.5%以内。

一、加快构建现代化产业体系,打造经济高质量发展新引擎。

(一)不断提升城市建设品位。加强配套基础设施建设,提高基本公共服务水平,促进城乡融合发展,全面提升城镇化质量,有序推进城市更新。持续实施棚户区改造配套基础设施建设、基础设施升级等一系列城市升级行动,计划投资6.34亿元实施房地产开发、停车场及附属设施建设;计划投入资金4.5亿元,对于田县城镇污水处理厂进行改扩建及“两乡一镇”污水处理厂建设。计划投入资金4.44亿元用于新建棚户区改造及附属配套设施建设、公共租赁住房及附属配套设施建设、城镇主排水管网建设等6个项目建设。计划投入资金2200万元,实施于田县县城至阿热勒乡道路建设项目,配合已建成货场道路和快速通道,铁路货运、客运大通道通行能力将进一步增强,铁路辐射效应进一步显现,于田县对外经济、文化互通作用进一步放大。

(二)全面构筑工业、旅游双驱支撑。加快核心工业区建设。2023年,于田县将投入资金33.71亿元,持续抓好于田天津工业园区服装产业园建设、产业园区基础设施建设、工业园区深加工产业园、工业园区标准化厂房建设等68个项目建设。结合城旅融合发展思路,于田县将投入资金16.09亿元,新建文化美食旅游观光产业园及附属配套建设等文旅融合产业项目。加快文旅服务蓬勃发展。计划投入资金6100万元,推动于田县全域旅游建设项目,积极申报创建达里雅布依乡国家AAAA级旅游景区,全力打造克里雅部落农庄4星级农家乐及兰干乡宝叶星级农家乐,申报打造丙级民宿一家。以库尔班·吐鲁木红色文化、非遗、玫瑰花等为切入点,研发一批符合当地特色产品,力争实现年接待游客100万人次,实现旅游收入6.5亿元。全面深化“文化润疆”工程,积极推进于田县“万方乐奏”精品旅游线路建设项目和于田县“共圆中国梦”民族团结教育基地建设项目。

(三)“三位一体”助推经济高质量发展。深化“放管服”改革,实施营商环境创新提升行动,全面夯实招商引资平台基础,打造优质高效、充满活力金融生态环境。以促进群众稳定就业为目标,围绕“服装加工、鞋革制造、袜业织造”等重点产业来谋划引资招商。2023年,于田县计划招商引资新建项目20个,完成招商引资目标任务36亿元。计划制定完成小升规1家、个转企2家;计划新增培育外贸企业2家,进出口额力争达到1150万美元;计划新增孵化电商企业5家。全力打造文旅服务平台,不断提升于田名片知名度,持续以视频短片、情景短剧、户外互动式体验直播、民间艺人直播、于阗乐舞直播等形式,介绍库尔班·吐鲁木故事和精神、进藏先遣连、昆仑风光和民俗文化。积极深化产业援疆、民生援疆、智力援疆、就业援疆对口援疆平台。2023年,于田县将申请援疆项目35个,涉及项目资金2.7亿元。

(四)加快构建现代产业高质量体系。加强耕地保护和质量建设。全面推进乡村振兴,大力支持农牧领域技术攻关,抓好粮食生产和重要农产品供给,稳定经济作物种植,种植面积保持4万公顷。计划投入资金6.43亿元全面支持农业农村发展，保持粮食种植面积2.21万公顷。2023年，全县计划新建温室大棚200座，下达1.29万公顷耕地地力保护补贴资金3961.01万元，小麦、玉米、水稻作物计划投保面积1.86万公顷。深入实施林果业提质增效。争取林草项目资金8000万元以上，继续壮大特色林果业种植基地，特色种植经济作物稳定保持1.45万公顷。对现有2.49万公顷林果面积进行优化升级，力争完成113.2公顷林果提质增效，投入资金2500万元用于壮大葡萄产业。大力促进畜牧业产业升级。不断加大畜牧业资金、技术投入力度，计划投入资金6.03亿元，新建于田县多胎羊配种服务站建设、吐木亚和田羊保护区（提纯复壮）建设等15个项目，计划投资5000万元续建于田县畜禽食品加工建设项目1个。2023年，全县年内预计形成存栏羊80万只、出栏商品羊75万只；牛5万头、驴0.5万头；出栏商品兔130万只；存栏种鸽45万对，出栏商品鸽600万羽；出栏商品鹅100万只；食用菌150万棒；水产养殖1500余吨。加快实施大型水利建设行动。计划投入资金19.41亿元，用于新建吐木亚水库等7个项目；计划投入资金3122万元，续建阿热勒乡渡槽改造项目和中间闸口下游一期工程2项；修建防渗渠道11.4千米，维修供水管网2千米，修建护岸1.3千米，灌溉面积5.36万公顷。计划投资1167万元，实施排水防涝市政项目设施建设，建设ND400至ND800排水防涝管网5600米。

（五）综合运用措施保障，推进生态环境、经济赋能产业发展。不断加快地方政府债券发行使用，切实管好用好债券资金，支持补短板扩内需。统筹做好风险防范化解工作。2023年，于田县初步储备债券项目51个，涉及债券资金26.32亿元。不断加强部门协同监管，严格部门预算约束和政府投资项目管理，持续做好防范化解地方政府隐性债务风险工作，牢牢守住不发生系统性风险红线底线。加强生态环境保护建设。认真贯彻落实习近平生态文明思想，牢固树立绿色发展理念，进一步降低城市细颗粒物（$PM_{2.5}$）浓度，确保优良天数比例不断提升，力争2023年年底前完成生活和冬季取暖散煤替代。持续实施水污染防治行动，统筹水资源利用、水生态保护和水环境治理，落实城镇污水提质增效三年行动方案，推进水源地规范化建设。推进乡镇级集中式饮用水水源和农村“千吨万人”水源保护区划定工作。持续实施土壤污染防治行动，开展危险废物专项整治行动，推进“白色污染”综合治理，加强农村生活污水专项治理。2023年，计划投入资金1.04亿元，完成沙化土地治理1.77万公顷；计划投入资金1911万元，续建和田河流域生态修复项目。深化营商环境综合改革。持续深化“放管服”改革，不断改善营商环境；进一步优化投资项目审批流程，提升审批效率，提高服务质量，强化推进投资项目审批工作，坚持以全新服务理念、规范服务标准、高效服务水平，携手项目单位加快重大建设项目审批进程，有效确保项目办结率达100%。多渠道做好物资供应。2023年，计划投资300万元保障农资配送5000吨、粮油蔬菜配送2000吨，全年预计实现农副产品购销额1000万元。加快实施创新驱动发展战略。列入财政预算1601万元用于科学技术研究与开发经费，积极推动国家高新技术企业创建、中小型企业科技创新、科技创新基地及平台建设、保障民生、医疗卫生事业科技成果转化及扩散等。投入资金200万元，组织实施于田县科技人才创新合作项目。

（六）着力促进消费，完善促进消费体制机制。突出抓好旅游消费、住房消费、新型消费、城乡消费，发挥消费对经济发展基础性作用。完善城乡消费网络，加强县域商业体系建设，繁荣发展社区商业，优化城乡商业网点布局，加快农村寄递物流体系建设，深入推进“快递进村”工程，实现乡乡有网点、村村有服务，打通城乡配送“最后一公里”，激活农村消费市场。持续促进传统消费，发展特色商圈和特色街区，鼓励开展绿色智能家电下乡和以旧换新。大力发展夜间经济，加快发展新型消费，发展线上线下商品经济，积极培育线上零售等新型消费，支持发展“直播带货”，拓展消费新场景,培育更多新消费热点。加快推进通信建设,重点实施5G网络建设、固定宽带网络提升,全面推进信息技术服务。加快推进能源建设,巩固提升农村电网,计划总投资6826万元,分别投资1826万元用于2023年配网工程建设及5000万元新建变电站项目建设;同时完成1个"五星级"、2个"四星级"供电所创建工作。

二、深化社会治理能力,打牢经济社会发展基础

(一)深入推进平安创建工作。深入贯彻落实平安中国建设规划,加强平安建设工作力度,健全社会矛盾纠纷多元预防调处化解综合机制,全面形成县委领导、政府负责、社会协同、公众参与、法治保障社会治理体制,打造共建共治共享社会治理格局。全面做好2023年"自治区优秀平安乡镇"创建工作,指导督促拟参加平安创建乡镇认真按照自治区平安创建标准、和田地区平安建设考核细则落实创建工作,做好各类平安细胞创建工作,为打造平安于田夯实基础。

(二)毫不放松抓好安全生产。坚持生命至上,树牢安全发展理念,严格落实安全生产责任,持续开展安全生产专项整治行动,坚持从源头上消除事故隐患,下大力气补齐短板弱项,强化对重点行业、重点企业、重点场所、重点部位安全监管,坚决把风险隐患消除在萌芽状态。持续提升自然灾害防御能力,完善公共安全监测预警、应急处置、救援救治机制,有效防范和坚决遏制重特大事故发生,保障各族群众生命财产安全。

三、持续巩固拓展脱贫攻坚成果,全面推进乡村振兴

深入贯彻落实习近平总书记关于巩固拓展脱贫攻坚成果同乡村振兴有效衔接重要指示精神,全面推进巩固拓展脱贫攻坚成果同乡村振兴有效衔接。

认真完成自治区重点示范村创建和"厕所革命"。围绕补短板、强弱项、抓重点,全面推进乡村振兴。坚持先行先试、示范带动,高质量开展一体化规划、全域化建设、长效化治理,高标准完成2023年托格日尕孜乡喀日巴格村、木尕拉镇友谊村自治区级乡村振兴重点示范村创建工作。扎实推进农村改厕工作,2023年,全县计划新建"厕所革命"农村改厕249座,整改农村改厕4621座。

积极推进年度项目实施和社会帮扶工作。2023年,于田县计划投入资金81.84亿元,大力实施35个产业类项目、29个乡村建设类项目、34个社会发展类项目和21个其他类项目。结合项目库编制,立足实际发展需求,于田县将积极实施一批产业类项目、乡村建设项目、易地搬迁后续扶持项目和巩固"三保障"项目,大力促进全县乡村振兴产业链建设,培育壮大特色产业,加快乡村旅游、休闲农业、文化体验、健康养老、电子商务等新产业新业态发展步伐,确保全县乡村振兴基础更加稳固、成效更可持续。充分发挥行业统筹职能,积极创新帮扶形式,着力推进定点帮扶、东西部协作帮扶、区内协作帮扶等工作走深走实。

深入实施乡村建设行动,深化农业农村改革。推进农村土地综合整治,持续完善农村供水设施,建立农村供水运行管护体系,稳步推进农村饮水安全向农村供水保障转变。接续实施农村人居环境整治提升行动,不断加强农村生活污水、生活垃圾治理,整体提升村容村貌,推进新时代美丽宜居乡村建设。深化农业水价综合改革,稳慎推进农村宅基地制度改革。投资600万元,全面实施于田县2023年农村道路大中修项目,对县域内损坏农村道路进行修复,有效提升县域内农村公路通畅率、好路率,更好地保障群众出行便捷和安全。

四、不断提升人民生活品质,加快以民生为重点的社会建设

(一)坚持正确办学方向,办好人民满意教育。持续深化义务教育保障,2023年全县小学入学率100%、初中毛入学率98.5%、初中毕业升学率100%、高中阶段毛入学率99.2%。同时,积极争取对口援疆资金1250万元,筹集资助资金2366.7万元,实施于田县中小学教育质量提升、优秀学生资助计划。投资3427万元,为科克亚乡中学、兰干乡、木尕拉镇等小学建设教学及辅助用房。积极引导教师进行学历提升以及自我提升，并积极做好46所地区级“平安校园”创建工作。

（二）提高医疗服务水平，完善医疗卫生服务网络。实施全民健康工程，不断推进卫生健康体系建设，全面贯彻落实卫生健康政策，深入推进医疗卫生事业改革，增强人民群众健康安全感、获得感。全面落实全民参保，突出监测户、新生儿、低收入群众等群体，加大参保宣传力度，确保参保率达到100%。严格落实医保政策，做好城乡居民个人缴费、医疗救助资金资助工作，确保全县困难群体“三重保障”全覆盖，加大职工门诊共济政策宣传和落实。完善中医药服务体系建设，提高中医药服务能力，扎实推进“一老一小”照护服务和妇幼健康工作。实施全民健身计划，建立运动健康新模式，促进体育卫生融合发展。严守食品药品安全主体责任，聚焦重点行业、重点领域、重要节点，扎实开展各类专项整治活动，全面加强食品药品安全监管。规范和完善“先诊疗后付费”“一单式”结算，严格落实困难群体、重特大疾病患者享受自治区11家三级定点医疗机构就医免收住院押金、只支付个人自付部分政策，彻底解决因病致贫、因病返贫问题。2023年，计划投入资金1400万元，新建县、乡、村三级公共医疗卫生能力提升项目，为40个村卫生室采购急缺的医疗设备，推进县、乡、村三级医共体信息化建设。

（三）持续推进全民参保计划，完善社会保障制度和政策。实施社保扩面提质工程，健全基本养老保险制度，完善失业和工伤保险制度，确保全县基本养老保险、基本医疗保险参保率均保持在100%。健全重特大疾病医疗保险和救助制度，支持工会、共青团、妇联等开展工作，完善城乡居民最低生活保障、社会救助保障，保障妇女儿童合法权益，完善社会救助、社会福利、慈善事业、优抚安置等制度，发展残疾人事业。积极推进社会救助制度创新，完善低保标准动态调整机制，健全社会救助保障标准与物价上涨联动机制，稳步提高最低生活保障标准。预计2023年发放城乡低保资金2.09亿元。其中，城市低保1189.09万元，农村低保1.97亿元。扎实推进特困人员生活供养工作，积极开展临时救助工作，有效帮助群众解决临时性、突发性困难，预计2023年发放临时救助资金1538.48万元。积极构建“居家为基础、幸福大院为依托、机构充分补充、医养有机结合”社会养老服务体系，加强孤儿、艾滋病患儿等调查和办理。深入推进婚姻登记规范化建设，推进殡葬信息化建设和殡葬礼俗改革，推进残疾人福利工作，保障“两项补贴”工作长效开展，2023年预计发放残疾人“两项补贴”776.3万元。2023年，计划城乡居民养老保险参保13.05万人、职工养老保险参保2.22万人（企业养老保险参保8023人、机关事业养老保险参保1.42万人）、失业保险参保1.47万人、工伤保险参保2.38万人。

（四）全力稳就业保就业，扩大就业增收成果。坚持稳存量、扩增量，突出抓好高校毕业生、退役军人、农村劳动力、脱贫群众等群体就业，推动城镇零就业家庭“动态清零”，建立和谐稳定的劳动关系。深入实施职业技能提升行动，加强技工院校建设，加快培养高素质劳动者和技能人才。进一步拓展就业渠道，积极开发高质量就业岗位。2023年，计划开展就业招聘会29场次，建设公共服务机构5个，开展各类培训3.35万人次，开展补贴性培训2.1万人次。实现农村就业15.78万人次；城镇新增就业3000人；应届普通高校毕业生就业率达到100%；计划为退役军人发放定期生活补助160万元。指导企业与职工依法签订劳动合同，确保企业与职工签订劳动合同合法规范，督促用人单位签订劳动合同达到100%。

五、致力民族团结和宗教和谐，铸牢中华民族共同体意识

（一）坚决守好民族团结生命线。坚持以铸牢中华民族共同体意识为主线，继承发扬库尔班·吐鲁木“热爱党、热爱祖国、热爱中华民族大家庭”优良传统，让“三个离不开”“五个认同”更加深入人心，促进各族群众像石榴籽一样紧紧抱在一起。

（二）坚持我国宗教中国化方向。扎实做好宗教工作，全面贯彻新时代党的宗教工作理论，积极引导宗教与社会主义社会相适应。

（三）深入实施文化润疆工程。精心筹备一批正确反映新疆历史、富有中华文化底蕴、融合现代文明、群众喜闻乐见文艺作品，多层次、全方位、立体式讲好于田故事，积极推动中华优秀传统文化进学校、进社区、进家庭。推进文化旅游融合发展，推动文化创意产品开发，大力发展文化产业。教育引导各族干部群众树立马克思主义国家观、民族观、历史观、文化观、宗教观，让中华民族共同体意识植根心灵深处。借助直播新渠道，以短视频平台为载体，积极输出新疆歌舞、龙湖风光、神秘的达里雅布依原始村落等于田本土文化。计划投入资金750万元，策划举办“山海情深”舞台剧及窗花、剪纸等非遗文化交流活动。

（四）不断提升社会文明程度。实施文明素养提升行动，广泛践行社会主义核心价值观，开展移风易俗重点领域突出问题专项治理，加强未成年人思想道德建设，培育时代新风新貌。将民族团结进步宣传教育纳入精神文明建设、公民道德建设和法治建设全过程，纳入国民教育、干部教育、社会教育全过程，融入社会各行各业，形成常态化民族团结宣传教育机制。

（五）充分发挥榜样育人作用。积极挖掘选树民族团结先进典型，组织开展先进典型事迹报告会、宣讲会、演讲会活动，发挥引领示范作用。计划投入资金1100万元，围绕中华元素对库尔班·吐鲁木红色广场、库尔班·吐鲁木纪念馆、文旅产业园，实施“共圆中国梦”民族团结教育基地建设项目。

六、完善兵地融合发展机制，携手共建兵地美好家园。

深入学习贯彻习近平总书记考察新疆和兵团重要讲话精神，牢固树立兵地“一盘棋”思想，健全兵地协同机制，继续做好兵地工业、农业、卫生、文化、教育、维护稳定等方面交流合作。积极完善兵地融合发展，促进兵地产业发展深度融合，共建共享基础设施和公共服务，统筹推进兵地新型城镇化建设，协同推进水资源利用、生态环境保护和治理，形成兵地优势互补、设施共建、资源共享、融合发展崭新局面！

七、全面加强政府自身建设，强化高质量发展保障。

坚持把政治建设摆在首位，深入学习贯彻党的二十大精神，深学笃行习近平新时代中国特色社会主义思想，深刻领悟“两个确立”决定性意义，增强“四个意识”、坚定“四个自信”、做到“两个维护”，不断提高政治判断力、政治领悟力、政治执行力。坚持为人民服务、对人民负责、受人民监督，始终保持高的站位、严的标准、实的作风、廉的底色，坚持把党的全面领导贯穿政府工作各方面、全过程。严明政治纪律和政治规矩，严格执行重大事项请示报告制度，全面落实自治区党委政府、地委行署和县委决策部署，做到县委有安排、政府有行动、落实有力度。

坚定不移强法治。深入贯彻习近平法治思想，坚持依法行政，持续推进“八五”普法，严格执行民主集中制，落实重大行政决策机制，推进科学决策、民主决策、依法决策。高度重视社会和舆论监督，加强政务公开，始终与人民心心相印。加强政府诚信建设，坚决杜绝新官不理旧账，全面强化审计监督、统计监督，主动接受司法监督、社会监督，加大地方性法规宣传与执行力度，提高依法行政能力。

清正廉洁干事业。持续深化政府系统党风廉政建设，扎实落实中央八项规定及其实施细则精神、自治区“十条禁令”等要求。坚决杜绝形式主义、官僚主义，深入整治发生在群众身边腐败问题和不正之风，主动接受监督，让权力始终在阳光下运行。

依法行政履职责。及时办理人大代表议案、政协委员提案，保障群众知情权、参与权和监督权。充分发挥全县266个人民调解委员会、1299名人民调解员作用，创新发展新时代“枫桥经验”，定期开展矛盾纠纷排查工作，使矛盾纠纷做到早发现、早预防、早调解，防止矛盾激化，及时化解影响社会和谐稳定的突出矛盾纠纷。

1月

1日，于田县在县委机关大院举行升国旗仪式。

同日，于田县在城区团结广场开展“庆元旦·贺新春”文艺演出活动。

3日，鸿星尔克新疆于田服装生产基地正式落成并投入生产。

11日，和田地区文联、图书馆、文化馆，于田县委宣传部、新城区街道等在于田县城联合举办“迎新春·送春联·画肖像·展年俗”主题活动。

15日，新疆生产建设兵团第十四师二二五团党委向于田县库尔班·吐鲁木初级中学、希吾勒乡小学捐赠100套中国传统文化服装、腰鼓。

24日，于田县开展2021年度“五好”“五美”（“五好”：民族团结好、家庭教育好、国语学习好、创业致富好、生活风尚好；“五美”：最美家庭、最美母亲、最美夫妻、最美员工、最美婆媳）表彰活动，有100名妇女获得表彰。

26日，于田县举办“迎新春·贺新禧”广场舞大赛。

29日，于田县召开全县党史学习教育总结会议。

30日，于田县在县委礼堂举办2022年“万方乐奏·筑梦于田”主题春节联欢晚会。

2月

2日，于田县博物馆开展“辞旧迎新，欢聚一堂”亲子贺卡制作活动。

3日，于田县组织开展迎新春“品味诗词之美，传承中华文明”诗文诵读比赛活动。

15日，于田县举办2022年社火巡演以及“福虎闹元宵”文艺活动。

22日，于田县组织干部慰问教育系统因公死亡教师家属，发放慰问金1万元。

28日，于田县工商业联合会（商会）第五届会员代表大会召开。

3月

1日，自治区百姓巡回宣讲团在于田县举行自治区学习贯彻党的十九届六中全会精神巡回宣讲活动。

同日，自治区发改委援疆办调研组在于田天津工业园区调研津和服装产业园及鸿星尔克新疆于田生产基地等情况。

3日，于田县开展第23个全国“爱耳日”活动，为群众免费发放助听器46个、宣传资料500余份。

6日，于田县举办第112个“三八”国际妇女节“巾帼心向党 奋斗新时代”文艺演出活动。

21日，政协于田县第十六届委员会第二次会议在县委礼堂开幕。

22日，于田县第十八届人民代表大会第二次会议第一次全体会议在县委礼堂开幕。

24日，于田县在科克亚乡农贸市场开展第27个“世界防治结核病日”宣传活动。

27日，于田万方机场正式开通“阿克苏—于田—成都”航线。

28日，中泰尼雅黑鸡养殖项目开工奠基仪式在于田县斯也克乡斯也克村举行。

29日，于田县在于田天津工业园区召开“万企兴万村·携手共发展”动员会议。

4月

1日，于田县开展安全生产大检查，全面宣传贯彻国务院关于安全生产“十五条”措施。

5日，于田县组织干部职工、师生代表在中国人民解放军独立骑兵师先遣连进藏纪念碑前，开展祭奠英烈活动。

7日，于田县举办以“建功‘十四五’·奋进新征程”为主题的保密知识竞赛活动。

13日，和田地区全国“两会”精神宣讲团成员在于田县宣讲全国“两会”精神。

同日，于田县在加依乡阔什塔勒村召开以“学习习近平总书记金句”“讲述就业小故事”“有奖问答”“媳妇给婆婆造发型”“乒乓球托球跑比赛”“新时代靓丽女性模特大赛”等活动。

16日，“‘飞扬’中国梦　一起向未来”2022北京冬奥会火炬和田展示活动走进库尔班·吐鲁木纪念馆。

18日，于田县启动2022年“津和杯”男子篮球比赛，赛期7天。

20日，和田—若羌铁路项目部完成于田站货场（环场）道路摊铺施工。

25日，于田县开展世界知识产权日法治宣传活动。

26日，自治区党委书记马兴瑞在于田县调研，详细了解县公安局、阿热勒乡派出所维稳指挥体系建设运行、基层公安单位便民服务等情况，在库尔班·吐鲁木纪念馆、于阗博物馆、龙湖国家湿地公园、工业园区了解实施文化润疆工程、生态环境修复和招商引资等工作情况。

5月

6—8日，于田县开展乡村振兴示范村建设暨城乡人居环境整治观摩活动。

13日，于田县开展“红十字博爱周”志愿服务活动。

19日，于田县在万亩玫瑰基地举办2022年“5·19”中国旅游日暨于田县第五届玫瑰风情文化旅游节。

20日，自治区农业农村厅、新疆农业科学院、新疆农业大学组成联合调查组在于田县开展为期5天农作物种质资源普查与收集行动，收集农作物种质资源212份。

25日，中国人民解放军总医院第八医学中心专家组到于田县开展医疗帮扶，对口支援于田县人民医院“千县工程”开展6个学科建设，为于田县捐赠医疗设备和药品价值34万元。

6月

1日，于田县各学校举办“小小石榴籽 喜迎二十大”系列文艺会演活动，欢庆“六一”国际儿童节。

2日，于田县在英巴格乡开展“我们的节日·端午节”系列活动。

5日，于田县苏克塔亚河生态清洁小流域项目完工，工程总投资4996.32万元。

11日，于田县在木尕拉镇阿亚格喀群村举行低氟边销茶“送茶入户”仪式。

12日，于田县与鸿星尔克实业有限公司在厦门鸿星尔克总部签署新疆鸿荣轻工有限公司厂房与附属配套设施建设项目协议。

13日，于田县第26届少数民族传统体育运动会在先拜巴扎镇农牧民运动场举行。

16日，于田火车站开通运营，于田县结束不通火车历史。

同日，于田县在新时代步行街开展以“遵守安全生产法当好第一责任人”为主题的第21个“安全生产月”集中宣传活动。

26日，于田县在县委党校二楼会议室召开市域治理现代化工作专题会。

27日，于田县“法院+工会”劳动争议诉调对接工作室揭牌成立。

29日，于田县在达里雅布依乡举办2022年新疆于田旅游发展促进会暨大漠胡杨季于田特种旅游发展论坛。

30日，民丰至洛浦高等级公路开通运营，于田县走进高速公路时代。

同日，于田县总水厂规范化建设项目、于田县2022年农村供水保障维修养护工程完工。

同日，于田县举办以“庆‘七一’、忆党史、喜迎二十大”为主题的“德坤杯”讲党史故事大赛。

7月

3日，天津市交响乐团、天津美术馆小分队在于田县委礼堂开展以“我们的中国梦·中华文化耀和田”为主题文艺演出。

8日，于田县托格日尕孜乡托格日尕孜村入选自治区乡村旅游重点村名单。

20日，于田县在新时代步行街快递物流园开展“保障新就业形态劳动者权益　全力推进市域社会治理现代化”专项行动。

23日，厦门大学管理学院周波教授团队调研于田县文化旅游行业发展情况。

25日，“和田优品”天津消费节于田县参展企业销售总额896.626万元，签订投资、采购、合作项目协议金额4.3亿元。

同日，于田县售肉亭购置项目（衔接资金）完成验收，购置成品售肉亭100个。

同日，北京市文联组织文化志愿者在于田县开展“我的中国梦·中华文化耀于田”书画文笔交流活动。

28—29日，于田县举行“健康促进县”创建现场观摩经验交流会。

8月

2日，于田县多胎羊配种服务站建设项目完工，项目总投资408.68万元。

10日，于田县国家级非遗项目“维吾尔服饰”“和田赛乃木”参加“新疆是个好地方”——对口援疆19省市非物质文化遗产展。

同日，安徽省政协调研组一行在于田县就“如何打造生态型国际化世界级休闲独家旅游目的地”进行实地调研。

22日，于田县妇联在阿日希乡举办中国妇女发展基金会项目“鹅伴天使”机器人发放仪式，为30名困境儿童发放“鹅伴天使”机器人。

24日，于田县启动“幸福微笑工程”项目，筛选8名唇腭裂患者到自治区人民医院做康复手术。

9月

1日，公安部第九督察组在于田县开展夏季治安打击整治“百日行动”专项督察。

4日，于田县妇幼保健站、计划生育服务站整合成于田县妇幼保健院（暂定名）。

5日，于田县召开行政执法示范观摩会。

同日，于田县兔产业养殖基地附属配套提升建设项目完工，总投资1550万元（衔接资金）。

同日，于田县召开特种设备使用单位安全警醒分析会暨集体约谈会。

12日，和田地区首届“和田之春”书画摄影系列展览活动在于阗博物馆举行。

10月

16日，于田县组织干部群众通过电视、广播、网络等收听、收看党的二十大开幕会直播。

17日，于田县召开会议，调度各乡镇农业重点工作。

26日，于田县阿羌乡普鲁村入选第六批中国传统村落名录。

30日，于田县克里雅河阿日希乡（19+200～24+207）段防洪工程、克里雅河兰干乡中间闸口防洪工程完工。

11月

2日，于田县在县政府三楼党组会议室召开专项债券项目协调会。

5日，于田县组织干部参加自治区宣传贯彻党的二十大精神报告会。

15日，于田县2022年度农业水价综合改革实施项目完工，工程总投资1221.25万元。

20日，于田县为16名妇女发放“低收入妇女‘两癌’救助”中央专项彩票公益金。

25日，于田县委书记董燕军在于田天津工业园区蔬菜种植基地调研。

12月

4日，于田县公安局被评为新疆维吾尔自治区第五届“人民满意公务员集体”，卫健委党组副书记、主任祖莱汗·麦提斯迪克被评为新疆维吾尔自治区第五届“人民满意公务员”。

11日，于田县委召开常委会会议，审议《于田县党的二十大精神宣讲工作方案》，研究《2023年天津市对口支援新疆和田地区于田县投资计划》等。

13日，于田县组织干部参加自治区环保督查工作会议。

14日，春秋航空于田—上海航线复航。

15—16日，自治区党委有关领导在于田县新疆鸿荣轻工有限公司（鸿星尔克）、新疆新大成防护用品有限公司、工业园区、木尕拉镇友谊村等进行调研。

18日，于田县现代农业园区基础设施配套建设项目完工，项目总投资2.15亿元。

22日，于田县召开做好国家2022年度巩固拓展脱贫攻坚成果同乡村振兴有效衔接考核评估准备工作动员会。

同日，于田天津工业园区易地搬迁安置点高标准温室大棚建设项目完工，项目总投资980万元，资金来源为衔接资金。

30日，自治区2022年度巩固脱贫成果评估考核组长、新疆农业大学教授张晔、新疆农业大学讲师美丽·吐尔生别克一行在于田县开展巩固脱贫成果考核。

于田概况

基本县情

【位置面积】 于田县隶属新疆维吾尔自治区和田地区行政公署管辖，地处塔克拉玛干沙漠南缘、昆仑山北麓，地理坐标为北纬35°14′～39°29′、东经81°9′～82°51′。东连民丰县，北邻塔克拉玛干沙漠与阿克苏地区沙雅县相接，西邻策勒县，南与西藏自治区阿里地区改则县、日土县相接，县城距和田市公路里程180千米，东出县城穿越塔中公路距乌鲁木齐市公路里程1350千米。全县面积3.9万平方千米。

【地形地貌】 于田县南部昆仑山以高峻雄伟、气势磅礴而负盛名，横穿于境内南部，海拔5000米“雪线”以上的山峰，终年白雪皑皑。境内最高峰琼木孜塔格峰海拔6962米，北部有海拔1318米的无垠沙漠相映衬，相对高差5000多米。自南向北可分为5个迥然不同自然景观带：中高山带、低山丘陵带、山前戈壁砾石平原带、冲洪积平原带、沙漠带，有典型冰川、冻土、火山、沙漠等地貌类型。中高山带是境内主要河流发源地，生长荒漠植被，也是山地牧场所在地；区内有两座高山——乌斯腾山、喀拉塔什山，两山之间有两处盆地——乌拉音盆地、乌鲁克盆地和3处湖泊——乌拉音湖、乌鲁克湖、克其克湖。低山丘陵带是中山带向荒漠平原过渡地带，雨水较多，生长较多草本植物，形成牧场。山前戈壁砾石平原地面坡度平缓，为地下水的经流排泄区，蕴藏有丰富地下水资源。冲洪积平原带是人民聚居农业耕作区，渠网密布，道路纵横，林带交织，房屋栉比；在地势低洼处发育大面积地下溢水而成沼泽湿地，生长着大量喜水植物。东部的吐木亚河、皮什盖河、阿羌河，由于水量小、流程短、携带泥沙少，形成奥依托格拉克冲积平原也小；而西部克里雅河，由于集水面积广、水量大、携带泥沙多，形成冲积平原较大，包括该河中下游发育狭长河谷平原和在尾闾达 里雅布依一带形成扇状干三角洲。北部沙漠带，位于北纬37°15′以北，面积2.14万平方千米，占全县总面积53.1%。沙地内极端干燥，生物很少，仅在边缘地带和河流两侧生长有稀疏胡杨、红柳等荒漠植被。

2022年10月，于田县昆仑山区地貌

（王　玥　摄）

【气候气象】 于田县属温带大陆性气候，主要特点是四季分明、昼夜温差大，光照充足，降水稀少，蒸发量大，春夏多风沙和浮尘等天气。2022年，于田县日照总数2893.5小时，日照率33%，年均降水量59毫米，年均蒸发量2339.7毫米；平原绿洲年平均风速1.38米/秒，风速以春季最大，平均1.7米/秒，秋冬季平均1.13米/秒，每年浮尘天气110天以上，其中浓浮尘（沙尘暴）天气8天以上。全县年平均气温13.9℃，比历年偏高1.7℃，极端最高气温41℃，出现在7月28日，极端最低气温-12.6℃，出现在12月28日；全年总降水量24.3毫米，比历年偏少34.7毫米，日最大降水量9.7毫米，出现在6月19日；年总日照时数1921.8小时，比历年偏少970.7小时；年极大风速15.2米/秒，出现在5月30日；沙尘日数较多，其中浮尘日163天、扬沙日14天、沙尘暴日12天。

【历史沿革】 于田县历史悠久，秦汉时期是西域三十六国之一的扜弥国的一部分。扜弥国是丝绸之路南道重镇。西汉神爵二年（前60），西汉中央政府在乌垒城（今轮台县境内）设立西域都护府，作为统辖天山南北的最高军政机构。西域地区纳入中国版图，作为西域一部分的于田县所在地区为其管辖，从此之后至今的2000多年来，于田县所在地区始终是中国不可分割的一部分。除中原王朝在西域设置的行政机构外，在西域历史上间断出现的各种城国、行国、王国、汗国、属国、朝贡国等均为地方政权的形式，受中原王朝管辖。即便是地方割据政权，也都有浓厚的中国一体意识，或认为自己是中原政权的分支，或臣属于中原政权。汉朝以后，历代中原王朝时强时弱，和西域的关系有疏有密，中央政权对新疆地区的管治时紧时松，但任何一个王朝都把西域视为故土，行使着对该地区的管辖权。

东汉后期，扜弥改称拘弥，最终被于阗国吞并。

魏晋南北朝时期，先后隶属于曹魏、西晋、前凉、后凉、西凉、前秦、北魏等在西域设置的军政机构管辖。

隋开皇元年（581），隋朝建立，于田县所在地区归于隋朝。唐贞观十四年（640），唐朝在西域设安西都护府，于田县所在地区属安西都护府管辖。贞观二十二年（648），唐朝在龟兹、于阗、疏勒、焉耆建置军镇，由安西都护府兼统，于阗为“安西四镇”之一，于田县所在地区归于阗镇管辖。

宋朝时期，于阗王李圣天遣使向宋称臣，县境属于阗。

景德三年（1006），于阗王国为喀喇汗国攻灭，于田县所在地区成为其辖地。庆历元年（1041），喀喇汗国分裂为东西两部分，于田县所在地区为东喀喇汗国辖地。

南宋绍兴二年（1132）西辽建立后，收服东喀喇汗国，于田县所在地区为西辽辖地。嘉定十一年（1218），于田县所在地区归于蒙古汗国。元宪宗元年（1251），西域实行行省制，于田县所在地区属别失八里行尚书省。至元八年（1271），元朝在和阗设宣慰司都元帅府，于阗县所在区域归元朝直接管辖。大德八年（1304），于田县所在地区为元朝藩国察合台汗国属境。元至正七年(1347)，察合台汗国分裂为东西两部分，于田县所在地区为东察合台汗国辖地。明代，县境属哈密卫管理。正德九年（1514）后，于田县所在地区成为叶尔羌汗国辖地。

清康熙十九年（1680），于田县所在地区受准噶尔部统治。乾隆二十年（1755），清朝平定准噶尔，县境属清。光绪八年（1882），清朝在喀拉喀什城（今墨玉）设于阗县，隶属喀什噶尔道和阗直隶州。光绪十年（1884）十一月二十六日，于阗县府衙由喀拉喀什城移至克里雅城（今于田）。民国初年（1915）于阗县属喀什噶尔道。民国9年（1920），设立和阗道，于阗县属其管辖。民国17年(1928)，和阗道改行政区，于阗县属和阗行政长官公署管辖。民国32年(1943)，行政区改专区，于阗县属和田区(第七区)行政督察专员公署辖治。

1949年9月，于阗县同全疆一道和平解放。1950年1月6日，中国人民解放军第一野战军一兵团二军五师十五团一营进驻于阗县城。同年4月，中共于阗县工作委员会、于阗县人民政府相继成立。1959年8月，于阗县改称于田县。其间，于田县先后隶属和阗专区、和田专区、和田地区。

【行政区划】 于阗县府衙由喀拉喀什城(今墨玉县)移至克里雅城(今于田)后，管辖范围东起且末县、西至洛浦县。洛浦县、且末县、策勒县分别于1902年、1914年、1929年从于阗县析地设县。

1939年，于阗县有7区50村。

1945年，民丰县从于阗县析地设县。

1948年，于阗县有2镇6乡54保。

1950年，于阗县废除保甲制，实行区、乡、村建制，划区7个、乡22个、村62个。

1958—1959年，于阗县成立8个人民公社，有20个管理区、108个大队、3个农场。

1984年，于田县恢复乡镇建制，将原来的8个公社调整为2镇12乡。乡镇有木尕拉镇、先拜巴扎镇、加依乡、科克亚乡、阿热勒乡、英艾日克乡(1986年5月英艾日克乡改称阿日希乡)、兰干乡、斯也克乡、托格日尕孜乡、喀拉克尔乡、奥依托格拉克乡、阿羌乡、英巴格乡、希吾勒乡。1989年，于田县达里雅布依乡人民政府成立。1995年，于田县喀孜纳克开发区管委会设立。1998年，于田县老城区街道办事处设立。1999年，于田县兰干博孜亚农场设立。2008年，于田县新城区街道办事处设立。2017年，于田县巴格库木管委会从木尕拉镇析出设立。2018年1月，国营种羊场(部分)、拉依苏良种场、喀孜纳克开发区管委会移交新组建新疆生产建设兵团第十四师二二五团管辖。2021年，于田县巴格库木管委会并入木尕拉镇。

2022年，于田县辖镇2个、乡13个、场1个、街道2个，分别为：木尕拉镇、先拜巴扎镇，加依乡、科克亚乡、阿热勒乡、阿日希乡、兰干乡、斯也克乡、托格日尕孜乡、喀拉克尔乡、奥依托格拉克乡、阿羌乡、英巴格乡、希吾勒乡、达里雅布依乡，兰干博孜亚农场，老城区街道办事处、新城区街道办事处。

【河流资源】 2022年，于田县有大小河流11条。其中，主要利用河流5条，分别是克里雅河(多年平均年径流量7.67亿立方米)、吐木亚河(多年平均年径流量0.91亿立方米)、阿羌河(多年平均年径流量0.22亿立方米)、皮什盖河(多年平均年径流量0.57亿立方米)、苏克塔亚河(多年平均年径流量0.23亿立方米)。河流季节性反差极大，春季极为缺水，4—5月来水量仅占全年来水量7%，夏季洪涝，秋冬严重干旱。有水库8座，总库容1.44亿立方米。

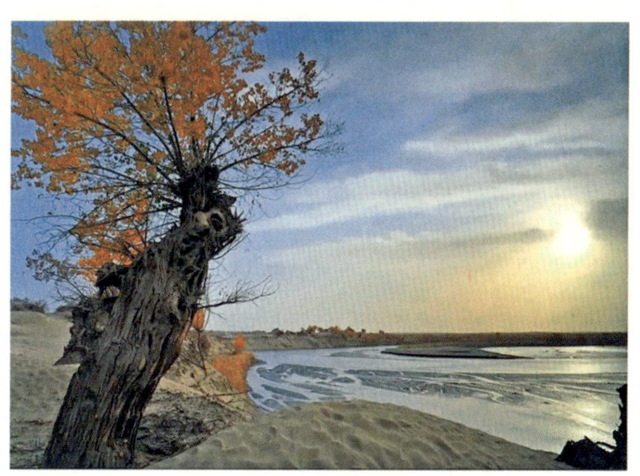

2022年10月，于田县克里雅河流域

(来自“游在于田”视频号)

【土地资源】 2022年，于田县总面积3.9万平方千米，沙漠、戈壁、裸岩等不能利用或难以利用土地面积占94%，其余可利用面积占6%。于田县土壤类型多样，南部山区土壤主要有高山寒漠土、高山漠土、亚高山草原土、山地棕漠土。农区有草甸土、潮土、风沙土、灌淤土、林灌草甸土、水稻土、沼泽土、棕钙土、棕漠土9个类型土壤。北部沙漠区土壤有风沙土和荒漠胡杨林土。

【矿产资源】 2022年，于田县境内发现矿产14种47处。其中，金矿3处，银矿区1个，金铜、黄铁矿4处，铜镍矿6处，锑矿点2处，铅锌矿点6处，磁铁矿2处，和田玉矿点13处，石灰岩矿3处，石英闪长岩2处，煤矿1处，矿泉水1处，黏土矿3处，主要分布在昆仑山区域。

【森林资源】 2022年，于田县森林总面积18.39万公顷（天然林13.46万公顷、人工林4.93万公顷），森林覆盖率2.55%，绿洲森林覆盖率42%以上，森林蓄积量80.52万立方米，治理沙化土地面积1.53万公顷；有生态林2.44万公顷，人工种植红柳1.2万公顷，接种1.02万公顷。有经济林2.48万公顷，挂果面积1.98万公顷，生产各类果品18.36万吨。

【植物资源】 2022年，于田县有野生高等植物38科112属155种，可利用有药用野生植物46种，固沙野生植物7种，食用野生植物5种，工艺野生植物6种，主要有新疆杨、箭杆杨、银白杨、桑树、沙枣、胡杨、柳树、红柳、毛希柳、多枝柽柳、小叶白蜡、刺槐、白榆、臭椿、侧柏、沙棘、大颖三芒草、昆仑沙拐枣、驼绒藜、沙蓬、倒披针叶虫实、骆驼刺、赖草、罗布麻、芦苇、香蒲、芨芨草等。

【草场资源】 2022年，于田县草场总面积61.15万公顷。其中，天然牧草场60.42万公顷（山地草场39.27万公顷、平原草场21.15万公顷），人工牧草场0.73万公顷，草场可载畜量27.56万头（只），实际载畜量25万头（只）。

2022年7月，于田县阿羌乡昆仑山草场

（于田县阿羌乡提供）

【野生动物资源】 2022年，于田县已知野生动物96种，主要有国家级保护动物雪豹、藏羚羊、雪鸡、野骆驼、鹅喉羚、大天鹅、灰鹤等，主要分布在阿羌乡、奥依托格拉克乡山区及达里雅布依乡，鸟类主要栖息在全县湿地范围内。

2022年10月，于田县昆仑山区鹅喉羚

（王 玥 摄）

【湿地资源】 2022年，于田县湿地总面积14.84万公顷，集中连片湿地位于克里雅河国家湿地公园。于田县克里雅河国家湿地公园位于于田县城北部克里雅河下游，木尕拉镇至克里雅河尾闾，深入塔克拉玛干沙漠腹地，涉及英巴格乡、达里雅布依乡等。克里雅河国家湿地公园规划总面积14.3万公顷,湿地面积5541.12公顷,湿地率58.15%。

经济和社会发展

【经济运行情况】 2022年,于田县实现地区生产总值(GDP)49.75亿元,比上年增长4.5%(可比价,下同)。全县人均国内生产总值1.93万元,比上年增长4.4%。推进1333.33公顷高标准农田、古再村棚户区改造、600套公共(保障性)租赁住房、中等职业技术学校、县人民医院应急综合病房等145个重点项目落地,固定资产投资保持持续增长。聚焦于田天津工业园区"三个平台"建设,坚持工业向园区集中、项目向园区集聚、政策向园区倾斜、资金向园区保障,园区落户企业89家,解决就业1万余人。

【农业发展】 2022年,于田县实现农林牧渔总产值(现价)41.15亿元,比上年增长5.5%。特色农作物种植面积1.23万公顷(其中玫瑰花3240公顷、蔬菜6440公顷、万寿菊2666.67公顷)。有设施农业温室大棚2200座。经济林实有面积2.48万公顷,其中:挂果面积1.98万公顷,产量18.36万吨。年末牲畜存栏头数95.76万头(只)。

【工业发展】 2022年,于田县实现工业总产值15.22亿元,全口径工业增加值4.53亿元,比上年增长0.8%(可比价)。工业企业销售产值(现价)12.97亿元,比上年下降1.88%。全年全社会用电量5.9亿千瓦时,比上年下降5.1%。引进鸿星尔克、新大成、永利等一批头牌、头单优质企业落地于田天津工业园区。

【旅游业发展】 2022年,于田县有国家A级以上旅游景区6家。星级农家乐10家,星级宾馆1家,旅游星级饭店客房80间。实施建设红色文化广场、库尔班·吐鲁木红色文化风情街和民族手工艺坊及旅游附属配套设施建设项目。年内,于田县接待游客64.65万人次,实现旅游接待收入5.12亿元。

【基础设施建设】 2022年,于田县实施管网、供热、供气等市政基础设施及配套建设项目12个;实施交通基础设施建设项目12个,总投资2.31亿元。

【招商引资】 2022年,于田县实施招商引资项目68个,到位资金35.25亿元,招商引资企业(项目)带动就业4456人。

【社会生活】 2022年,于田县全体居民人均可支配收入1.92万元,比上年增长4.8%;城镇居民人均可支配收入3.34万元,比上年增长1.7%。农村居民人均可支配收入1.14万元,比上年增长8.4%。实现城镇新增就业2536人,新增自主创业人数1318人。城镇登记失业人数731人,登记失业率3.2%。

中国共产党于田县委员会

综述

【政治建设】 2022年，于田县委深入学习宣传贯彻党的二十大精神，以党的创新理论指导于田工作。坚持把加强学习教育作为党员干部坚定信念、提升素质、推进工作重要途径，学习内容覆盖习近平总书记重要讲话精神、法治建设、乡村振兴、全面从严治党等方面。坚持以“讲得清、听得懂、能入心”为重点，围绕干部、农牧民群众、学校师生等群体，按照“大水漫灌+精准滴灌”相结合、“共性+个性”相结合、“网上+网下”相结合、“宣讲+各类活动”相结合，开展“全方位、无死角”宣传宣讲，确保党的二十大精神入脑入心。（李永昌）

【经济发展】 2022年，于田县实现地区生产总值(GDP)49.75亿元，比上年增长4.5%（可比价，下同）。其中，第一产业增加值15.15亿元，增长5%；第二产业增加值8.75亿元，增长18.9%；第三产业增加值25.85亿元，增长0.5%。从贡献程度看，三次产业对经济增长贡献率分别为30%、18%、52%，拉动经济增长分别为0.9个、3.5个、0.1个百分点。产业结构由2021年27.6∶15.1∶57.3转变为2022年30.5∶17.5∶52；全县人均国内生产总值1.93万元，比上年增长4.4%。推进1333.33公顷高标准农田、古再村棚户区改造、600套公共（保障性）租赁住房、中等职业技术学校、县人民医院应急综合病房等145个重点项目落地，固定资产投资保持持续增长。聚焦工业园区“三个平台”建设，坚持工业向园区集中、项目向园区集聚、政策向园区倾斜、资金向园区保障，园区落户企业89家，解决就业1万余人。（李永昌）

【惠民实事】 2022年，于田县委树牢宗旨观念，扎实推进就业、教育、医疗、安居、社保等“惠民工程”，办好技能培训、煤改电入户等“为民实事”，统筹推进安全生产、公共卫生、防灾减灾等工作一体落实。依托工业园区企业、片区工厂，充分发挥技工学校作用，加大就业技能培训力度，以技能提升促进稳定就业，带动农村劳动力、高校毕业生、就业困难人员等群体就业。深化医共体建设，落实“先诊疗后付费”政策，县、乡、村医疗网点实现全覆盖，基本公共服务体系更加健全。（李永昌）

【党的建设】 2022年，于田县委坚持以强基固本为抓手，抓班子、提能力、转作风，基层基础更加坚实可靠。积极用好党中央特殊政策支持，全面做好新招录干部教育培养、关心关爱。持续深化城市党建工作，构建“两中心一站”组织架构，推进区域内党组织共驻共建、联动联享。聚力推进党建引领基层治理各项举措，打造党建示范点163个，创建“五个好”（依法治理好、凝聚人心好、文明创建好、推动发展好、堡垒作用好）党支部136个。全县村干部中，高中（中专）及以上学历占70.3%，村干部中35岁以下占73.4%。全县220个驻村工作队担当尽责，开展宣传教育5000余场次，解决群众困难2万余件。（李永昌）

重要会议

【于田县委理论学习中心组理论学习】 2022年，于田县委理论学习中心组理论学习80次453个篇目，其中习近平总书记重要讲话重要指示批示精神专题12次，安全生产专题1次，党风廉政建设专题2次，法治建设专题5次，党的建设专题7次，经济发展专题2次，粮食安全专题2次，审计专题1次，市域治理专题2次，统计专题1次，乡村振兴专题7次，巡视巡察专题1次，意识形态专题2次，综合选题19次，其他专题16次。 （李永昌）

【常委会会议（部分）】

1月4日，于田县委召开常委会会议，研究重新设置公益性岗位及社保补贴解决途径、亮化照明方案等事项。

1月10日，于田县委召开常委会会议，会议听取全县2021年度政治生态分析报告，并针对当前政治生态存在突出性问题，研究制定工作措施。

1月13日，于田县委召开常委会会议，专题学习习近平总书记在中共十九届六中全会、庆祝中国共产党成立100周年大会、全国脱贫攻坚总结表彰大会、党史学习教育动员大会、第三次中央新疆工作座谈会等会议上作出重要讲话精神。研究博斯坦稻田土地经营权流转（出租）合同、社区命名等事项。

1月20日，于田县委召开常委会会议，研究讨论2021年度各乡镇、县直各单位、垂管各单位绩效考核等事项。

2月13日，于田县委召开常委会会议，专题研究2022年度发展壮大村集体经济相关事宜，推荐提名自治区出席党的二十大代表人选工作。

3月28日，于田县委召开常委会会议，研究关于地委第七巡察组涉粮问题专项巡察于田县反馈意见整改工作。

4月11日，于田县委召开常委会会议，研究调整于田县文化润疆工程领导小组组成人员等事项。

4月15日，于田县委召开常委会会议，研究规范国家公职人员长期租赁公租房、历年来征收房屋安置、2022年保障性租赁住房建设等事项。

4月20日，于田县委召开常委会会议，研究部署全面开展软弱涣散基层党组织整顿摸排工作。

5月2日，于田县委召开常委会会议，学习《中国共产党宣传工作条例》，对2022年上半年意识形态工作情况进行专题研究，审议通过干部调配提案、干部退休提案。

5月12日，于田县委召开常委会会议，研究调整市域社会治理现代化试点工作领导小组组成人员有关事宜。

5月25日，于田县委召开常委会会议，专题学习市域社会治理现代化有关文件，研究新疆阗丰农贸葡萄酒项目协议、新疆好物智造无花果项目协议、新疆鸿荣轻工有限公司厂房建设回购协议等。

6月21日，于田县委召开常委会会议，研究2022年扶持发展壮大村集体经济项目相关事宜。

7月13日，于田县委召开常委会会议，研究于田县硒鸽产业项目合作合同补充协议。

7月21日，于田县委召开常委会会议，研究《于田天津工业园区企业工资增长机制方案》等事项。

8月4日，于田县委召开常委会会议，研究使用交通“以奖代补”资金、乡村振兴资金整合、达里雅布依乡AAAA景区打造等事项。

8月6日，于田县委召开常委会会议，研究加依乡鸽产业2021年收益分红、兔笼项目借款转为财政拨款等事项。

9月3日，于田县委召开常委会会议，审议通过《于田县巩固拓展脱贫攻坚成果和乡村振兴项目库建设管理办法（暂行）》《于田县财政衔接推进乡村振兴补助资金（巩固拓展脱贫攻坚成果和乡村振兴任务）项目管理办法（暂行）》。

12月11日，于田县委召开常委会会议，研究讨论《2023年天津市对口支援新疆和田地区于田县投资计划》，对项目实施内容、投资计划、资金安排

等进行讨论,就下一步优化调整提出具体意见和建议。（李永昌）

【议事机构会议(部分)】

2月19日,于田县委召开项目工作会议,听取关于脱贫攻坚与乡村振兴有效衔接项目进展以及政府投资项目进展情况汇报,对2022年度项目工作提出要求。

2月22日,于田县委召开审计工作会议,通报于田县经济责任审计准备工作责任落实情况、扶贫项目审计情况,对有关工作进行安排部署。

4月4日,于田县委召开财经委员会会议,就解决脱贫攻坚档案购置数字化设备资金等事宜进行研究。

5月5日,于田县委召开财经委员会会议,传达学习习近平在中央财经委员会第十一次会议上的重要讲话精神,就解决疫情防控物资款等有关事宜进行研究。

5月25日,于田县委召开财经委员会会议,传达学习2022年中央经济工作会议精神、《2022年中央经济工作会议精神解读》,就解决工业园区评估费用等事宜进行研究。

6月16日,于田县委召开财经委员会会议,传达学习国务院常务会议精神,就解决保密局建设电子政务内网资金费用等事宜进行研究。

6月20日,于田县委召开经济工作会议,听取全县固定资产入统、重点项目进展、项目资金支付、就业工作开展等情况,分析全县经济运行形势。

7月1日,于田县委召开项目入库工作会议,研究2022年新增地方专项债券需求项目等事宜。

7月8日,于田县委召开财经委员会会议,传达学习《和田地区地方政府债券资金管理办法》,就解决于田县房屋安全普查工作经费等有关事宜进行专题研究。

7月23日,于田县委召开项目入库工作会议,研究通过《2023年新增地方专项债券需求项目》《2023年新增一般债券需求项目》。

8月2日,于田县委召开专题工作会议,听取全县农村富余劳动力就业与培训、大中专毕业生就业和财政工作开展情况汇报。

8月6日,于田县委召开财经委员会会议,传达学习《自治区政府债券资金管理奖惩暂行办法》,就解决县委宣传部文化宣传品项目资金等事宜进行研究。

8月22日,于田县委召开经济工作会议,听取全县经济运行情况汇报,分析全县经济运行形势。

8月29日,于田县委召开财经委员会会议,传达学习《自治区政府债券资金管理奖惩暂行办法》,就解决托格日尕孜乡化解困难诉求所需费用等事宜进行研究。

10月21日,于田县委召开财经委员会会议,传达学习《新疆维吾尔自治区其他退税减税降费专项资金管理办法》,就解决教育系统整改20所幼儿园占用基本农田问题所需资金等事宜进行专题研究。（李永昌）

重要文件

【于党发文件(部分)】

《于田县2022年全面推进乡村振兴重点工作实施方案》(于党发〔2022〕1号)

《于田县贯彻落实法治政府建设实施纲要(2021—2025年)细化方案》(于党发〔2022〕4号)

《于田县"十四五"生态环境保护规划》(于党发〔2022〕12号)

《关于强化科技创新支撑引领作用推动于田经济社会高质量发展的实施意见》(于党发〔2022〕24号)

《于田县贯彻落实法治政府建设实施纲要(2021—2025年)实施方案》(于党发〔2022〕26号)

【于党办文件(部分)】

《关于推进达里雅布依国家AAAA级景区申报创建工作的实施方案》(于党办〔2022〕2号)

《于田县关于加强社会主义法治文化建设的实施方案》(于党办〔2022〕4号)

《于田县事业单位管理岗位职员等级晋升制度实施方案》(于党办〔2022〕5号)

《于田县村集体“三资”规范管理指导意见》(于党办〔2022〕12号)

《关于于田县加强新时代廉洁文化建设工作实施方案》(于党办〔2022〕13号)

《于田县农村人居环境整治提升五年行动方案(2021—2025年)》(于党办〔2022〕20号)

《于田县学习宣传自治区党委十届三次全会精神工作方案》(于党办〔2022〕26号)

《于田县农业高效节水后期运行管理工作方案》(于党办〔2022〕32号)

《于田县关于健全党建引领基层治理工作体系的实施方案》(于党办〔2022〕33号)

《关于加强和改进新时代于田县政协工作的实施方案》(于党办〔2022〕35号)

《于田县关于全面推进县域共青团基层组织改革实施方案》(于党办〔2022〕37号)

《于田县关于加强新时代司法所建设的实施方案》(于党办〔2022〕39号)

《于田县关于加强新时代老龄化工作的实施方案》(于党办〔2022〕40号)　(李永昌)

县委办公室工作

【概况】　2022年,于田县委办公室按照习近平总书记“五个坚持”(坚持绝对忠诚的政治品格、坚持高度自觉的大局意识、坚持极端负责的工作作风、坚持无怨无悔的奉献精神、坚持廉洁自律的道德操守)总体要求,加强自身建设,努力提升“三服务”工作水平,与时俱进,团结协作,统筹兼顾,狠抓落实,始终围绕县委中心工作抓好落实。　(李永昌)

【理论学习】　2022年,于田县委办公室通过“集中学习+撰写心得体会+交流研讨+知识测试”方式,组织干部职工同步学习,做到学习人员、交流研讨、知识测试三个覆盖。积极参加自治区党委、地委、县委举办的党的二十大精神专题宣讲,干部职工采取集中或自学方式,结合自身岗位将党的二十大精神贯穿到工作各个环节。开展党的二十大精神集中学习40次,举办党的二十大精神培训班2期。

(李永昌)

【建章立制】　2022年,于田县委办公室根据实际工作情况修订完善《于田县委办公室岗位责任制》,制定考核细则,明确内设科室、岗位职责任务和目标要求,建立目标机制、会议机制、考核奖惩机制,把工作任务安排到月,每月召开一次例会听取工作汇报,分析进度,定期检查,加强督促。严格规范工作程序,重点对会务、行文、调研、信息督查、接待等工作制定规范,避免工作随意性和盲目性。建立和完善会议、值班、财务、车辆管理、公务接待等10余项工作制度,对内设科室和干部职工要求更明确,确保县委办公室各项工作高效运转。

(李永昌)

【办文办会】　2022年,于田县委办公室坚持把文稿起草工作作为办公室核心工作,做好素材收集、撰写推敲、送审把关、意见征求、校核送印等环节,确保文件符合党的路线、方针、政策,符合国家现行法律、法规,内容观点正确、条理清楚、逻辑严密、不出错误。同时,压实各科室责任,做好文件起草、流转、清退、归档全流程保密工作,实现办文“精密”。按照中央八项规定精神及基层减负等工作要求,严格控制会议次数、时间、参会范围,始终坚持“会前、会中、会后”三个阶段实施,做好会议前期工作,会中阶段做好会议记录、会风监督,会后及时清点打扫会场、做好会议记录纪要以及档案留存工作，实现会务规范化、流程化。按照疫情防控工作要求，认真做好会务服务保障工作。组织做好县委理论学习中心组会议、县委常委会会议、各类综合会议和接待会务活动，实现常态化疫情防控状态下办会“优”。（李永昌）

【督查考核、基层减负】 2022年，于田县委办公室围绕地委重大决策部署及县委重点工作任务进行督查盯办，完成地委交办重点工作督办37次、工作任务清单56次、提醒函31次；开展县委重点工作实地督查17次，印发县委重点工作提醒及督查通报13次，形成专项督查调研报告14篇，盯办落实县委主要领导批示33次。上报地委基层减负研判分析报告3篇，完成审核县级发文316件、会议121次。协调推进县级39个考核责任单位，对全县所有乡镇（街道）、县直单位开展年度绩效考核。（李永昌）

【保密服务保障】 2022年，于田县委保密委通过多种形式开展保密专项调研，向上级部门提交问题11条、意见建议或应对措施17条；召开专题会议研究部署保密工作2次；修订完善《于田县委保密委员会工作规则》，制定《“十四五”时期于田县保密事业发展规划》；制定并下发管理查处类文件5份。指导各乡镇、县直各单位完成2022年度《工作秘密事项清单》的制定，23家行业单位进一步完善定密工作管理制度。以常用办公介质为重点，采取“以查代培”形式，开展现场指导25次。（李永昌）

【机关服务】 2022年，于田县委机关服务中心根据地区机关事务管理局统筹安排，对县委机关大院固定资产进行核资，结合中央“八项规定”要求，对县委办公室以及县领导办公室用房进行审定划分。根据《党政机关公务用车管理办法》规定，对县委车队公务用车配备使用情况进行管理，建立健全公务用车管理规章制度，开展安全行车教育培训12次。县委机关服务中心统一调度车辆，做好公务用车保障，维护保养车辆134次，安全行驶30万千米。严格控制公务标准、公务接待范围、配餐人数，有效杜绝超标准、超范围接待，接待费用同比下降较为显著。加强公务接待交流指导，先后组织8次35人次前往地区机关事务管理局、和田迎宾馆、兄弟县市进行交流学习。（李永昌）

【保障专用通信服务】 2022年，于田县委办公室加强专用通信系统培训学习，组织参加自治区视频培训1次、地区视频培训2次，分批次到地区业务部门跟班学习3周；县级层面每月至少组织一次视频培训，开展培训16场次。组织人员对乡镇专用通信设备进行维护20余次，通过视频等方式解决疑难问题35项。（李永昌）

2022年，于田县组织人员维护县乡专用通信设备（岳军鹏 摄）

【档案管理】 2022年，于田县委办公室按照“统一领导，分级管理”原则，明确要求各单位成立档案管理工作专班，落实专（兼）职档案管理人员，调整优化档案工作组织机构，形成以县档案主管单位为骨干、档案形成单位为主体，由单位领导分管、档案人员专管或兼职人员代管的档案管理网格。制定下发《关于于田县进一步巩固脱贫攻坚档案和疫情防控档案归集成果的通知》。4月17日，组织召开于田县档案管理工作会议，对全县认真抓好两类档案收集整理和归档、“不忘初心、牢记使命”主题教育档案归档整理、档案数字化归档等工作进行安排。档案馆接收档案3.98万卷、1.67万件。其中“四进馆”档案3.91万卷、1.19万件，项目档案724卷。（李永昌）

【开展活动】 2022年，于田县委办公室以班子建设为核心，积极开展争创“五个好”党支部（依法治理好、凝聚人心好、文明创建好、推动发展好、堡垒作用好）、“党员先锋岗”等活动，增强班子凝聚力和战斗力。坚持党员发展“十六字方针”，严格落实发展党员工作程序，重点从业务骨干中确定发展对象，推荐积极分子参加入党积极分子培训班。充分发挥离退休党员干部作用，经常组织召开座谈会、联谊会、茶话会，邀请老党员、老干部为办公室工作建言献策，发挥余热。（李永昌）

组织工作

【概况】 2022年，于田县深入贯彻新时代党的组织路线和新时代党的治疆方略，以迎接党的二十大胜利召开和学习贯彻党的二十大精神为主线，以推动基层治理能力和治理体系建设为目标，持续用力抓基层、强基础、固基本，全面推进领导班子、干部人才队伍、基层党组织和党员队伍建设。（胡海兰）

【党组织和党员队伍】 2022年，于田县有党组织663个，其中党（工）委28个，党组32个，党总支10个，党支部593个。有党员1.68万人，其中女性党员6352人，占37.8%；农牧民党员9720人，占57.9%。选任村干部1384人，村民小组长650人。有农村“四老”人员834人。（胡海兰）

【干部教育培训】 2022年，于田县开办干部教育培训班29个班次66期，培训干部3.5万人次；依托援疆资源，赴天津、安徽援疆省市培训3批次57人次；举办乡村振兴业务讲堂10讲，培训基层干部5265人次；举办去极端化专题讲座10期，培训人员3074人次。全县四级主任科员（含晋升职级）及以上干部1144人，在新疆干部网络学院注册账户进行线上培训学习。（胡海兰）

【夯实基层基础】 2022年，于田县转变基层党组织工作思路，建立群众议事会议制度，围绕群众关切的公共事务、“急难愁盼”问题、基层治理短板等，听取群众意见建议，汇集众智和众力，有效增进党组织和群众互解互信。由基层党组织牵头，开展“大接访”“大宣讲”“大走访”收集困难诉求活动，让群众理有讲处、怨有诉处、难有帮处。打造县、乡、村“一站式”服务大厅240个，明确代办、即办事项176项，配备专职调解员266人，打通服务群众“最后一公里”。围绕基层党组织与群众协同配合抓治理整体思路，全面开展群众家庭积分制管理，将积分内容纳入《村规民约》《居民公约》，激发群众自治自管积极性。年内，全县设置积分超市200个，兑换积分物品价值20余万元。（郭　宁）

【组织振兴建设】 2022年，于田县开展各领域“五个好”党支部创建和“四个合格”党员队伍建设工作，规范设置“村党支部+三个中心”“社区党支部+两中心一站”（党群服务中心、综治中心、新时代文明实践站）组织架构，保障市域治理工作责任清晰，落实到位。在1099个网格内全覆盖设立党小组，构筑基层社会治理“桥头堡”。为各乡镇（街道）党（工）委全覆盖配备政法委员，做到专岗专责。聚焦基层干部抓稳定实践能力短板，持续推动驻村工作队和村（社区）干部“岗位大练兵，能力新提升”工作，开展基层党组织书记“擂台比武”活动17次。按照10%的比例确定21个村、1个社区作为整顿对象，评估确定12个重点村（社区），围绕治理工作短板漏洞，严格按照整顿方案及责任分工，逐一对照、逐个“会诊”、逐条落实，因地制宜、分类施策，夯实基层治理根基。（郭　宁）

【两新组织党建】 2022年，于田县严格履行抓非公党建主体责任，强化统筹安排，制订两新组织党建工作计划，完善组织体系建设，优化指导体系建设，强化服务体系建设。推进两新组织制定党组织书记、党建指导员任务清单，量化党员发展，压实工作责任。持续深化摸底排查和推动组建“双同步”长效机制，按照总体上应建尽建、重点上全覆盖建、程序上规范组建要求，全县正常运营两新组织有502家，组建党组织28个32家，其中单独组建26个26家，联合组建2个6家。其余未达到组建党支部标准470家，由县委组织部选派302名党建指导员，成立党小组，纳入村（社区）党组织管理，实现党的工作全覆盖。 （郭　宁）

【项目建设】 2022年，于田县完成2021年村级组织活动场所建设项目、玫瑰小镇新家园社区综合服务设施建设项目、2022年村民服务中心建设项目、2022年村级组织活动场所建设项目、2022年乡镇周转宿舍建设项目阶段性任务。争取天津市援疆资金700万元用于实施2022年基层干部人才引进项目、基层干部人才能力建设项目。争取天津市西青区对口帮扶资金80万元，支持于田县2022年基层干部人才培训项目，并完成建设任务；投入资金263万元支持工业园区新家园社区阵地项目建设。 （郭　宁）

【人才工作】 2022年，于田县有国家及自治区级专家人才18人。推荐2023年定向新疆公共管理硕士专业学位（MPA双证）班报考1人，万名农业科技人才服务乡村振兴考核15人，其中自治区级1人、地区级14人。组织县、乡两级党员干部前往援疆省市进修学习，提升基层干部理论水平和政治素养。利用天津市对口援疆项目：2022年基层干部人才引进项目，解决40名“西部计划”志愿者工资补贴及7名研究生在于田安家费；实施2022年基层干部人才能力建设项目，开展外出培训共246人次。 （郭　宁）

【干部管理】 2022年，于田县委组织部坚持党管干部，树立实绩导向，注重事业为上、人岗相适、人事相宜，坚持德才兼备、以德为先，扎实做好领导班子和领导干部队伍建设，凝聚共建美好于田强大合力。年内，全县提拔使用干部117人，进一步使用干部38人。选派优秀干部到村担任第一书记、驻村工作队队员，让年轻干部在实践中增长才干、快速成长。对于田县所有公务员进行全面摸底排查，综合各方面意见建议，为公务员职务与职级晋升工作打下坚实基础，整体保持职务与职级在晋升总量、晋升机会平衡。为县、乡两级综合管理类、专业技术类、行政执法类公务员拓展职业发展空间，让“官”与“员”各归其位、各尽其才，不断增强公务员成就感、获得感。全县晋升职级公务员206人，其中四级调研员20人，一级主任科员22人，二级主任科员27人，三级主任科员91人，四级主任科员46人。 （郭　宁）

【老干部管理】 2022年，于田县有离退休干部党支部30个，其中驻乌离退休干部党支部1个、各乡镇13个、各社区16个，联合党支部3个。根据《中华人民共和国公务员法》有关规定，对符合相关条件的，经本人自愿提出退休申请，用人单位同意的公务员进行统计。通过查阅人事档案，进行资格审查，对符合退休条件人员登记，有序办理公务员退休。对办理退休手续老干部，热情接待，主动询问困难，做到所有程序一次性办结，为到龄退休137名干部进行核实、研究、办理退休手续等相关工作。 （张建军）

【驻村工作】 2022年，于田县各级驻村工作队坚持在建强组织、配强班子、培育队伍、发展党员、加强保障上聚合力、求实效，努力把基层党组织建设成为宣传党的主张、贯彻党的决定、领导基层治理、团结动员群众、推动改革发展的坚强战斗堡垒，团结各族群众为实现党的“第二个百年”奋斗目标打下坚实基础。强化县委核心作用，强化后盾单位乡村振兴责任，压实乡镇党委书记、村党支部第一书记、支部书记“前线”指挥责任，督促包联干部履行帮扶责任，切实推进乡村振兴责任落实、政策落实、工作落实，形成多方力量互为支撑、多种举措有机结合的工作格局。（韩　刚）

【工作亮点】 2022年，于田县聚力推进乡村、社区、两新组织、机关、国企、学校各领域治理措施落实落细，打造示范点127个，创建“五个好”党支部89个，组织全体驻村干部、村（社区）干部开展“岗位大练兵”活动，基层党组织政治功能和组织功能全面增强。全年发展党员1055人，引导党员“三学三亮三比”（学理论、学党史、学业务，亮身份、亮职责、亮承诺，比学习、比作风、比贡献）争当先锋，3061名党员主动认领岗位，联系服务4200名群众，切实打造“四个合格”党员队伍。构建社区“两中心一站”组织架构，强化党建引领物业管理，解决居民问题矛盾132件。（胡海兰）

宣传工作

【概况】 2022年，于田县围绕举旗帜、聚民心、育新人、兴文化、展形象使命任务，全面推进意识形态、理论学习中心组学习、宣传宣讲、精神文明创建、文化润疆、文化产品审读、“扫黄打非”、新时代文明实践等方面工作有序开展。（朱海峰）

【意识形态工作责任制落实】 2022年，于田县严格按照意识形态工作责任制要求，统筹协调各党委（党组）进一步增强工作自觉性、主动性，切实担负起领导责任和政治责任，将意识形态工作纳入党建工作，与中心重点工作同安排、同部署、同落实，不断筑牢意识形态安全防线。（朱海峰）

【理论学习中心组学习】 2022年，于田县委宣传部对照19个专题、9个步骤，制定党委（党组）理论学习中心组学习方案、学习计划，严格落实“三会一课”、主题党日、“学习强国”学习平台学习制度，坚持每周组织党员干部职工开展不少于1次的集中学习和自我学习，做到党员干部全覆盖。于田县委理论学习中心组完成综合专题19个，各级党委（党组）开展理论学习中心组学习520场次，召开5期专题培训会。（朱海峰）

【精神文明创建】 2022年，于田县持续开展从基层一线评选最美人物工作，积极树典型、选榜样、培树道德模范，各类宣传媒介通过大力宣传推广先进人物典型事迹，提高群众精神文明素质和社会文明程度。持续开展精神文明创建，深化文明单位创建和微创建评选活动；持续推进农村移风易俗工作，制定印发《于田县进一步加强家庭家教家风建设实施方案》，提出切合实际、标本兼治的工作措施，并广泛开展宣传教育，提高群众知晓率。坚持把抵制高价彩礼、提倡喜事新办、丧事简办、弘扬孝道、尊老爱幼等移风易俗内容纳入《村规民约》，约定婚丧嫁娶宴席规模、招待范围、随礼金额等从简办理的具体标准，实现群众自我管理、自我监督、自我约束。（朱海峰）

2022年1月，于田县开展“五好”“五美”先进评选表彰活动（刘　灏　摄）

【宣传宣讲】 2022年，于田县坚持内聚力量、外树形象、唱响主旋律、壮大正能量，承担举旗帜、聚民心、育新人、兴文化、展形象的使命任务，为推动于田高质量发展提供坚强思想保证和强大精神力量。充分发挥新时代文化实践中心、新媒体在理论传播中的“联动效应”，建好群众身边的宣讲站，围绕习近平新时代中国特色社会主义思想和中共十九届六中全会精神、党的二十大精神、习近平总书记视察新疆重要讲话重要指示精神、自治区党委十届三次全会精神等内容开展宣讲。创建“三级联动、多路并进”理论宣讲格局,实施县、乡、村三级选拔、培训、备课、宣讲联动,开展全覆盖、无间隙、全员全域宣讲,让宣讲深入基层、深入群众、深入人心。（朱海峰）

【文化润疆工作】 2022年,于田县发挥农家书屋“文化食粮”作用,常态化开展“全民阅读”活动。扎实开展“一月一科普”“三下乡”活动,利用周一升国旗仪式、“一周一活动”等宣讲时机,开展科普活动。持续做好公共文化服务工作,先后举办玫瑰风情文化旅游节、少数民族传统体育运动会、端午赛龙舟等主题活动。常态化开展电影放映工作,利用融媒体、微信公众号等平台及时公布每日电影放映计划,吸引广大干部群众前往新时代文明实践中心(所、站)观看红色电影。深入开展“记录小康工程”,在全县范围内开展相关栏目素材收集。充分发挥文联作用,组织协会文艺工作者绘制文化墙,创作赞美中国共产党、赞美中国特色社会主义、赞美民族团结的优秀作品,拍摄、发布反映群众真实生活、民俗风情的正能量短视频、情景剧。（朱海峰）

2022年6月2日,于田县在英巴格乡阿亚格兰帕村举行“品粽香 话端午 赛龙舟 传文明”系列文化体育活动（来自“游在于田”视频号）

【审读工作】 2022年,于田县认真开展宣传文化产品审读工作,组建一支政治立场坚定、政策把握准、综合素质强的专职审读队伍,对宣传文化产品生产和传播过程进行严密、细致的鉴别、评判,把好意识形态领域正确政治方向和舆论导向的总开关。于田县审读工作领导小组办公室按照上级文件指示精神,制定审读机制,严格落实出版物审读流程,对辖区内电子屏、宣传展板、横幅等进行自查清理,确保于田县社会环境风清气正。（朱海峰）

【“扫黄打非”】 2022年,于田县多次组织开展集中大清查,发挥“扫黄打非”工作站点作用,利用周一升国旗仪式、村民大会、法律知识培训等时机,向群众广泛宣传“扫黄打非”知识。组织专门人员、社区志愿者巡查辖区内市场、校园周边及其他重点场所,积极开展周边环境治理。积极发挥学校“扫黄打非·护苗”工作站点作用,组织教育部门对教学用书、课外读物开展大检查,为师生创造安全健康学习环境。（朱海峰）

【工作亮点】 2022年,于田县依托新时代文明实践中心,建立县级万方志愿服务总队,县直各单位、各乡镇成立万方志愿服务分队,各村(社区)成立万方志愿服务小分队,打造于田县新时代文明实践中心志愿服务特色亮点。于田县以新时代文明实践站为载体,创新宣讲方式,辅以群众喜欢听、听得懂、能上手的快板、情景剧等形式,开展宣讲活动,打通基层宣讲“最后一公里”,推动党的创新理论“飞入寻常百姓家”。以“我们的节日”为着力点,在春节、元宵节、端午节等中华传统节日开展各类文娱活动,培育文明风尚,传承弘扬优秀传统文化。按照村月评选、乡镇季度评选、县半年评选的工作要求,在“五好”“五美”创建工作基础上,打造微创建示范点,开展“五佳”(最佳宣传员、最佳志愿者、最佳诚信者、最佳好巴郎、最佳奋斗者)创建活动,组建库尔班·吐鲁木宣讲队,整理审核红色故事、党史故事,让群众铭记红色记忆,赓续

红色血脉，引导广大干部群众“听党话、感党恩、跟党走”。（朱海峰）

统一战线工作

【概况】 2022年，于田县深入学习贯彻中央统战工作会议精神，特别是习近平总书记关于做好新时代党的统一战线工作的重要思想，贯彻落实习近平总书记视察新疆重要讲话重要指示精神，完整准确全面贯彻新时代党的治疆方略，坚持依法管理宗教事务，广泛开展民族团结进步创建，有形有感有效铸牢中华民族共同体意识。（阿地力江·比建）

【铸牢中华民族共同体意识】 2022年，于田县深化中华民族共同体意识宣传教育，构筑中华民族共有精神家园。把习近平总书记关于铸牢中华民族共同体意识重要论述、民族政策作为重要内容纳入党员干部培训规划。年内，全县各级党组织开展民族团结专题学习300余场次，参加人数9000余人次。加强青少年学生教育，增强青少年学生对祖国和中华民族归属感和认同感，全县各级各类学校（幼儿园）开展主题班会350场次，主题团、队会420场次，参加人数2.3万人次。利用每周一升国旗、农牧民夜校、庭院讲堂、村民大会、家庭恳谈和道德讲堂等契机，组织结亲干部职工开展中央民族工作会议、第三次中央新疆工作座谈会、《自治区民族团结进步模范区创建条例》主题宣讲。（阿地力江·比建）

【民族团结创建】 2022年，于田县组织开展民族团结专题学习300场次，参加人数9000人次；开展“我爱祖国、齐唱国歌”和“我是中国公民”宣誓等活动12.6万场次，参加人员62.3万人次。全县干部职工与各族群众结对认亲，开展“民族团结一家亲”活动，办好事实事5.5万件，举办各类活动1.4万场次，参加人数16万人次。牢固树立兵地“一盘棋”“一家亲”思想，开展“兵地营”融情实践活动，组织托格日尕孜乡、希吾勒乡群众代表前往兵团第十四师四十七团老兵精神展示馆、二二五团开展“强国复兴有我”主题教育活动。开展少先队员手拉手“石榴籽一家亲”暨“足球小巴郎”青少年天津夏令营活动，促进津于两地青少年广泛交往交流交融，开拓青少年知识面。（阿地力江·比建）

2022年6月，于田县先拜巴扎镇组织开展包粽子活动（陈碧兰 摄）

【于田县伊斯兰教协会换届】 2022年，于田县召开县伊斯兰教协会第六次代表会议，选举产生于田县伊斯兰教协会第六届理事会理事、常务理事，会长、副会长、秘书长，健全和完善伊斯兰教协会班子。（阿地力江·比建）

【少数民族发展资金项目和民品民贸】 2022年，于田县实施少数民族发展项目4个，投入资金1411万元，主要用于人居环境整治、易地搬迁安置点高标准温室大棚建设等方面。有民贸民品企业10家，新增申报企业2家，为6家民贸民品资质企业协调申请贴息资金173.46万元。（阿地力江·比建）

县直机关党建

【概况】 2022年，于田县委直属机关工作委员会坚持政治引领“走在前、作表率”，认真对标机关党的建设工作要求，引导各党支部深入开展“五个好”标准化规范化党支部创建、“四个走在前列”（“两个维护”上走在前列、勤政为民上走在前列、筑牢堡垒上走在前列、清正廉洁上走在前列）示范引领行动、“三学三亮三比”争当先锋行动等，夯实党建引领基层治理工作基础、治理水平和党员队伍基础。（侯丽军）

【责任落实】 2022年，于田县委直属机关工作委员会按照《和田地委直属机关2022年党建工作要点》，制定于田县2022年机关党建工作重点任务清单，将任务细化到每周、每月、每季度，逐项列出操作规程。按照“一月一指导、一月一通报、一月一排名”制度，组织人员对机关党建工作进行全面指导，对工作中存在的薄弱环节及下一步工作重点以提醒函方式下达至党支部。（侯丽军）

【政治建设】 2022年，于田县委直属机关工作委员会每月对党支部学习情况进行督查指导，指导各党支部每季度组织1次党章专题学习，并进行党章测试；每季度落实谈心谈话制度，对党员进行谈心谈话全覆盖；年内指导直属党支部召开支委会580次、党员大会210次，党章测试3次；指导各党支部规范主题党日，按照“五+X”（“奏唱国歌、重温入党誓词、交纳本月党费、集体诵读党章、每月为党员过政治生日”五个固定动作和观看红色电影、开展专题讨论、志愿服务活动、知识竞赛、上党课等自选动作）流程开展主题党日活动490场次，为900名党员过政治生日。（侯丽军）

【基础建设】 2022年，于田县委直属机关工作委员会培训入党积极分子160人，接收预备党员68人，预备党员转正97人。开展“一对一”、集中培训2期，培训人数90人次，举办入党积极分子培训班和发展对象培训班2期。新成立党支部1个，21个党支部完成换届选举，17个党支部进行补选。制定《流动党员管理制度》，指导各党支部每月至少联系一次流动党员。党员每月按时足额交纳党费，党支部每季度按时将党费打入党费专用账户，县直机关各党支部共交纳党费33.84万元。（侯丽军）

2022年1月5日，于田县举办县直机关党务干部培训班（于田县委直属机关工委提供）

【引领基层治理】 2022年，于田县委直属机关工作委员会全面推动“五个好”标准化、规范化党支部创建。通过开展互学互评互检、工委干部联系指导支部、重要工作随机抽查等方式推进“五个好”党支部建设。先后创建“五个好”党支部9个，“四个好”党支部15个，“三个好”党支部12个，“二个好”党支部18个。推动党建业务融合，深入开展“四个走在前列”示范引领行动。指导各党支部围绕机关党建与业务相融合进行专题研究，撰写专题调研报告48篇，打造示范亮点2个。注重党员作用发挥，着力打造“四个合格”党员队伍。深入开展“三学三亮三比”，组织890名机关在职党员成立志愿服务队，开展各类志愿服务活动1266场次。（侯丽军）

网信管理

【网络监督】 2022年，于田县委网络安全和信息化委员会办公室设置监督员队伍，做好网络监督。（徐姣姣）

【网络安全】 2022年，于田县委网络安全和信息化委员会办公室落实上级部门网络安全要求，针对信息发布工作存在薄弱环节，及时整改，加强属地网络安全建设工作。属地网站备案8家，正常运行4家。对49家单位信息系统、网站、数据存储、备案测评等进行现场督导检查，发现安全隐患40处，下达整改通知书17份，整改率100%。（徐姣姣）

【网信宣传】 2022年，于田县委网络安全和信息化委员会办公室发挥属地传播平台作用，通过“于田零距离”微信公众号、“于田网信发布”官方微博等传播载体发布正能量稿件4万篇，累计阅读量920万次。（徐姣姣）

机构编制管理

【机构编制管理服务】 2022年，于田县委编办根据和田地委编办相关文件精神，将和田地委编办2022年下达至于田县乡镇周转编制分配各乡镇。经于田县委机构编制委员会审定，同意为于田县物资储备服务中心增加全额预算管理事业编制，专门负责粮食和物资储备工作，同意成立于田县委巡察办信息中心。根据《新疆维吾尔自治区中小学机构编制标准》、地委编委《关于下达和田地区中小学教职工编制的通知》要求，经于田县委机构编制委员会审议，同意对全县中小学教职工编制进行调整。按照自治区党委办公厅、自治区人民政府办公厅《关于深化应急管理综合行政执法队改革的实施意见》、地委编委《关于调整县（市）煤矿安全监管职责和机构编制事宜的通知》要求，在于田县应急管理局加挂“于田县矿山安全监督管理局”牌子；组建于田县应急管理综合行政执法大队，在于田县应急管理局加挂“于田县应急管理综合行政执法大队”牌子实行“局队合一”体制；成立于田县矿山安全服务保障中心。根据地委编办《关于上报编制外聘用人员控制数和临聘编制员额的通知》精神，对全县编制外聘用人员控制数和临聘编制员额进行核定和统计。按照自治区党委编办《自治区开展区以下地方“法检”两院（法院、检察院）机构编制统一管理的通知》要求，对于田县“法检”两院核定编制和实有人员移交相关工作进行审核。根据自治区党委编办《关于推进地县深化国防动员机制体制改革工作有关机构设置事宜的通知》要求，组建于田县国防动员办公室，在于田县发展和改革委员会加挂于田县国防动员办公室牌子。完成2022年全县事业单位招聘工作人员编制使用审核计划，并出具编制使用通知单。

（吐妮莎古丽·吐送）

【深化拓展权责清单管理】 2022年，于田县委编办做好权责清单“三级四同”公开工作。采取“一对一”“一对多”形式对各单位权责清单联络员进行重点培训，在于田县司法局合法性审查基础上，认真做好权责清单合规性审查工作，完成全县政府部门权责清单事项认领工作审核、确认、公开等工作。（吐妮莎古丽·吐送）

【社会信用代码赋码管理】 2022年，于田县委编办加强事业单位登记管理，完成事业法人年审、变更、注销、设立、事业法人证书打印和社会信用代码赋码管理工作。（吐妮莎古丽·吐送）

群众工作

【概况】 2022年，于田县委群众工作服务中心紧紧围绕服务群众宗旨，持续深化工作统筹协调力度，完善群众工作机制，理顺群众工作思路，优化群众工作结构，建强群众工作力量，县、乡、村三级通过线上线下全量摸排收集解决群众生产生活当中各类困难诉求，确保基层群众基础持续巩固，党群、干群关系不断深化，群众满意度、获得感、幸福感持续提升。地区通过群众困难诉求数字化管理平台推送于田县群众困难诉求2.57万条，办结2.56万条，关注办理45条。（乔丽潘·吐尔洪）

【困难诉求收集】 2022年，于田县委群众工作服务中心组织人员收集群众困难诉求1487条，解决

1487条，解决率100%，排查发现问题隐患99条，解决99条，解决率100%。在村（社区）设置第一书记信箱252个，收集各类困难诉求107条，解决107条，解决率100%。（乔丽潘·吐尔洪）

党史和地方志工作

【概况】 2022年，于田县委党史地方志研究所深入贯彻习近平总书记关于党史地方志工作重要论述，围绕中心，服务大局，大力推进党史研究、地方志编纂工作，发挥“存史、资政、育人”社会功能。（吴新兰）

【年鉴编纂】 2022年，于田县委党史地方志研究所完成《于田年鉴（2020）》出版审读、审查程序，及时对接出版事宜，根据出版社反馈《于田年鉴（2020）》审稿修改意见，完成对三审稿校核修改工作，及时反馈出版社进一步审核，并申报专项出版资金，确保《于田年鉴（2020）》顺利出版。完成《于田年鉴（2021）》初稿编纂工作。印发《关于做好〈于田年鉴（2022）资料征集工作的通知〉》，对各单位报送稿件资料进一步规范要求，收集完成《于田年鉴（2022）》基础性资料。完成2021年于田大事记编纂工作。完成《新疆年鉴（2022）》《和田年鉴（2022）》于田县稿件编纂及报送工作。（吴新兰）

2019—2022年卷《于田年鉴》（周　涛　摄）

【名村志申报】 2022年，于田县委党史地方志研究所按照《中国名村志文化工程实施方案（2022年修订）》精神，申报托格日尕孜乡托格日尕孜村、达里雅布依乡达里雅布依村中国名村志文化工程项目。（吴新兰）

【职能服务】 2022年，于田县委党史地方志研究所发挥部门职能作用，深入挖掘库尔班·吐鲁木纪念馆、先遣连进藏纪念碑等红色资源，为县委党校提供《中国共产党于田县简史》《中国共产党于田县历史大事记》《于田年鉴》《于田县志》等参考文献资料，配合做好干部教育培训课程打造、路线设计等工作，助力打造于田县红色教育基地。（吴新兰）

党校工作

【概况】 2022年，于田县委党校坚持“用学术讲政治”，创新教学思路和方式，发挥“团队教学”优势，运用研讨式、案例式、体验式、情景模拟式等教学方式，重视利用现代网络信息技术，提高教学吸引力和感染力，拓展“课堂教学+体验+学术研讨”教学渠道。（程维华）

【干部培训】 2022年，于田县委党校举办专题干部培训班1期，培训干部50人；举办税务干部学习贯彻习近平法治思想专题辅导班，参训58人；举办法院干部学习贯彻习近平法治思想专题辅导班，参训36人；举办人社部门党员干部学习贯彻习近平法治思想专题辅导班，参训1578人。（程维华）

【教研工作】 2022年，于田县委党校组织教师深入基层开展课题调研4次。（程维华）

【教师队伍建设】 2022年，于田县委党校选派3名教师到自治区党委党校参加培训。（程维华）

于田县人民代表大会

综　述

【概况】 2022年，于田县人大常委会深入贯彻落实中央人大工作会议精神，全力推动自治区党委、地委、县委人大工作会议各项工作部署落地见效，深入践行"深度融入中心、主动服务大局"工作取向，围绕"监督工作提效、代表工作提级、自身建设提档"目标任务，依法履职尽责，主动担当作为，大力发展和践行全过程人民民主，持续推动人大工作由重程序向重程序与重质量并举转变，充分发挥人民代表大会制度在完整准确全面贯彻新时代党的治疆方略中的重要作用，奋力开创新时代于田人大工作新局面，为全面建设社会主义现代化于田贡献人大力量。于田县有全国人大代表1人、自治区人大代表4人(其中驻于人大代表2人)、县级人大代表198人(男代表144人、女代表54人；党员代表132人、非党员代表66人)。设有2镇13乡人民代表大会，有乡镇人大主席15人；乡镇人大代表828人。 (芦红珍)

【监督工作】 2022年，于田县人大常委会综合运用调研、听取和审议专项工作报告、计划预算审查监督、执法检查等监督形式，不断加大监督力度，努力增强监督实效。召开人代会2次，人大常委会会议7次、主任会议9次，听取和审议"一府两院"专项工作报告20项，配合自治区人大常委会做好《新疆维吾尔自治区街道人大工作条例(草案)》《自治区人大常委会关于加强新时代检察机关法律监督工作决议(草案)》《新疆维吾尔自治区人口和计划生育条例(修订草案)》《新疆维吾尔自治区未成年人保护条例(修订意见)》《新疆维吾尔自治区信访条例(修订草案)》《新疆维吾尔自治区实施中华人民共和国中小企业促进法(修订建议)》6部地方性法规征集意见建议工作，配合人大地区工委对依法治疆有关工作进行调研；依法对《中华人民共和国未成年人保护法》《新疆维吾尔自治区未成年人保护条例》《新疆维吾尔自治区民族团结进步模范区创建条例》《新疆维吾尔自治区各级人民代表大会常务委员会规范性文件备案审查条例》4部法律法规开展执法检查。 (芦红珍)

【国家机关工作人员任免】 2022年，于田县人大常委会依法任免各级国家机关工作人员43人。其中，任免人大工作人员4人、政府副县长6人、政府部门工作人员15人、法院干部13人、检察院干部5人；接受国家机关工作人员辞职2人，并组织新任国家机关工作人员向宪法庄严宣誓。 (芦红珍)

【党建工作】 2022年，于田县人大常委会抓好常委会党组中心组理论学习，切实提高人大领导干部的政治站位和理论水平。指导人大常委会机关党支部严格落实"三会一课"制度，党组班子成员定期为机关党员讲党课，并以普通党员身份参加支部组织的各项活动，自觉按月交纳党费。人大常委会紧扣学习贯彻习近平新时代中国特色社会主义思想主线，积极组织班子成员参加县委中心组理论学习，常态化、制度化加强理想信念宗旨教育。 (芦红珍)

重要会议

【于田县第十八届人民代表大会第二次会议】2022年3月21—23日，于田县召开第十八届人民代表大会第二次会议，听取并审议通过《于田县人民政府工作报告》《于田县2021年国民经济和社会发展计划的执行和2022年计划草案的报告》《于田县2021年财政预算执行情况和2022年财政预算草案的报告》《于田县人大常委会工作报告》《于田县人民法院工作报告》《于田县人民检察院工作报告》及各项决议。会议期间，代表提出建议、批评和意见91件，经常委会主任会议研究后，转交县人民政府办理。（芦红珍）

2022年3月21日，于田县在县委礼堂召开于田县第十八届人民代表大会第二次会议预备会议

（于田县人大办公室提供）

【于田县十八届人大常委会会议】

第三次会议　1月25日，于田县召开第十八届人大常委会第三次会议。会议终止买吐地·卡斯木第十八届人大代表职务，接受骆爱科、古丽巴哈尔·买吐送、聂俊辉辞去第十八届人民代表大会代表职务。免去王丽辉于田县水利局局长职务；任命吐尔洪·库尔班为于田县人民法院审判委员会专职委员、行政审判庭庭长，阿不都热曼·买提肉孜为于田县人民法院刑事审判庭副庭长，帕热达·库尔班为于田县人民法院立案庭副庭长，闫晓柱为于田县人民法院民事审判庭副庭长，艾尼玩·艾山为于田县人民法院兰干人民法庭副庭长，吐尔洪·买买提明为于田县人民法院先拜巴扎人民法庭副庭长，吾布力艾山·买提肉孜为于田县人民法院喀拉克尔人民法庭副庭长，亚森·阿洪巴依为于田县人民法院立案庭副庭长，古丽麦尔耶姆·斯迪克为于田县人民法院民事审判庭副庭长，吾尼且木·买提克日木为于田县人民法院行政审判庭副庭长。举行新任职人员向宪法宣誓仪式。会议审议并通过关于2021年追加资金的报告。

第四次会议　1月28日，于田县召开第十八届人大常委会第四次会议。会议免去吾卜力·麦麦提于田县人民政府副县长职务；任命努尔艾合买提·依孜巴克为于田县人民政府副县长。举行新任职人员向宪法宣誓仪式。

第五次会议　3月19日，于田县召开第十八届人大常委会第五次会议。会议终止阿布都热西提·买吐送、阿地力·买提库尔班、麦提亚森·买提亚库甫县第十八届人大代表职务；免去刘新昆县人民检察院副检察长、检察委员会委员职务。任命拜合提·吐逊为于田县人民法院审判员，秦剑锋为于田县人民法院审判员。举行新任职人员向宪法宣誓仪式。会议审议并通过十八届人大二次会议相关事宜：表决通过关于十八届人大二次会议召开时间决定（草案），表决通过十八届人大二次会议各代表团团长、副团长名单（草案），表决通过大会主席团成员和秘书长名单（草案），表决通过计划预算审查委员会和议案审查委员会成员名单（草案），通过部分人大代表变动情况的报告；通过于田县人大常委会报告送审稿，审议并通过干部任免议案。

第六次会议　5月11日，于田县召开第十八届人大常委会第六次会议。会议听取和审议《关于老年人权益保障工作情况报告》《关于土地流转工作情况报告》；县人大常委会法制工委《关于2021年规范性文件备案审查工作情况报告》。

第七次会议　7月8日，于田县召开第十八届人大常委会第七次会议。审议通过组建规范性文件审查专家库人员报告。听取和审议于田县2022

年直达资金监管情况报告。

第八次会议　9月27日，于田县召开第十八届人大常委会第八次会议。会议听取和审议于田县关于2021年度本级财政预算执行和其他财政收支审计工作情况报告；关于下达于田县2021年部门决算批复的报告。

第九次会议　12月22日，于田县召开第十八届人大常委会第九次会议。会议审议通过十八届人大三次会议相关事宜：表决通过关于十八届人大三次会议召开时间的决定（草案），表决通过十八届人大三次会议各代表团团长、副团长名单（草案），表决通过大会主席团成员和秘书长名单（草案），表决通过计划预算审查委员会和议案审查委员会成员名单（草案），通过部分人大代表变动情况报告；通过于田县人大常委会报告送审稿。审议通过《关于2022年地方政府债券资金及于田县财政预算调整方案议案》《于田县2022年追加经费报告》。审议通过县人民政府《关于2021年国有资产管理情况的综合报告》、县人民政府《关于2022年度环境状况和环境保护目标完成情况的报告》。（芦红珍）

2022年12月22日，于田县召开第十八届人大常委会第九次会议

（于田县人大常委会办公室提供）

代表工作

【概况】　2022年，于田县人大常委会落实“双联”机制（联系代表、联系群众），发挥代表“四员”作用（宣传员、领航员、建议员、监督员），组织人大代表扎实开展“喜迎党的二十大、万名代表进万家”主题实践活动，25名县人大常委会组成人员分别联系79名人大代表，826名各级人大代表分别联系4089名群众。（芦红珍）

【代表活动】　2022年，全县各级人大代表向群众开展政策法规宣传宣讲，为群众办好事实事2068件，收集有价值建议47条，社情民意40条，进一步拉进人大代表与人民群众的距离，密切人大代表与人民群众联系。邀请县、乡人大代表36人列席县人大常委会会议；组织人大代表开展执法检查、专题调研、项目观摩等活动356人次，安排11名代表参加各类座谈会、行风评议和旁听案件审理等活动，丰富履职形式，增强履职实效。紧密结合全县代表分布情况，坚持高位推动、科学布局、精心指导，全面完成全县60个代表“家、室、站”的挂牌和站内硬件设施标准化建设，通过示范带动，代表联络站每周向代表开放，每月组织代表进行学习交流、视察调研、集中接待群众、联系群众等活动，为代表履职和发挥作用提供优质平台，打造托格日尕孜乡托格日尕孜村和斯也克乡机关品牌代表联络站。县人大常委会不断完善代表建议办理工作机制，规范办理程序，坚持重点督办和常态化督办相结合，每年专门组织人大代表对建议、批评和意见办理亮点进行视察，有力推动社会关注、群众关心的热点难点问题解决。（芦红珍）

【代表视察】　2022年，于田县人大常委会组织各级人大代表对英巴格乡阿亚格兰帕村、于田天津工业园区易地搬迁点、托格日尕孜乡托格日尕孜村乡村振兴示范点、多胎羊养殖合作社等农业农村和乡村振兴亮点进行视察；对天津小镇、木尕拉镇棚户区改造等城市建设和鸿星尔克新疆于田生产线、新大成防护用品有限公司等非公有制企业发展状况进行视察，对县人民法院“法庭诉讼便民、推进诉源治理”工作、人民检察院法律监督工作进行调研。建成预算联网监督平台，实现人大财经工委与财政部门联网监督；在于田首次开通火车之际，县人大常委会组织300名县、乡人大代表体验“乘坐火车看于田发展变化、感恩党中央关心关怀”活动。（芦红珍）

于田县人民政府

综　述

【法治政府建设】　2022年，于田县人民政府坚持以习近平法治思想为引领，高举法治旗帜，弘扬法治精神，积极运用法治思维和法治方式防范风险、处理问题、化解矛盾，认真落实《法治政府纲要》《法治中国建设规划(2020—2025)》《法治社会建设实施纲要(2020—2025)》(以下简称"一规划两纲要")，推进法治于田、法治政府、法治社会一体建设，发挥"关键少数"作用，党员干部带头学法，"法治十三进"常态普法，推动全社会形成"办事依法、遇事找法、解决问题用法、化解矛盾靠法"的良好法治氛围。实施"法律明白人"培养工程，建立"三调联动"调解模式，构建"一站式"公共法律服务实体平台，涉法力量和资源全面向基层倾斜，乡村法治意识和能力水平显著提高。　(戴　芳)

【提升城市品质】　2022年，于田县人民政府坚持城乡融合、协调发展，投入资金11.5亿元，实施住房建设、老旧小区和棚户区改造、供热供水管网改造、工业园区产城融合示范区等政府投资项目21个，新增东山路南侧、木板桥路等绿地面积6.71万平方米。投入资金1400万元，加宽315国道—木尕拉镇阿热木喀木村公路5.6千米；投入资金1220万元，新建英巴格乡、希吾勒乡、喀拉克尔乡等5个乡镇农村公路19.55千米；投入资金6250万元，完成木尕拉镇—工业园区产城融合园道路扩建；投入资金9000万元，完成阿热勒乡—万方村—万方机场—玫瑰小镇道路建设项目；投入资金2000万元，完成于田县津和克里雅河通行桥建设项目；投入860万元，完成315国道—达里雅布依乡搬迁点道路及阿日希乡吉格代克其克村—阿羌乡雄古拉村道路养护；投入资金775万元，安装公路路灯1688盏。扎实开展庭院改造、"三区"分离、农村改厕工作，全年清运农村生活垃圾1.05万车次，清运农村生活垃圾2.93万吨；新建农村改厕925座，完成户厕整改6482座。托格日尕孜乡托格日尕孜村、斯也克乡克提其村被确定为自治区乡村振兴重点示范村。　(戴　芳)

【放管服改革】　2022年，于田县人民政府立足"三集中、三到位"(行政审批职能向一个科室集中、承担审批职能的科室向政务服务中心集中、行政审批事项向电子政务平台集中；事项进驻大厅到位、审批授权窗口到位、电子监察到位)，不断加大政务服务大厅进驻单位管理，全面精简办事流程，按照六类及公共服务事项833项应进必进工作要求，政务服务进驻单位进驻率100%。发布申请类事项540项，可网办事项比例99.77%。完善政务服务"12345"热线机制，进一步畅通政府与群众互动渠道。积极推广使用新疆政务服务网一体化在线政务服务平台，将6个部门41项高频审批事项下放到乡镇(街道)、村(社区)群众服务中心站点，延伸率100%，实现群众小事办理不出村、大事办理不出乡。　(戴　芳)

【优化营商环境】　2022年，于田县人民政府持续推进审批事项压流程、减时间，全面开展营商环境自评工作，认真落实减免税收等减税降费政策，全县减免中小型微利企业所得税393户，减免金额3123.27万元。为29家劳动密集型企业拨付薪酬、运输、订单等各类补贴2321.77万元。召开“政银企”推介会4次，发放扶贫再贷款余额4亿元，新型农业经营主体贷11.96亿元，乡村振兴致富贷8589户、贷款余额2.72亿元。完成3个“三星级”、2个“四星级”供电所创建。（戴　芳）

【产业发展】 2022年，于田县人民政府深入实施优质粮食工程，种植粮食作物面积1.95万公顷，新增高标准农田1333.33公顷，投资2.16亿元完成2400公顷补充耕地任务，新增耕地面积2400.14公顷。全县年产蔬菜21.89万吨；牲畜存栏95.76万头（只），出栏76.78万头（只）；家禽存栏22.21万羽（只），出栏60.55万羽（只）。夯实文化旅游新型载体，以“共圆中国梦”为主题，投入资金1500万元打造库尔班·吐鲁木文旅产业园。积极提升全县文旅服务规模和文旅承载能力，全面加快文旅产业提质升级，投入资金2200万元打造全域旅游建设，全年接待游客64.65万人次，完成旅游接待收入5.12亿元。（戴　芳）

【生态环境保护】 2022年，于田县人民政府坚持山水林田湖草沙一体化保护和系统治理，打好“蓝天、碧水、净土”三大攻坚战，精心实施高效节水、防沙治沙和护林保草三大工程，建设高效节水面积933.33公顷，累计植树造林2353.33公顷、新纳入森林保护面积1000公顷，谋划实施吐木亚水利枢纽工程，推动水资源合理开发保护。（戴　芳）

重要会议和文件

【政府常务会议（部分）】

1月21日，召开于田县人民政府第1次常务会议，对于田县斯也克乡精准扶贫养殖合作社多胎羊配套羊舍建设项目用地等27个议题进行研究，并安排部署工作。

3月17日，召开于田县人民政府第2次常务会议，对于田县阿羌乡乌什开布隆村安置点河流综合治理建设项目用地等32个议题以及关于将于田县住建局管辖5处停车场委托阗福资产公司经营等10个事项进行研究。

5月29日，召开于田县人民政府第3次常务会议，传达学习《自治区“三区三线”划定工作方案》和自治区“三区三线”划定规则说明，对于田县“三区三线”划定工作事项进行安排部署。

6月8日，召开于田县人民政府第4次常务会议，对《申请减免阿热勒乡香菇产业项目资产收益报告》进行研究。

6月29日，召开于田县人民政府第5次常务会议，对于田县喀拉克尔乡喀格勒克阿日希村文化广场建设项目用地等45个议题进行研究。

9月4日，召开于田县人民政府第6次常务会议，对于田县阿羌乡村集体经营中心项目用地等52个议题进行研究，并安排部署相关工作。

（戴　芳）

【于政发文件（部分）】

《关于于田县实施城镇规划2022年第一批建设项目用地的请示》（于政发〔2022〕9号）

《关于于田县2022年保障性住房建设项目用地的请示》（于政发〔2022〕10号）

《关于于田县建筑垃圾填埋场建设项目用地的请示》（于政发〔2022〕11号）

《关于于田县新建无花果产业园建设项目用地的请示》（于政发〔2022〕20号）

《关于于田县吐木亚河315国道段中小河流治理建设项目用地的请示》（于政发〔2022〕21号）

《关于于田县新建木材加工厂建设项目用地的请示》（于政发〔2022〕22号）

《关于于田县阿羌河（13+760～17+760）段防洪工程用地的请示》（于政发〔2022〕23号）

《关于于田县兰干乡2020年农产品仓储保鲜冷链设施建设项目用地的请示》(于政发〔2022〕40号)

《关于于田县315国道于田服务区新建加油(气)站建设项目用地的请示》(于政发〔2022〕41号)

《关于和田地区于田县产业园区基础设施建设项目用地的请示》(于政发〔2022〕43号)

《关于于田县昆仑山葡萄园建设项目用地的请示》(于政发〔2022〕44号)

《关于于田县生猪屠宰点建设项目用地的请示》(于政发〔2022〕45号)

《关于于田县仓储物流中心建设项目用地的请示》(于政发〔2022〕46号)

《于田县稻田生态农业田园综合体建设项目用地的请示》(于政发〔2022〕47号)

《关于和田地区于田县人民医院工业园区一分院建设项目用地的请示》(于政发〔2022〕56号)

《关于于田县阿羌乡乌什开布隆村安置点河流综合治理建设项目用地的请示》(于政发〔2022〕57号)

《关于于田县阿羌乡农村生活基础设施建设项目用地的请示》(于政发〔2022〕58号)

《关于于田县昆仑山葡萄园葡萄干加工厂建设项目用地的请示》(于政发〔2022〕59号)

《关于于田县特色产业园建设项目(天津服装产业园)用地的请示》(于政发〔2022〕60号)

《关于于田县玫瑰小镇巧工钢铁加工厂建设项目用地的请示》(于政发〔2022〕61号)

《关于于田县克里雅河至阿热勒乡、木尕拉镇段防洪工程用地的请示》(于政发〔2022〕62号)

《关于于田县苏克塔亚河阿羌乡(库乃斯村、雄古拉村)段防洪工程用地的请示》(于政发〔2022〕63号)

《关于和田地区于田县克里雅河右岸(48+150~50+950)防洪工程用地的请示》(于政发〔2022〕64号)

《关于于田县阿羌河315国道上游左岸(8+060~11+060,12+060~13+260)防洪工程用地的请示》(于政发〔2022〕65号)

《关于于田县阿羌乡喀什塔什村壮大村集体经济收入建设项目用地的请示》(于政发〔2022〕71号)

《关于于田县英巴格乡艾斯尼提木村壮大村集体收入建设项目用地的请示》(于政发〔2022〕73号)

《于田县多胎羊配种服务站建设项目(阿日希乡、奥依托格拉克乡、科克亚乡、兰干乡、斯也克乡)》(于政发〔2022〕81号)

《于田县昆仑山葡萄庄园(二期)建设项目》(于政发〔2022〕82号)

《于田县阗昆物流园(防疫物资保障中心)配套设施建设项目》(于政发〔2022〕83号)

《关于于田县新建储备库建设项目》(于政发〔2022〕85号)

《关于于田县斯也克乡斯也克村壮大村集体经济建设项目》(于政发〔2022〕86号)

《关于于田县鹅产业发展(饲料分割加工车间)建设项目用地的请示》(于政发〔2022〕90号)

《关于上报于田县县域地下水饮用水水源保护划分、取消的请示》(于政发〔2022〕91号)

《于田县实施村镇规划2022年第六次建设用地的请示》(于政发〔2022〕94号)

《关于协调解决于田县困难群众生活补助资金的请示》(于政发〔2022〕97号)

《关于申请于田县创建地区级现代农业产业园的请示》(于政发〔2022〕101号)

《于田县阿热勒乡农牧民用房改造项目》(于政发〔2022〕102号)

《于田县地质灾害防治“十四五”规划》(于政发〔2022〕106号)

《于田县2022年地质灾害防治方案》(于政发〔2022〕107号)

《关于于田县实施村镇规划2022年第七批次建设用地的请示》(于政发〔2022〕119号)

《关于创建国家级水产健康养殖示范区的请示》（于政发〔2022〕122号）

《和田地区森林火灾高风险区综合治理工程建设项目（于田县森林管护站）》（于政发〔2022〕123号）

《于田县实施村镇规划2022年第九批建设项目》（于政发〔2022〕125号）

《和田地区于田县城镇污水处理厂改扩建项目》（于政发〔2022〕126号）

《于田县木尕拉镇—玫瑰小镇—奥依托格拉克乡道路建设项目用地请示》（于政发〔2022〕127号）

《新疆维吾尔自治区和田地区于田县公共实训基地监督管理方案》（于政发〔2022〕136号）

【于政办发文件（部分）】

《于田县气象灾害应急预案》（于政办发〔2022〕4号）

《关于印发〈于田县消防救援事业发展"十四五"规划（2021—2025）〉的通知》（于政办发〔2022〕7号）

《于田县进一步做好春季学校传染病防控工作的通知》（于政办发〔2022〕8号）

《关于规范红十字会基层组织建设工作的通知》（于政办发〔2022〕13号）

《于田县社会保险基金管理提升年行动实施方案》（于政办发〔2022〕15号）

《关于成立于田县沿线铁路安全管理领导小组的通知》（于政办发〔2022〕17号）

《于田县关于加快自治区经济责任审计水土保持补偿费有关问题的整改方案》（于政办发〔2022〕18号）

《关于于田县全面开展自建房屋安全隐患排查整治工作实施方案》（于政办发〔2022〕19号）

《于田县2022年"6·5"世界环境日系列宣传活动方案》（于政办发〔2022〕22号）

《于田县关于加强社会心理服务体系建设试点工作方案》（于政办发〔2022〕23号）

《于田县2022年国家重点生态功能区县域生态环境质量监测评价与考核工作实施方案》（于政办发〔2022〕25号）

《于田县2022年突发性地质灾害应急预案》（于政办发〔2022〕30号）

《关于成立于田县吐木亚水利枢纽工程项目前期工作领导小组的通知》（于政办发〔2022〕33号）

《于田县法治政府建设2022年工作要点》（于政办发〔2022〕42号）

《于田县用水总量控制工作实施方案》（于政办发〔2022〕46号）

《关于成立于田县农产品采收及销售和推进农业领域项目建设领导小组的通知》（于政办发〔2022〕47号）

《于田县关于全面实行行政许可事项清单管理的通知》（于政办发〔2022〕48号）

《关于调整于田县推行行政执法"三项制度"工作领导小组等6个领导小组（委员会）成员的通知》（于政办发〔2022〕49号） （戴　芳）

政府办公室工作

【概况】 2022年，于田县人民政府办公室紧紧围绕县政府中心工作，按照"参与政务、管理政务、搞好服务、协调联系"原则，充分发挥职能作用，大胆创新，不断改进工作方法，提高工作效率，按照领导干部廉洁从政各项规定，认真履行职责，率先垂范、以身作则，坚持"从严、举细、有序、务实、求效"，统筹抓好政务服务等业务工作，保障政府工作高效运转。 （戴　芳）

【政务督查】 2022年，于田县人民政府办公室对县政府批转重大事项进行有效督查，保证政令畅通,树立政府权威。先后办理领导批示件及督办件112件,各类平台留言事项117件。其中,互联网+督查56条、中国政府网28条、领导留言板9条、和田政府网4条、新浪微博1条、"12345"群众服务热线19条。接待群众来信来访,对群众反映问题及时登记,归口转办处理,答复率100%。

(戴　芳)

【办文办会】 2022年,于田县人民政府办公室对会议方案、领导讲话、印发文件、会后报道等各种材料办理做到严谨细致,严把行文、运转、审批关,完成县长办公会议、政府党组(扩大)会议、政府常务会议材料拟写和会务筹备工作,形成会议纪要13期。起草县本级政府批复144件,上报地区请示134件,于政函96件。(戴　芳)

【综合协调】 2022年,于田县人民政府办公室做好县政府常务会议、县政府党组(扩大)会议、县长办公会议确定重大事项、重要政策、重点工作协调落实。加强纵向、横向联络沟通,主动做好与县委办公室、人大常委会办公室、政协办公室衔接工作,科学合理地安排政府工作,保障政府工作高效有序运转。重点做好与地委办公室、行署办公室以及重点部门沟通协调,做到提前谋划、提早介入。(戴　芳)

【信息服务】 2022年,于田县人民政府办公室建立并完善工作制度,按照县委、县政府有关要求,把政务公开工作纳入政绩考核中,形成层层有人抓、事事有人管、处处求实效的良性工作格局。政府网站及时公开行政职权目录、行使权力主体、依据、运行程序和监督措施等工作事项,集中公开相关政府信息,有力促进群众对政府工作认识和了解。编发政务信息29期,向地区行署电子政务办公室报送信息176条。(戴　芳)

【政务公开】 2022年,于田县人民政府办公室印发《于田县深入优化营商环境全面深化"互联网+政务服务"推进政务服务"一网、一门、一次"改革工作实施方案》,深入解决企业和群众"办事难、办事慢、办事繁"等问题,提升政务服务效能,增强企业和群众获得感。组织相关部门对政务公开工作开展培训,在政府门户网站政务公开栏、电子显示屏、摆放展示板等方式展示窗口部门办理业务流程,并开展各种宣传服务活动,现场为群众答疑解惑,方便群众知情、办事。(戴　芳)

【信访工作】 2022年,于田县加大网上信访和新疆信访微信、手机App推介力度和宣传,推动"走访"向"网访"转变,"网上信访"向"掌上信访"延伸,积极引导群众通过网上信访反映诉求。于田县信访局受理网上投诉97件,其中办结79件;初访80件,办结65件;重访17件,办结14件。信访案件及时受理率100%、按期办结率100%、参评率95.08%,群众满意率98.28%。不定期在全县开展矛盾纠纷排查工作,全面了解掌握各种矛盾纠纷和苗头隐患,排查矛盾纠纷34件。落实10名县级领导包案化解及17个行业部门具体责任,县委主要领导主持召开信访包案化解工作专题会议,进行逐一分析研判,办结18件。根据《2022年地区领导干部包案推动重点信访事项化解工作方案》要求,认真对涉及信访问题单位、信访人逐一进行核实了解,涉及于田县信访案件4件6人,3件为涉法涉诉信访案件,引导上访人通过法律途径解决问题。(戴　芳)

政务服务

【概况】 2022年,于田县行政服务和公共资源交易中心累计完成各类交易294宗(国有资金284宗),项目预算总额37.38亿元,成交总额36.39亿元,节约资金9947.11万元,节约率2.66%。

(魏玉祥)

【工程类交易】 2022年，于田县行政服务和公共资源交易中心完成工程类交易125宗（公开招标60宗、邀请招标8宗、发包项目57宗），项目预算总额28.16亿元，成交总额27.5亿元，节约资金6599.44万元，节约率2.34%。 （魏玉祥）

【采购类交易】 2022年，于田县行政服务和公共资源交易中心完成采购类交易项目145宗（代理招标141宗、采购中心招标4宗），预算总金额5.84亿元，实际采购金额5.61亿元，节约资金2323.33万元，资金节约率3.98%。 （魏玉祥）

【移交公共资源交易】 2022年，于田县工程类交易项目在地区交易中心完成各类交易24宗（水利13宗、交通11宗），项目预算总额3.39亿元，成交总额3.28亿元，节约资金1024.34万元，节约率3.02%。 （魏玉祥）

【政务服务】 2022年，于田县行政服务和公共资源交易中心完善政务服务“12345”热线机制，畅通政府与群众互动渠道，充分发挥政务资源、提高服务效率和水平，坚持全天候24小时服务，按照“属地管理优先”和“谁主管、谁负责，谁监管、谁负责”原则，完成2022年工单总量953件，解决953件，办结率100%，满意率100%。提高乡镇（街道）、村（社区）政务服务能力，通过“走下去和请上来”方式加强各级政务服务工作人员业务培训。积极推广使用新疆政务服务网平台，将县人社局、民政局、卫健委、残联、税务局6个部门28项审批事项下放到乡镇（街道）、村（社区），延伸率100%。推动政务服务“好、差”评机制，实现政务服务事项“好、差”评全覆盖。设置“好、差评”二维码，引导办事群众扫码对政务服务进行“好、差”评，实现移动端、短信、门户端、大厅渠道评价全覆盖。组织开展“不满意”“非常不满意”核实、回访及整改工作。对出现“差评”问题通知责任单位，责令工作人员立行立改，将整改结果及时反馈给评价人。 （魏玉祥）

2022年5月10日，于田县行政服务和公共资源交易中心开展政务服务工作人员业务培训
（于田县行政服务和公共资源交易中心提供）

中国人民政治协商会议于田县委员会

综　述

【概况】　2022年，政协于田县委员会以党的二十大精神为指引，高举习近平新时代中国特色社会主义思想伟大旗帜，紧紧围绕全县工作中心，牢牢把握团结和民主两大主题，认真履行政治协商、民主监督、参政议政职能，为推进于田县改革发展稳定做出贡献。（李　蕊）

【助力社会治理】　2022年，政协于田县委员会发挥政协委员作用，积极宣传引导社会各界人士了解、关心、支持、参与市域社会治理现代化建设，制定操作性强、务实管用的《于田县政协委员在市域治理体系建设中带头发挥作用工作机制》《关于进一步发挥政协界作用动员社会各界广泛参与市域社会治理现代化建设的意见》《于田县政协进一步推动政协委员协同参与基层社会治理工作机制》文件。理顺政协开展市域社会治理现代化工作思路，明确指导思想、工作任务、时间安排、工作措施和具体要求，确保活动顺利开展。（李　蕊）

【解决群众困难】　2022年，政协于田县委员会规范设立乡镇政协委员联络小组14个，建立"委员工作室"20个，编印各项规章制度，使政协履职触角延伸到"最后一公里"，政协委员凝聚人心作用传递到"最远一家人"。联络小组和委员工作室积极开展调研视察、座谈交流、收集社情民意等活动，向乡镇、有关单位反映社情民意信息150条，使乡村、企业存在"热点""难点"问题得到及时有效解决，打造新时代于田政协工作新品牌。（李　蕊）

协商议政

【政协于田县第十六届委员会全体委员会议】　2022年3月23—25日，于田县召开中国人民政治协商会议于田县第十六届委员会第二次会议。会议听取并审议批准政协于田县十六届委员会常务委员会工作报告、政协于田县十六届委员会常务委员会提案工作情况报告。（李　蕊）

【专题调研】　2022年，于田县政协常委会发挥视察调研作为履行职能的基础环节作用，采取不同的组织形式，将专委会、相关单位和熟悉行业领域情况的委员合理搭配、协同开展，及时将调研情况综合整理，形成调研报告，所提的意见和建议得到县委、县政府的高度重视和采纳，为县委、县政府决策提供科学的依据和参考。全年围绕新时代群众工作、农村"厕所革命"、脱贫攻坚成果巩固提升工作开展情况等课题开展专题调研，形成视察调研报告3篇，意见建议14条。（李　蕊）

【提案办理】　2022年，政协于田县委员会发挥提案作为参政议政重要渠道作用，不断完善提案征集、审查、立案、转办、督办和反馈机制，遵从数量服从质量原则，收到提案80件，立案、转办提案65件。（李　蕊）

【社情民意收集】　2022年，于田县政协常委会发挥社情民意信息作为党和政府体察民情桥梁纽带作用，不断创新形式、丰富载体。年内，严格遵循"收集求广、选题求准、编报求快、效果求实"原则，整理上报社情民意信息6篇。（李　蕊）

纪检监察

综 述

【概况】 2022年，于田县各级纪检监察机关深入学习贯彻党的二十大精神，深刻把握纪检监察机关在推进党的自我革命中的职责使命，忠实履行党章和宪法赋予职责，充分发挥监督保障执行、促进完善发展作用，纪检监察工作高质量发展取得新成效，为纵深推进全面从严治党、党风廉政建设和反腐败工作提供坚强保障。 （曾少林）

【党风廉政建设】 2022年，于田县纪委监委坚持党内监督为主导，充分发挥纪委监委全面从严治党中协助职责、监督专责、推动作用，落实落细双重领导体制要求，向地区纪委监委、县委请示报告党风廉政建设和反腐败工作345项，督促指导县、乡两级党委（党组）运用“第一种形态”谈话669人次。制定党风廉政意见回复流程图，回复廉政意见132批1.76万人次，提出否定、暂缓意见237人次。深化运用“四种形态”，推动“四种形态”从监督执纪向监察执法有效拓展，全县运用“四种形态”批评教育帮助和处理696人次。其中，第一、第二种形态占比85.4%，第三、第四种形态占比14.6%，实现由“惩治极少数”向“管住大多数”拓展。扎实开展第二十四个党风廉政教育月活动，每月制发《于田县党风廉政教育期刊》，引导党员干部坚定理想信念、提高党性觉悟。深入剖析违纪违法典型案件，用身边事教育身边人，公开通报曝光7批56起典型案例，召开警示教育大会38场次；开展任前廉政测试9场153人次，廉政谈话184人次，组织25名党员干部旁听职务犯罪庭审，在强有力的警示教育和政策感召下，1人向纪检监察机关主动投案，3人主动交代问题。 （曾少林）

【政治监督】 2022年，于田县纪委监委始终坚持把严明党的政治纪律特别是反分裂斗争纪律摆在首位，持之以恒强化政治监督，一以贯之加强对习近平总书记重要讲话重要指示批示精神和党中央重大决策部署贯彻落实情况监督检查。聚焦学习贯彻党的二十大精神、完整准确全面贯彻新时代党的治疆方略、社会稳定、统筹疫情防控与经济社会发展等情况监督检查，推送整改问题508个，查处违反政治纪律案件20件20人。（曾少林）

【反腐败斗争】 2022年，于田县纪委监委紧盯权力集中、资金密集、资源富集部门和行业，从严查处党的十八大以来不收敛不收手、严重阻碍党的理论和路线方针贯彻执行、严重影响新疆工作总目标落实等各类违纪违法问题。全县各级纪检监察机关共处置问题线索631条，立案296件，结案293件，采取留置措施1人，给予党纪政务处分278人，给予组织处理14人。深化以案促改，注重从典型案件中查找管理监督薄弱环节和制度漏洞，针对监督检查、审查调查中发现问题，向涉案单位发出纪律检查建议书20份，监察建议书3份，以案促改通知书4份，下发整改通知书3份，督促推动整改落实。严格落实“三个区分开来”要求，为1名党员干部澄清正名，保护干部干事创业积极性。 （曾少林）

【纠治“四风”】 2022年,于田县纪委监委加强对中央八项规定及实施细则精神贯彻落实情况监督。紧盯层层加码、不担当不作为、文山会海等顽瘴痼疾,查处形式主义、官僚主义问题8件,处分8人;紧盯违规吃请、收受礼品礼金等突出问题,查处享乐主义、奢靡之风问题4件,处分4人;开展干部作风“回头看”专项整治,推送整改问题150条,发现问题线索11件11人。其中,处分4人,组织处理7人。开展党员干部网络赌博问题专项整治,查处党员干部赌博案件12件,处分12人;坚持纠“四风”树新风并举,对全县277名重点岗位、“关键少数”、“一把手”党员领导干部开展节前廉政谈话,对100名“一把手”领导干部配偶开展“严以修身,好风传家”家庭助廉活动,发送提醒信息1.3万条,以有力监督教育带动作风持续好转。 (曾少林)

【专项治理】 2022年,于田县纪委监委坚持把整治群众身边腐败和作风问题作为主攻方向,分类施策、专项治理。开展巩固拓展脱贫攻坚成果同乡村振兴有效衔接专项监督,推送整改问题350条,查处党员干部13人;开展幼儿伙食营养餐补助资金专项清理,推送整改问题235条,立案2件2人,组织处理12件12人;紧盯惠民惠农财政补贴资金“一卡通”问题专项治理,督促整改问题376条,立案查处7件7人,收缴违规违纪资金40.95万元;开展损害营商环境问题专项治理,给予政务处分3件3人,组织处理2件2人;围绕粮食购销领域腐败问题专项整治,推送整改问题13条,发现问题线索5件,组织处理3件3人;聚焦购羊领域及小额信贷致富贷问题专项治理,发现问题线索70条,立案审查39件;深入开展纪检监察干部“进百乡走千村入万户惩贪腐暖民心”活动,发现问题线索191条,立案40件40人(移送公安机关批捕1人)。 (曾少林)

【自身建设】 2022年,于田县纪委监委坚守政治机关职责定位,纪委监委班子带头加强政治建设,在强化自我监督、自我约束上做表率,依法开展监委向县人大常委会报告专项工作,积极配合完成巡察纪委监委机关政治任务。树立正确选人用人导向,公开招录纪检监察干部4人,系统内职级晋升10人,提拔交流20人,推荐表彰先进个人2人,有力激发干部干事创业热情。采取自办培训、外派学习、跟案锻炼、跟组巡察、导师帮带等方式,常态化开展全员“大培训、大练兵”活动,全年举办培训班20期497人次;选派19名干部到自治区、地区纪委监委跟班学习,抽调乡镇干部67人次到纪委机关、巡察机构跟案调训、跟组巡察。坚持刀刃向内,对10名纪检监察干部进行组织处理,有力维护干部队伍纯洁。 (曾少林)

【派驻监督】 2022年,于田县纪委监委充分发挥派驻纪检监察组“派”的权威和“驻”的优势,在工作中把自己摆进去、把工作摆进去,主动对标对表,靠前监督、精准监督、有效监督。积极探索轮流“驻点式”监督,综合运用列席会议、约谈提醒、监督建议等方式抓好综合监督、日常监督、专项监督等工作,推动派驻监督效能。年内,开展监督检查146次,处置问题线索96件,立案20件,给予党纪政纪处分27人,组织处理70人。 (曾少林)

巡察工作

【概况】 2022年,于田县委巡察机构围绕十二届于田县委巡察工作,共组织开展4轮对53个单位党组织的巡察,巡察发现问题1037条,移交问题线索96件96人,上报巡察专报24期,其中党纪政务处分16人,组织处理39人。 (刘翠翠)

【组织领导】 2022年,于田县委把巡察监督作为管党治党利器利剑,坚持县委统一领导、巡察工作领导小组组织实施、巡察机构贯彻落实、纪检和组织等部门支持合作,形成齐抓共管、各司其职、各负其责的巡察工作格局。将全部被巡察党组织纳入全面从严治党总体布局，摆在县委工作突出位置，全面履行主体责任，带头贯彻落实中央、自治区党委、地委关于巡视巡察工作部署要求，着力推动县委巡察工作换挡提速，高度谋划推进巡察工作。县委主要领导和县委巡察工作领导小组专门召开巡察工作会议，对2022年县委巡察工作进行安排部署，为2022年县委巡察工作顺利开展，指明方向，明确重点。县委巡察工作领导小组积极协助县委履行巡察工作主体责任，及时传达学习上级巡视巡察工作要求，并结合实际研究制定贯彻落实措施，制定《2022年于田县委巡察工作要点》《十二届于田县委巡察工作五年规划（2022—2026）》，为巡察工作规范化建设提供坚强保障。2022年，县委书记专题会议听取巡察综合情况汇报3次，县委巡察工作领导小组召开会议9次，针对巡察工作作出批示60次，推动巡察工作扎实有效开展。（刘翠翠）

【规范巡察规程】 2022年，于田县委巡察机构进一步规范巡察准备、深入了解、巡察反馈、整改落实等程序，增强巡察干部法治意识、程序意识，保证巡察权力在正确轨道上运行。制定完善《巡察干部暂行管理办法》《巡察工作规范化指导手册》等各类规范性工作制度机制7个，用制度管人，推动巡察工作走上正轨，不断完善县委巡察工作科学化、制度化、规范化。（刘翠翠）

【信息化建设】 2022年，于田县委巡察机构加快巡察工作信息化建设、提高信息化水平。5月19日，根据和田地区机构编制委员会《关于设立和田地委巡察办信息中心的通知》要求，县委巡察工作领导小组经请示县委主要领导同意，成立于田县委巡察办信息中心，核定事业编制2人，并及时协调配备与信息化发展要求相适应人员力量。

（刘翠翠）

【亮点工作】 2022年，于田县委巡察机构开通“二维码”简易举报直通车。十二届于田县委第5轮常规巡察，各巡察组利用微信“二维码”直通车，收到相关信访举报74条。在医疗领域专项巡察中，推动卫生健康系统开展专项治理1次，退还群众钱款130.64万元，批评教育31人，约谈1人，系统内通报批评148人，开展警示教育大会21场次，建立完善相关制度机制16项，巡察震慑效应得到明显提升。每轮巡察专门成立以巡察办主任为组长的指导督导组，负责做好对各巡察组巡前培训、巡中指导、巡后巡察报告、问题线索报告和问题底稿的审核把关等工作，不断提高巡察质效。巡前召开与全体巡察干部谈话会，通报上一轮巡察后评估情况，对新一轮巡察工作提出要求，压实每一名巡察干部责任；巡中召开调度会，听取各巡察组阶段性汇报，研究下一阶段巡察重点方向；巡后巡察办统筹协调各巡察组进行组办会商，对巡察报告、问题底稿进行审核把关，确保巡察报告准确地、客观地反映被巡察党组织存在的问题，提升巡察报告严谨性、精准度。（刘翠翠）

对口支援 定点帮扶

天津市对口支援

【概况】 2022年,天津市在于田县投入援疆资金2.83亿元,实施援疆项目30个(含地区统筹项目1个)。其中,完工项目21个、建设实施阶段项目9个。完成投资2.54亿元,拨付资金2.31亿元,拨付率81.63%。 （于翠翠）

【智力支援】 2022年,天津市在于田县安排智力支援资金5070万元,实施援疆项目4个,完成投资4600万元,拨付资金4497.38万元,资金拨付率88.71%。通过实施智力支援类项目,引进7名研究生和41名大学生西部计划志愿者,提高于田县高层次人才储备,为于田县增添新生力量。投入资金400万元实施基层干部人才能力建设项目,对民族宗教干部、村(社区)“两委”正职和妇联主席进行“抓党建促乡村振兴”“抓党建引领基层治理”等专题培训,50名基层干部赴天津完成培训。聘请7名法律顾问,构建社会信用体系平台,提高于田县法律咨询服务和社会信用体系平台建设质量。 （于翠翠）

【产业支援】 2022年,天津市在于田县安排产业支援促就业资金9450万元,实施援疆项目6个,完成投资7750万元,拨付资金6841.19万元,资金拨付率72.39%。借助产业支援促进就业类项目,充分发挥于田资源禀赋,因地制宜发展特色产业,加大招商推介力度,以产业发展带动群众就业,以消费帮扶促进农民增收,在实践中探索形成以农产品深加工、服装鞋帽、文化产业等特色产业援疆新模式。建立津和农产品深加工产业园,健全于田县农产品全产业链体系。实施库尔班·吐鲁木文旅产业园项目,建成“和田优品”嗨购街,弥补于田县第三产业园区空白。与西青国家经济开发区对接,促成于田天津工业园区与西青国家经济开发区建立战略合作关系,引进以鸿星尔克为代表知名上市企业,为津和服装产业园建立奠定基础。投入资金350万元,实施劳动技能提升及促进就业项目,组织开展基本劳动素质培训,进一步巩固东西部劳务协作成果。 （于翠翠）

【保障和改善民生】 2022年,天津市在于田县安排保障和改善民生援疆资金4950万元,实施援疆项目8个,完成投资4715万元,拨付资金4113.64万元,资金拨付率83.1%。促进乡村振兴有序发展,提升公共服务能力,改善人居环境,加强基层党组织阵地建设,持续增强人民生活幸福感、获得感。在保障和改善民生援疆方面,投入资金1250万元实施县、乡、村三级公共医疗卫生能力提升项目,提升4个乡镇卫生院和40个村卫生室基础医疗设备硬件水平,重点完成300名乡、村两级医护人员培训,建立和完善以于田县人民医院为中心三级医联体系统。围绕“一村一特色”思路,在于田县重点打造五个特色示范亮点村——“红色旅游”示范村托格日尕孜村、产业融合发展示范村夏玛勒巴格村、“中华文化新农村”示范村阿热勒村、“食品加工产业链”示范村斯也克村,以及现代城乡发展融合示范村友谊村。通过乡村振兴示范建设及乡村振兴普惠资金子项目木尕拉镇友谊村群众房屋改造项目，采取“以工代赈”模式，为157名群众提供就业岗位，共发放劳务报酬141.14万元。依托天津市援疆资金政策搭建科技服务平台，助力特色农副产品研发加工，品种改良，引进塔里木鸽、实用技术推广、开设空中课堂教学、打造阿羌乡良种羊地方区域品牌、支持水稻农业产业高质量发展等方面发挥助力和支撑作用。（于翠翠）

【交往交流】 2022年，天津市在于田县安排各民族交往交流交融援疆资金1100万元，实施援疆项目3个，完成投资1100万元，拨付资金984.80万元，资金拨付率89.53%。以铸牢中华民族共同体意识为主线，以增强“五个认同”潜绩为目标导向，更加注重交往交流交融广度、深度，注重贴近基层群众，注重“关键少数”。投入援疆资金400万元，主办和田地区2022年“5·19旅游日”暨于田县第五届玫瑰风情文化旅游节，在开幕式上启动完成“万方于阗”公益助农主播授权签约、助力乡村振兴购销帮扶签约等仪式。以“玫瑰之缘·相约于田”为主题举办文艺会演、摄影大赛、特色文创产品展等活动，扩大宣传于田旅游文化，提升于田特产知名度。投入资金350万元，分别在4月举办于田县“津和杯”篮球比赛、6月举办农牧民运动会及龙舟比赛、7月举办于田县足球赛和“石榴籽一家亲”暨“足球小巴郎”和田青少年天津夏令营等活动。

（于翠翠）

【文化教育支援】 2022年，天津市在于田县安排文化教育支援资金7700万元，实施援疆项目9个，完成投资7250万元，拨付资金6709.07万元，资金拨付率87.13%。通过疆内外优秀文化教育引进来、走出去，加大文化交流与教育资源共享力度，增强援受双方文化互鉴水平，更好地发挥文化教育在推广社会主义核心价值观，提升社会凝聚力中的优势。围绕提升教学硬件设施水平和人才引进两个方面，投入资金6000万元新建青少年健康成长基地，该基地为于田县青少年搭建科技知识传播平台，提供科技学习交流场所，促进青少年课堂教育与课外教育有机结合，引导青少年学习科学知识、树立科学思想，提高广大青少年科技文化素质和明辨是非能力。投入资金1000万元实施基层中小学教育质量提升项目，打造4间VR思政课堂，采购教学及管理信息平台1套、1万套课桌椅和180套“班班通”及1套广播设备、幼儿早教绘本、亲子“6+1”等图书5.02万册。通过引进30名天津优秀教师和191名天津支教大学生，为于田县教育事业注入新鲜血液，提高于田县各乡镇中小学整体教学质量。借助新型职业技能培训校企共建项目，培训直播电商人才120人、数字建模人才40人、动画设计人才40人，成为于田县本地技能人才储备增长极，以新型技能人才推动本地产业化转型与升级，让新型技能人才成为于田县经济发展新源泉。（于翠翠）

中国民用航空局定点帮扶

【概况】 2022年，中国民用航空局共投入帮扶于田县资金675万元（含往年结余资金45万元），开展“五大帮扶工程”（教育帮扶、医疗帮扶、就业帮扶、产业帮扶、机场建设帮扶），实施项目8个。在于田县委、县政府大力推动下，各项目进展顺利，全部完工并投入使用。（程建忠）

【机场建设运营】 2022年，于田万方机场有于田—乌鲁木齐—深圳、和田—于田—库尔勒、阿克苏—于田—成都天府、于田—乌鲁木齐、于田—上海航线，架起于田通往祖国各地“空中桥梁”，使于田商务往来、探亲旅游、文化交流更加便利快捷，为推动于田经济实现高质量发展注入新动能。

（程建忠）

【乡村振兴帮扶】 2022年，中国民用航空局投入资金200万元,打造"木尕拉镇巴什喀群村民航幸福小院"。以集中一定区域,重点帮助孤寡、残障等困难家庭为标准,对90户农户房屋室内铺设木地板、室外水泥硬化、卫生间贴墙砖、地砖等进行全方位改造,惠及80户322人。投入资金100万元,为斯也克乡克提其村建设办公楼,改善克提其村办公条件,使克提其村从"矮旧小"办公平房,搬到功能齐全、宽敞明亮办公楼。投入资金30万元,举办乡村振兴带头人强化培训班,对全县132名乡村振兴带头人进行系统培训,提高于田县乡村振兴内生动力。 (程建忠)

【产业帮扶】 2022年,中国民用航空局投入资金50万元,在阿羌乡阿羌村建设村集体经营中心,用于开展婚礼、丧礼及各类文娱活动。动员民航系统采购于田县特色农副产品,在北京、天津、长沙、成都、重庆、深圳等20家机场设立于田特色产品专区专柜,帮助推介销售于田特色产品。全年,帮助销售于田特色产品总额500万元,帮助于田产品"走出去"。 (程建忠)

【民生实事】 2022年,中国民用航空局投入资金100万元,开发54个薪酬待遇好、稳定率高就业岗位,吸纳54名脱贫人员就近就地就业,保障群众稳岗增收。投入资金110万元,对阿羌乡小学教学楼、操场进行改造。投入资金40万元,为阿羌乡卫生院购买血常规设备、大生化设备各1台,阿羌乡群众实现足不出乡享受便捷医疗。投入资金45万元,为阿羌村架设安装路灯200盏,确保群众夜间出行安全。 (程建忠)

自治区机关单位企业定点帮扶

【概况】 2022年,自治区10家定点帮扶单位帮扶于田县15个定点村,派驻第一书记村33个,实施项目村85个。主要从项目资金、就业、教育、医疗、消费扶贫等方面进行帮扶。 (程建忠)

【项目实施】 2022年,自治区10家定点帮扶单位累计投入资金5275.03万元,帮扶乡村实施项目116个,项目涉及基层组织建设、人居环境整治、壮大村集体经济、医疗文化阵地建设、农业设施提升等。其中,自治区国有资产监督管理委员会累计投入帮扶资金800万元,帮扶科克亚乡、阿热勒乡、木尕拉镇、英巴格乡、奥依托格拉克乡等实施30个项目;新疆中泰(集团)有限责任公司累计投入帮扶资金1913.73万元,帮扶斯也克乡、希吾勒乡等实施8个项目,帮助聘请浙江大学城乡规划设计院编制全县乡村振兴规划;新疆新能源(集团)有限责任公司累计投入帮扶资金160.88万元,帮扶科克亚乡阔勒吐克村,英巴格乡康托喀依村、托什坎塔合塔村等实施9个项目;国家能源集团新疆能源有限责任公司累计投入帮扶资金1406万元,帮扶阿热勒乡万方村、阿日希乡拜什塔什村、英艾日克村等实施7个项目;新疆有色金属工业(集团)有限责任公司累计投入帮扶资金175万元,在托格日尕孜乡恰喀村、先拜巴扎镇斯克达西曼村等实施30个项目;自治区道路运输管理局累计投入帮扶资金234万元,帮扶喀拉克尔乡喀格勒克阿日希村、麦盖提村等实施15个项目;国药集团新疆新特药业有限公司累计投入帮扶资金100万元,在兰干乡苏克村实施1个项目;自治区供销合作社联合社累计投入帮扶资金166.62万元,帮扶加依乡、奥依托格拉克乡等实施9个项目;新疆机场(集团)有限责任公司累计投入帮扶资金220万元,帮扶木尕拉镇实施2个项目;中航油新疆航空油料有限公司累计投入帮扶资金98.8万元,帮扶阿热勒乡托万也台巴什村等实施5个项目。 (程建忠)

2022年，国家能源集团新疆能源有限责任公司帮扶打造于田县阿热勒乡万方村沙漠玫瑰种植示范区　　（于田县阿热勒乡提供）

【消费帮扶】 2022年，自治区国资委动员新疆建筑设计研究院有限责任公司等15家下属企业与于田县人民政府签订消费帮扶于田县特色产品购销协议，为于田巩固拓展脱贫攻坚成果、全面推进乡村振兴提供重要支撑。自治区定点帮扶单位直接购买或间接帮助销售于田县农产品价值2896.6万元。新疆中泰（集团）有限责任公司直接购买于田县农民自养黑公鸡2.9万只、红公鸡2.66万只、鸽子22.94万羽，葡萄干、杏干、大枣等干果2.9万箱，羊53只，蔬菜2.46吨，间接帮助销售核桃0.4吨，羊肉1吨，米面油及其他农副产品6吨，合计价值1885.44万元；新疆有色金属工业（集团）有限责任公司直接购买于田县尼雅黑鸡2.75万只、葡萄干5吨，间接帮助销售核桃、红枣等农副产品10吨，合计价值377.8万元。（程建忠）

【就业帮扶】 2022年，自治区定点帮扶单位为于田县开发就业岗位1943个。新疆中泰（集团）有限责任公司开发解决就业岗位1200个，投入资金4054.89万元；自治区道路运输管理局开发解决就业岗位70个，投入资金119万元；自治区供销合作社联合社开发解决就业岗位105个，投入资金85万元。（程建忠）

【教育帮扶】 2022年，自治区定点帮扶单位资助于田县学生728人，投入帮扶资金148.2万元。国药集团新疆新特药业有限公司资助学生21人，投入资金5.8万元；国家能源集团新疆能源有限责任公司资助学生124人，投入资金37.8万元；新疆中泰（集团）有限责任公司资助学生300人，投入资金50万元。（程建忠）

【医疗帮扶】 2022年，自治区定点帮扶单位援助于田县患者3351人，投入资金82.9万元。自治区国有资产监督管理委员会援助患者15人，投入资金4.79万元；国药集团新疆新特药业有限公司援助患者3人，投入资金0.36万元。（程建忠）

【走访慰问】 2022年，自治区定点帮扶单位购买各类慰问品价值579万元。国家能源集团新疆能源有限责任公司投入资金250万元用于重大节日慰问困难群众，积分超市奖品兑换等；新疆有色金属工业（集团）有限责任公司投入资金62.5万元用于重大节日慰问困难群众等。（程建忠）

地区机关单位定点帮扶

【概况】 2022年，中国人民银行和田地区支行、地区商务局、和田地区邮政分公司、邮政储蓄和田地区分行、地区供销社、地区技师学院帮扶于田县7个村，主要从项目、就业、医疗、消费、群众慰问等方面进行帮扶。（程建忠）

【就业帮扶】 2022年，和田地区机关单位帮扶于田县联系解决就业31人，开发公益性岗位2个，投入资金2.65万元。邮储银行和田地区分行帮助联系解决就业15人，月均工资2000元以上。（程建忠）

【教育帮扶】 2022年，和田地区机关单位资助学生69人，投入资金6.9万元。中国人民银行和田地区中心支行资助学生6人，投入资金1.7万元。（程建忠）

【医疗帮扶】 2022年，和田地区机关单位帮助患者3人，投入资金1.75万元。邮储银行和田地区分行帮助患者2人，投入资金1万元。 （程建忠）

【消费帮扶】 2022年，和田地区机关单位及员工直接购买农产品或间接帮助联系销售农产品，合计价值38.8万元。和田地区邮政分公司直接购买蔬菜等农产品1.5万元，依托电商平台“邮乐购”进行线上销售，帮助57户村民销售核桃20吨，销售额30万元。 （程建忠）

【群众慰问】 2022年，和田地区机关单位购买各类慰问品价值20.1万元。中国人民银行和田地区中心支行采购食品类、服饰类（过冬衣物）等慰问困难群众，合计价值8.3万元。 （程建忠）

县直单位定点帮扶（部分）

【县委办公室定点帮扶】 2022年，于田县委办公室按照“讲政治、顾大局、谋发展”总体要求，坚决把帮扶工作作为最大的政治、最大的大局、最中心的工作，坚持党建引领，紧盯目标任务，认真履职。县委办公室主要领导参加定点帮扶村协商会议3次、党员座谈会2次。深耕该村万寿菊种植，推动优势特色产业发展，稳定万寿菊种植面积53.33公顷，引导群众管理好大棚53座、拱棚260座，稳定群众收入。继续保持多胎羊养殖规模，向162户多胎羊养殖户宣传养殖技术，通过包联干部入户指导、邀请农业农村局技术指导，提高养殖户养殖水平。通过和帮扶村第一书记统筹协调，协调资金10万元在村委会前打造文化长廊，为村文化室购买价值5000元文体用品，捐赠1批法治宣传书籍图册，并购买价值1万元的演出服装。筹资1.3万元购买水泥、沙子，对该村17户农户的居住环境进行统一改造。 （李永昌）

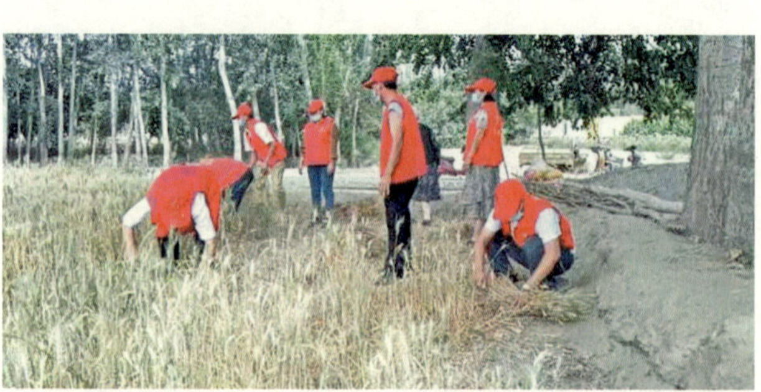

2022年6月，于田县委办公室在帮扶村开展志愿服务活动 （于田县委办公室提供）

【县人大常委会机关定点帮扶】 2022年，于田县人大常委会机关把开展驻村工作作为做好群众工作重要载体，发挥后盾单位作用，帮助定点帮扶村采购5吨水泥，助力推进庭院改造，帮助村集体增加牛15头，巩固村集体经济；帮助村集体平整土地6.66公顷；投入1.2万元购买化肥、种子、农药等，帮助村集体种植小麦面积3.33公顷，壮大村集体经济；帮助农户就业，协调就近就地就业岗位8个。 （芦红珍）

【医疗保障局定点帮扶】 2022年，于田县医疗保障局投入资金1.7万元，用于定点帮扶村改善人居环境等；投入资金8000元，资助3名贫困大学生。 （田　芳）

【县委编办定点帮扶】 2022年，于田县委编办组建志愿者帮扶小分队，通过开展民族团结、为民办好事实事、困难诉求化解等活动，为定点帮扶村办好事实事73件，投入慰问困难群众资金1.6万元。 （吐妮莎古丽·吐送）

【交通运输局定点帮扶】 2022年，于田县交通运输局投入资金4.64万元，用于定点帮扶村改善人居环境、慰问困难群众、改善27名学生学习条件等，协调解决就业2人，化解群众困难诉求8件，为群众办实事6件。 （胡伟荣）

法 治

政法委与综治工作

【概况】 2022年，于田县贯彻落实党中央、自治区党委、地委维护稳定决策部署，研究制定于田县政法工作重点、措施，组织协调指导维护稳定工作，检查政法各部门执行法律、法规和党的方针、政策情况，督促、推动大案要案查处，组织协调社会治安综合治理工作，组织政法工作调查研究，探索政法工作改革，指导乡镇党委政法委员工作。

（李 佳）

【涉法涉诉信访】 2022年，于田县做好执法监督和涉法涉诉信访工作，政法各部门及相关部门通过领导包案、带案下访、强化配合等形式，加大对涉法涉诉案件教育疏导、法律法规解释等工作。全年，无群体事件、重复上访和越级上访事件发生。（李 佳）

【司法救助】 2022年，于田县建立刑事被害人救助制度和执行案件依法救助制度，明确救助对象、救助标准，明确司法救助资金审批和使用程序。针对申请司法救助对象具体情况，于田县政法委与法院、检察院、司法局、财政局等有关部门沟通联系，主动争取政府支持，充分发挥司法救助功能，最大限度地保护当事人合法权益。（李 佳）

【预防和化解社会矛盾】 2022年，于田县强化组织领导，形成县政法委牵头抓总、有关部门密切配合、全社会广泛参与矛盾纠纷排查化解工作格局，建立健全人民调解、行政调解、司法调解“三调联动”工作机制，强化基层基础，坚持工作重心下移，预防关口前移，依托网格化服务管理，发挥网格长、联户长和家庭明白人作用，全力推进矛盾纠纷排查化解。积极推进人民调解组织建设，规范建立人民调解委员会，强化人民调解工作站建设，落实“一村一法律顾问”，实现人民调解工作全覆盖。坚持发展新时代“枫桥经验”，创新矛盾纠纷多元化解机制，做到“小事不出网格、中事不出村、大事不出乡、矛盾不上交”。（李 佳）

【综治责任落实】 2022年，于田县委政法委统筹协调综治成员单位安排、组织、实施社会治安综合治理工作，按照“属地行业双管”“谁主管谁负责”和“谁经营谁负责”的原则，认真履行成员单位综治责任。加强对治安重点区域和突出治安问题的专项治理、矛盾纠纷排查调处、流动人口服务管理等重点工作，把各项防范措施落实到位，治安乱象和突出治安问题得到有效治理。（李 佳）

【平安建设】 2022年，于田县坚持以点带面、整体推进创建思路，按照平安建设工作考核标准，扎实开展各类平安细胞创建、复验工作，不断激发群众参与平安建设热情。创建自治区“优秀平安乡镇”6个，地区级“平安乡镇”18个，“平安校园”130所，“平安医院”18家，“平安文化场所”79家，“平安单位”78家，“平安企业”50家，“平安村（社区）”210

个,“平安家庭”6.82万户,“平安商户”2097户,“平安餐饮”753家,“平安商超”1331家,“平安药店”13家。“平安乡镇”创建率95%,“平安单位”创建率95%以上。 (李 佳)

【市域社会治理】 2022年,于田县委充分发挥总揽全局、协调各方主导作用,对照《全国市域社会治理现代化试点工作指引》,不断完善党委领导、政府负责、群团助推、社会协同、公众参与体制机制,建立健全各类体制机制64项,压实56个县直部门和18个乡镇(街道)责任,明确将试点工作作为“一把手”工程全力推进,由县、乡、村三级书记亲自挂帅,挂图作战、抓进度,倒排工期、抓推进,打造试点点位33个。 (李 佳)

【工作亮点】 2022年,于田县推进市域社会治理现代化,以打造试点点位为突破口,按照“重点创、全面建”思路,聚焦“发挥自治强基作用”“防范化解网络安全风险”“依法规范做好群众工作”三项重点任务,突出服务社会稳定与长治久安总目标大局、便民利民惠民、抓基层打基础三个工作导向,打造33个试点点位,总结提炼经验典型材料50余篇,形成库尔班大叔、阿米娜大姐、万方志愿、积分管理等一批服务好、叫得响特色品牌。

(李 佳)

法治政府建设

【依法治县】 2022年,于田县印发《县委全面依法治县委员会2022年度工作要点》,研究制订“一规划两纲要”等法治建设工作计划、实施意见、落实举措,统一部署法治建设重要工作任务,构建责任落实工作机制,将履行推进法治建设第一责任人职责情况纳入法治建设绩效考核指标体系、列入年终述职内容,由县委书记组织召开2021年度述法工作会议。县委依法治县委员会组织召开全体委员会议2次,委员会办公室会议5次,依法治县工作现场推进会1次,通报会议3次,4个协调小组会议4次,充分发挥法治固根本、稳预期、利长远的保障作用。 (刘 闯)

【法治政府建设】 2022年,于田县委全面依法治县委员会办公室根据各单位“三定”方案审查行政执法主体单位,经审查27个单位确定为行政执法主体。组织人员参加行政执法资格考试,347名人员获得行政执法资格证。健全规范性文件合法性审查备案制度,全年共备案审查3件规范性文件。加强行政复议工作,整合行政复议职责,规范案件审理程序,设立行政复议和应诉科,承办于田县人民政府行政复议案件。全面落实政务公开,全县主动公开政务信息61条。开展行政机关负责人出庭、旁听活动,充分发挥行政复议监督行政执法、化解行政纠纷、保护当事人合法权益功能和作用,推动行政机关依法履行行政应诉职责。 (刘 闯)

【建立法治化营商环境】 2022年,于田县实行政府权责清单制度,建立健全28个单位3449项权责清单,实现各单位权责清单化管理,推进行政审批制度改革,进一步推进简政放权、放管结合、优化服务。25个单位179项行政许可及审批事项分步划转至行政服务大厅集中办理,实现“多证合一”。严格执行市场准入负面清单,普遍落实“非禁即入”,最大限度降低准入门槛。全县有各类市场主体2.13万家,新增各类市场主体3628家,同比增长1.2%。严格执行国务院决定保留的28项和法律规定的4项前置审批事项,其他事项一律改为“先照后证”,全面落实涉企经营许可事项全覆盖清单管理。一般企业开办时间压缩至3个工作日内。全面推行“双随机、一公开”监管,提升“互联网+监管”水平,开展“双随机、一公开”抽查任务546个,抽查各类市场主体281户,实现“进一次门、全面体检”,有效防止各单位“多头检查、频繁检查”。

(刘 闯)

公　安

【公安英模】 2022年，于田县公安局被自治区评为“人民满意的公务员集体”“平安建设先进集体”，托格日尕孜派出所、国内安全保卫大队、刑事侦查大队荣立集体二等功；奥依托格拉克派出所、治安管理大队荣立集体三等功；2人荣立个人二等功，22人荣立个人三等功、62人受到上级嘉奖。（王平平）

【经济犯罪侦查】 2022年，于田县公安局严厉打击各类经济犯罪，组织辖区各派出所对非法集资、非法吸收公众存款等违法行为进行宣传，在学校、社区等人员密集场所开展宣传活动200余场次，张贴宣传海报及宣传单5000余份。（王平平）

【禁毒工作】 2022年，于田县公安局深入开展吸毒人员服务管控，严厉打击涉毒违法犯罪，加强易制毒化学品和精神麻醉药品管控，做好青少年毒品预防宣传教育和禁毒预防宣传教育等工作。侦办涉毒刑事案件9起，查获各类毒品2352克，举办校园法治讲座282场次。围绕“6·1”《中华人民共和国禁毒法》实施纪念日、“6·3”虎门销烟纪念日、“6·26”国际禁毒日等重要节点发放宣传单4万余张、悬挂宣传横幅100余条，在县广播电视平台播放专题宣传片800余次。（王平平）

【食药环犯罪侦查】 2022年，于田县公安局持续加大对食品药品、生态环境和知识产权领域犯罪打击力度，将严厉打击食药环领域违法犯罪行为工作摆上重要内容高位推动，确保食品、药品、生态领域绝对安全。（王平平）

【交通事故隐患排查治理】 2022年，于田县常态化开展道路交通安全隐患“大排查、大治理”，共排查农村道路安全隐患581处，在执法执勤中查处各类违法行为9.16万起。其中，机动车违法行为8.11万起、非机动车违法行为3294起、行人违法行为7233起。安装农村道路减速带645条，爆闪灯358处。（王平平）

【机场派出所】 2022年，于田机场进出港航班838架次，进出港旅客3.09万人次（进港1.52万人次、出港1.57万人次），进港行李1.46万件（8万千克）。于田万方机场派出所为旅客办理乘机证明526张，做好人好事480件，入户走访困难群众19户，实现群众“零投诉”。（王平平）

【公安法治】 2022年，于田县推进公安机关执法监督管理机制改革，检察机关、公安机关挂牌成立“侦查监督与协作配合办公室”，制定《于田县公安警务工作监督评议机制》，主动接受法院、检察院等单位对全县警务规范、执法质量和服务群众方面的监督和测评，持续拓宽外部监督渠道，形成内外监督合力。（王平平）

检　察

【概况】 2022年，于田县人民检察院坚持以社会稳定和长治久安总目标为统领，忠实履行宪法法律赋予的法律监督职责，推动各项检察工作发展进步。（张小龙）

【刑事检察】 2022年，于田县人民检察院提高检察履职中政治判断力、政治领悟力和政治执行力，聚焦社会稳定和长治久安总目标，认真贯彻落实全国、全疆检察工作会议工作部署，把监督办案作为第一要务，以强化诉讼监督为重点，依法履行法律监督职责，促进刑事检察高质量发展。

（张小龙）

【职务犯罪检察】 2022年，于田县人民检察院起诉职务犯罪案件2件2人，分别为艾某某徇私枉法罪案、王某某职务侵占罪案。（张小龙）

【民事检察】 2022年,于田县人民检察院着力强化与经济社会发展、人民群众合法权益密切相关合同履行、劳动争议、医疗损害赔偿、消费者权益保护等领域案件办理,依法平等保护民营经济、非公经济等各类市场主体产权和自主经营权。以贯彻落实《中华人民共和国民法典》为契机,牢固树立平等保护理念,依法保护企业家和相关从业人员创新创业积极性,保护各类市场主体合法权益。发扬新时代"枫桥经验",将矛盾化解贯穿司法办案全过程,对于当事人有和解意愿,积极引导在法律框架内达成和解,实现案结事了人和。对决定不支持监督申请案件,强化法律文书释法析理,在维护司法权威同时,促进息诉罢访。综合运用社会治理类检察建议、典型案例等,及时预警社会问题,引领社会法治意识。 (张小龙)

【行政检察】 2022年,于田县人民检察院协同有关部门,加强对持续时间长、化解难度大、社会关注度高,以及敏感、复杂行政检察监督案件依法妥善办理,严格执行司法办案风险评估预警制度,严格落实"三同步"(依法处置、舆论引导、社会面管控)机制,及时化解潜在风险,维护社会稳定,助力保持国泰民安社会环境。 (张小龙)

【公益诉讼检察】 2022年,于田县人民检察院处置公益诉讼案件线索62件,督促清除处理违法堆放的各类生活垃圾253吨、督促回收和清理生产类固体废物245吨。 (张小龙)

【控告申诉检察】 2022年,于田县人民检察院坚决贯彻最高检来信来访"七日内程序性回复、三个月内办案结果回复"要求,接待来信来访电话21件21人次。 (张小龙)

【普法工作】 2022年,于田县人民检察院将"法治副校长"打造成"永久牌"法治课,组织14名检察官集中开展"开学第一课·同讲一堂课"行动。开展护蕾行动,通过检察干警深入全县各中小学校,以"守护花蕾,预防未成年受侵害"为题,进行普法宣讲。在"两法"实施一周年之际,于田县人民检察院开展以"携手落实'两法' 共护祖国未来"为主题的检察开放日活动。 (张小龙)

2022年3月,于田县人民检察院开展法治副校长专题讲座 (张小龙 摄)

法 院

【立案工作】 2022年,于田县人民法院完善一站式多元化解纠纷机制和诉讼服务体系建设,加强诉调对接平台建设,分别与县司法局、工会、人社局等部门建立诉调对接机制,积极推动人民法院调解平台进乡村、进社区、进网格,全县12个调解组织22名调解员入驻调解平台,调解司法案件294件,调解成功294件,成功率100%。 (郭军丽)

【民事审判】 2022年,于田县人民法院受理民商事案件中,涉及建工合同类案件91件、买卖合同纠纷561件、劳务合同纠纷476件、婚姻家庭纠纷538件,分别占民商事案件的3.5%、21.71%、18.42%、20.82%。依法处置拖欠农民工工资案件,全年解决农民工工资555.73万元。 (郭军丽)

【刑事审判】 2022年,于田县人民法院依法审理侵害未成年人犯罪,依法呵护未成年人健康成长,对未成年罪犯适用犯罪记录封存不公开。依法打击多起涉毒、卖淫嫖娼、网络诈骗、赌博犯罪，净化社会法治环境。依法公开审理拜某利用微信发布虚假信息诈骗案，提升群众防骗意识。（郭军丽）

【普法宣传】 2022年，于田县人民法院贯彻“谁执法、谁普法”原则，扎实开展“护蕾行动”等活动，选派法治副校长，在全县中小学校举办模拟法庭、法治专题授课16场次，1万余名学生受到教育，青少年法治意识进一步提升。（郭军丽）

【执行工作】 2022年，于田县人民法院坚持“立案阶段考虑执行、审判阶段兼顾执行、执行阶段扫除障碍”，以保全促执行，探索围绕执行开展民事审判工作推动民事诉讼改革。全年受理执行案件2020件，去年旧存24件，结案1897件，执行到位金额1.34亿元，执行工作综合质效指标在全疆99个基层院中体量排名第一名。（郭军丽）

【党风廉政】 2022年，于田县人民法院严格落实中央八项规定和防止干预司法“三个规定”，对违规打听案情、过问案件、插手办案均如实记录。扎实开展司法作风突出问题专项整治，对13名干部运用第一种形态。完善廉政监察员制度，常态化开展审务督查，全年未出现干警违法违纪现象。（郭军丽）

【基层人民法庭品牌建设】 2022年，于田县人民法院聚焦支部品牌建设，深入挖掘支部品牌潜力。先拜巴扎人民法庭在服务乡村振兴、基层社会治理、服务百姓高品质生活需求方面探索工作机制，加挂家事审判法庭，打造“一庭一品”，形成“葡萄架下话和谐”特色品牌，得到群众好评，被人民网、石榴云等多家媒体报道。奥依托格拉克人民法庭立足辖区实际，树立“助力三农、服务园区”理念，解纷工作坚持综合性与专业性相结合，加挂园区牧区商事法庭，在牧区巡回办案，在园区设立法官工作站，为园区优化营商环境和经济高质量发展提供司法保障。（郭军丽）

2022年6月，于田县巡回法庭调解群众纠纷

（于田县人民法院提供）

司法行政

【概况】 2022年，于田县司法行政工作紧扣中心服务大局，全面依法履行职能，明确目标，积极作为，奋力前行，较好完成各项司法行政工作任务。2022年6月，于田县司法局被人力资源和社会保障部和司法部表彰为“全国司法行政系统先进集体”。2022年10月，被国家机关事务

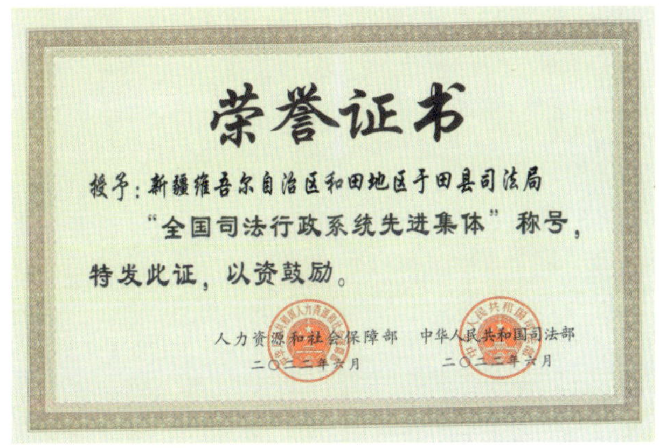

2022年6月，全国司法行政系统先进集体——于田县司法局（于田县司法局提供）

管理局、中共中央直属机关事务管理局、国家发展和改革委员会、财政部联合表彰为“节约型机关”。2022年度在和田地区司法行政系统绩效考核中位列第一。 (刘 闯)

【法治宣传】 2022年,于田县建立以司法局为中心,乡镇(街道)为主导力量,村(社区)为重要阵地“三位一体”普法组织网络矩阵,形成普通时段常规宣传、重点时段集中宣传、重点领域定期宣传、重点群体即时宣传工作机制,采取以案释法、集中宣讲、车随法动、法律咨询等形式,开展各类集中普法活动5435场次,受教育人数31.3万人次,发放各类宣传资料、宣传彩页3.5万份,发放法治书籍3.1万份。 (刘 闯)

【法律服务】 2022年,于田县推进公共法律服务体系建设,构建县、乡、村三级“一站式”公共法律服务实体平台,完成1个中心、19个工作站、224个工作室建设。整合律师、公证、法律援助、人民调解等资源,打造“四站配合”(律师事务所、公证处、法律援助中心、人民调解室)大协调模式,化解群众困难诉求,为群众提供“一站式”暖心服务。县、乡、村公共法律服务中心、站、室窗口接待访客6425人次,提供法律咨询7365人次,免费代写法律文书2451份。其中,受理法律援助案件198件涉及金额337.5万元;律师事务所共代理案件234件,免费接待法律咨询1783人次,免费代写法律文书736份;解决群众反映的困难诉求1466条,为群众追回资金475.64万元,达成协议金额76.65万元;办理公证案件474件,出具公证书430份,公证业务收入24.67万元,全部上缴国库。 (刘 闯)

【人民调解】 2022年,于田县充分发挥人民调解、行政调解、司法调解以及其他调解组织行业协同作战优势,结合实际制定“三调联动”三级横向到边、纵向到底工作方案。各部门、乡镇(街道)、村(社区)成立领导小组,确保“三调联动”工作有组织、有制度、有阵地、有人员,主动、及时、妥善地将矛盾纠纷化解在苗头、控制在源头。配备262名专职调解员,排查受理调解案件4269件,涉及金额3727万元,成功化解4269条,化解率100%。

(刘 闯)

群众团体

于田县总工会

【概况】 2022年，于田县有工会组织650个。其中，机关事业单位工会125个（乡镇、街道、园区、片区工会联合会19个，教育系统工会56个，卫生系统工会委员会17个，县直行政事业单位工会委员会33个），村（社区）工会委员会212个，企业工会委员会313个（国有企业工会8个、非国有企业工会231个、社会团体及合作社74个）。工会会员1.14万人。 （李红梅）

【基层组织建设】 2022年，于田县有职工之家32个、职工小家2个，"户外劳动者服务站点"5个（其中新建3个，投入资金5万元）。新就业劳动者1142人，成立工会组织17个，工会会员1059人。其中，货运公司1家，货车司机从业人数323人，工会会员240人；快递公司8家，从业人员68人，工会会员68人；外卖快递公司7家，从业人数83人，工会会员83人；家政服务公司2家，从业人数28人，工会会员28人；房产公司4家，从业人数58人，工会会员58人；保安公司2家，从业人数78人，工会会员78人；新发展其他新就业形态劳动者644人。 （李红梅）

【工会宣教】 2022年，于田县总工会开展以铸牢中华民族共同体意识"中国梦·劳动美·新疆好""永远跟党走·奋进新征程·喜迎二十大"为主题宣讲活动140场次，参加人数1.96万人次。以"三小微行动和国家通用语言文字学习、寻找身边劳模"等微行动为抓手，组织企业职工开展"班前三分钟""餐前唱红歌"活动110场次，参加人数1.4万人次，利用节假日开展文化体育活动3场次，开展"劳模进校园，思政老师进企业"活动6场次。

（李红梅）

【送温暖活动】 2022年，于田县总工会联系100多家企业为广大职工群众和困难职工家庭大中专毕业生提供就业渠道。投入资金11.6万元资助困难职工子女入学58人。投入资金115万元开展送温暖活动28场次，慰问劳动者5000余人次。为1000名临时生活困难工会会员发放补助60万元。年内，争取对口援疆专项项目资金115万元，用于送温暖活动。 （李红梅）

2022年1月，于田县总工会开展"迎新春"慰问职工活动 （于田县总工会提供）

【劳动技能竞赛】 2022年，于田县总工会开展馕产业、服装、鞋面制作、养殖技能和乡村医生职业技能等竞赛活动5场次，投入资金2万元。开展“我为职工送安全”活动129场次，参加职工1.93万人次。 (李红梅)

【工会维权】 2022年，于田县总工会发放各项困难帮扶资金87.94万元，有8884名职工参加职工医疗互助活动，为228名困难女职工进行妇女疾病防范宣传和免费进行“两癌”筛查活动。有百人以上建工会企业32家、签订集体合同企业27家，签订率84%。有25人以上建工会企业42家，签订集体合同34家，签订率81%。 (李红梅)

中国共产主义青年团于田县委员会

【概况】 2022年，中国共产主义青年团于田县委员会团结带领全县各级团组织和团干部着眼保持和增强政治性、先进性、群众性，聚焦团组织主责主业和团员青年关切，直面问题和矛盾，敢于担当作为，着力推进“三力一度两保障”(引领力、组织力、服务力和贡献度，保障青年权益和保障青年工作)，加强青少年思想政治引领，深化改革攻坚，全面推进从严治团。 (祖米热提·艾合买提)

2022年3月18日，共青团于田县委员会组织开展“激昂青春 缘来有你”联谊活动

(共青团于田县委员会提供)

【团组织建设】 2022年，于田县有团员1.24万人，各级团组织788个。其中，团委36个，团工委1个，团总支27个，团支部634个，毕业生团组织90个，乡镇(街道)团委18个，学校领域有团支部366个。有少先队员5.46万人，少先队大队85个、中队1229个，少先队大队辅导员85人，中队校外辅导员816人。有县级专职团干部6人，在岗大学生西部计划志愿者85人，团干部配备率100%。

(祖米热提·艾合买提)

【主题团课】 2022年，中国共产主义青年团于田县委员会组织各级团组织(少先队)开展宣讲620场次，参与人数8.7万人次，组织开展各类主题团日活动2000场次，覆盖青年团员和入团积极分子1.65万人次。组织开展共青团党史专题团课1850场次，覆盖青年团员1.7万人次，开展“习近平总书记在庆祝中国共产主义青年团成立100周年大会上的重要讲话精神”主题团课，覆盖青年1.65万人次。开展革命传统教育90场次。

(祖米热提·艾合买提)

【“团团”陪你过暑假活动】 2022年，中国共产主义青年团于田县委员会组织返乡大学生开展“团团”陪你过暑假活动，组织参观考察12场次，参加学生745人。 (祖米热提·艾合买提)

【法治相伴活动】 2022年，中国共产主义青年团于田县委员会动员协调“护蕾行动”成员单位开展“两法两条例”(《中华人民共和国未成年人保护法》《中华人民共和国预防未成年人犯罪法》《未成年人保护条例》《预防未成年人犯罪条例》)宣讲活动954场次，发放宣传单1000份。县融媒体中心制作保护未成年人节目37期，每期时长10分钟，坚持每日播放，累计播放1850次。县司法局、检察院、宣传部宣讲团和普法宣讲队，组织干部开展《中华人民共和国未成年人保护法》《中华人民共

和国预防未成年人犯罪法》专项宣讲，受教育群众1.35万人次。（祖米热提·艾合买提）

【教辅相伴活动】 2022年，中国共产主义青年团于田县委员会按照岗位分配计划，安排返乡大学生在各村（社区）开展"红领巾小课堂"63期；开展兴趣活动、安全教育、亲子阅读、书法、绘画等文体活动417场次，返乡大学生社会实践活动报名人数3090人，参加人数1.81万人次。

（祖米热提·艾合买提）

【服务青年】 2022年，中国共产主义青年团于田县委员会争取各方面资金积极为困难青年解决实际问题。争取幻方"1+1"希望工程项目名额175人，每人帮扶1000元，争取"国酒茅台"助学资助8人，每人帮扶5000元。于田县87所学校开展共青团爱心生日会线下活动1395场次，线上活动566场次，惠及少先队员2.24万人次。

（祖米热提·艾合买提）

【联谊活动】 2022年，中国共产主义青年团于田县委员会联合县妇联、工会在工业园区为12对青年举办集体婚礼，定期摸排因经济原因未能结婚新人。5月21日，联合政法系统开展"青年交友联谊活动"，参与人数70人次，成功结对3对。组织返乡大学生开展"10+N"社会实践活动，铸牢青年群体中华民族共同体意识。

（祖米热提·艾合买提）

【青年志愿服务】 2022年，中国共产主义青年团于田县委员会组织全县19个团委成立220支志愿服务队。结合"3·5"雷锋日、"3·12"植树节、清明节、"五一"劳动节、中秋节、国庆假期、寒暑假社会实践等时机，重点围绕乡村振兴、庭院改造、环境整治、送温暖等方面开展各类志愿服务活动1340场次，累计参与青年志愿者6600人次。

（祖米热提·艾合买提）

2022年4月，共青团于田县委员会组织西部计划志愿者在"中国人民解放军独立骑兵师先遣连进藏纪念碑"前开展缅怀先烈活动

（共青团于田县委员会提供）

【开展专题活动】 2022年5月15日，中国共产主义青年团于田县委员会在于田县第二高级中学举办"喜迎二十大 永远跟党走 奋进新征程"音乐晚会。组织西部计划志愿者在先拜巴扎镇农贸市场开展"青少年禁毒普法宣传活动"，围绕青少年远离毒品、预防青少年犯罪等方面开展宣传并发放宣传册。（祖米热提·艾合买提）

【建团百年活动】 2022年，中国共产主义青年团于田县委员会开展"五四"系列表彰，选出一批工作成效突出青年集体和优秀青年，授予"五四红旗团委"6个、"五四红旗团（总）支部"11个、"优秀团干部"20名、"优秀共青团员"48名、"新时代好青年"8名、"青年岗位能手"10名、"青年文明号"4个。

（祖米热提·艾合买提）

于田县妇女联合会

【概况】 2022年，于田县妇联按照地区妇女工作委员会要求，成立县妇女工作委员会，履行妇女儿童工作职责，建立县级心理发展中心。乡镇（街道）设妇联主席1名、副主席1名，村（社区）设妇女

工作部部长、妇联主席。"妇女之家""妇女微家""儿童之家""家长学校""妇女微家"(家庭学校)在基层开展宣传服务工作,县、乡、村三级心理疏导室和三级婚姻服务创建率100%。按照大村21个每村1.33万元、小村204个每村6667元,县级妇女和儿童工作办公室经费3.42万元标准,共计拨付妇女工作经费167.42万元。 (阿米娜·买吐逊)

【妇联组织建设】 2022年,于田县非公经济组织中"三有"(有实体经营活动、有固定经营场所、有10人以上员工)制经济组织45个,建立妇女组织41个,"非三有"制经济组织235个,建立妇女组织14个;社会组织192个,建立妇女组织2个。

(阿米娜·买吐逊)

【业务指导】 2022年,于田县妇联组织干部对乡镇(街道)妇联组织进行督促指导相关业务工作,帮助解决工作中存在困难问题,收集梳理基层妇联组织意见建议,核实评先选优、救助困难妇女儿童情况。常态化调查研究,深入基层妇联组织和广大妇女群众中,对重点难点问题进行深度调研,形成调研报告,提出合理化建议。

(阿米娜·买吐逊)

【活动开展】 2022年,于田县"妇女之家"开展活动2475场,参与人数13.5万人次;"妇女微家"开展活动4650场,参与妇女14.7万人次。开展家庭家教家风建设宣讲活动52场次,参加人数1556人次。全县各级妇女组织举办庆"三八"表彰及文艺演出活动135场次,拍摄庆"三八""强国复兴有我"祝福微视频88条。于田县开展"五美""五好"评选活动,村级评选表彰1.33万户、乡级评选表彰1236户、县级评选活动1场评选70户。开展"美丽庭院"创建活动,创建自治区级90户,创建率100%;创建地区级1563户,创建率100%;创建县级3125户,创建率100%;创建乡级1.02万户,创建率100%。开展唱红歌比赛、演讲、模特大赛、美食比赛等活动7181场次,参与人数3.65万人次。

(阿米娜·买吐逊)

【关爱帮扶】 2022年,于田县组建巾帼志愿服务组织364个。组织"爱心一元捐"募款活动650场次,募捐18万元;返还2021年"爱心一元捐"救助金13.8万元,救助59人。开展全国妇联中央彩票公益金妇女"两癌"防治知识到村庄、到社区活动3987场,参与人数19.88万人次,救助"两癌"患病妇女16人,发放救助金1.6万元。实施天津春蕾救助计划,为30名学生发放9万元救助金;"鹅伴天使"机器人惠及困境儿童30人;发放母亲邮包和暖心包235个;为200名困难儿童发放天津资助书包;母亲健康快车正常运转,为于田县妇女儿童开辟绿色通道;94个靓发屋为低收入妇女开辟就业途径;建设2个石榴花巾帼示范基地。发放天津市妇联援助助学项目资金9万元,为30名女大学新生,每人资助3000元。 (阿米娜·买吐逊)

2022年5月26日,于田县组织发放"爱心一元捐"资助金 (于田县妇联提供)

【妇女就业】 2022年,于田县妇联将妇女就业纳入妇女发展规划重点任务,积极发挥妇联组织桥梁纽带作用,在全县营造妇女就业公平环境。年内,于田县有就业妇女6.54万人。

(阿米娜·买吐逊)

【石榴籽系列活动】 2022年,于田县妇联依托石榴花开、石榴花、石榴籽系列活动,开展最美家庭故事会72期、普法大讲堂91次、暑期安全教育课65堂、石榴籽课堂102次。7月16日,天津市妇联

援助于田县“石榴籽”书包发放仪式在斯也克乡麦盖提村举行。（阿米娜·买吐逊）

2022年7月16日，于田县在斯也克乡麦盖提村举行“石榴籽”书包发放仪式（于田县妇联提供）

【“两规”规划实施】 2022年，于田县妇联开展《于田县妇女发展规划（2021—2025年）》和《于田县儿童发展规划（2021—2025年）》编制、审核及培训工作。《于田县妇女发展规划（2021—2025年）》在上轮规划基础上新增加“妇女与家庭建设”“妇女与乡村振兴”两个领域，设立健康、教育、经济、乡村振兴、决策和管理、社会保障、家庭建设、环境、法律保护9个重点发展领域，设置81项主要目标，提出96项策略措施。《于田县儿童发展规划（2021—2025）》新增“儿童与家庭”“儿童与安全”两个领域，共设立健康、安全、教育、福利、家庭、环境、法律保护7个重点发展领域，设置72项主要目标，提出87项策略措施。（阿米娜·买吐逊）

于田县科学技术协会

【科协换届】 2022年3月25日，于田县召开科协第二次代表大会，有133名科技工作者代表、科协组织代表参加会议。会议听取于田县科协第一届委员会工作报告，表决通过《于田县科协第二次代表大会选举办法（草案）》，以无记名投票方式选举产生于田县科协第二届委员会委员31人。（金　凡）

2022年3月25日，于田县召开科协第二次代表大会预备会议（于田县科协提供）

【科技教育】 2022年，于田县科学技术协会组织开展科技辅导员培训7期，筛选上报科幻画、科技小论文、小制作430件，评选出128件参加自治区科技创新大赛，获奖12件。在自治区科学技术协会和地区科学技术协会协助下，对接科技工作站项目捐赠方，解决价值50万元科技工作站设施设备5套。在于田县斯也克乡中心小学、于田县CEC希望学校、于田县第五小学、于田玫瑰小镇第一中学、于田县库尔班·吐鲁木初级中学建立校园科技工作站。（金　凡）

【科技培训】 2022年，于田县开展“科技之冬”科普培训624期，累计培训14.25万人次，培训涉及设施农业1.45万人次，林果业3.53万人次，畜牧业1.86万人次，特色产业6300人次，红柳大芸3640人次，手工业5100人次，电脑操作720人次，国家通用语言文字5320人次，其他2.42万人次（包括农民技术员5.6万人次，科技明白人1.04万人次，科普带头人4077人次，党员7821人次，妇女8447人次）。（金　凡）

【基层科普行动计划】 2022年，于田县科学技术协会完成“基层科普行动计划”评奖活动，有10个单位及个人获得自治区“基层科普行动计划”奖，共获得奖金50万元。1个项目参加自治区、地区

"基层科普行动计划"奖评选,获得奖金3万元。

(金　凡)

【科普宣传】 2022年,于田县科学技术协会开展各类科普宣传90场次,参加活动相关单位30家,参与群众4.21万人次。 (金　凡)

【科技富民工程】 2022年,于田县科学技术协会在县电视台继续播放"科普大篷车"栏目,利用远程教育平台传播科普知识。制作设施农业、红枣、核桃、养殖业等方面光盘,编印使用技术宣传册,通过"三下乡"等科普活动送到农牧民手中。组织开展科普大篷车"四进"(进学校、进农村、进社区、进军营)活动。 (金　凡)

于田县工商业联合会

【概况】 2022年,于田县工商联围绕促进"两个健康"主题积极履职尽责,在促进民营经济发展壮大中更好发挥作用,先后发展工商联会员企业19家,开展调查研究4次。 (宗严录)

【工商联换届】 2022年2月28日,于田县召开工商联第五次代表大会,完成换届各项会议议程,选举产生县工商联主席1名、副主席12名、常委8名和执委21名。 (宗严录)

2022年2月28日,于田县召开工商联第五次代表大会 (于田县工商联提供)

【工商联谊】 2022年,于田县工商联健全完善政企沟通机制,常态化开展与民营经济代表人士联谊交友,组织民营企业家座谈会2次、参加人员70人次,引导民营经济人士坚定发展信心。

(宗严录)

【参政议政】 2022年,于田县工商联发挥非公有制经济参政议政职能,会员兼任自治区政协委员1人、地区政协委员1人。县级人大代表、政协委员中有15人为工商联企业家会员。组织非公有制经济人士和"两代表一委员"深入调研,积极反映意见,提出建议,为加快县域经济高质量发展建言献策。工商联界别政协委员、人大代表提出议案10件。 (宗严录)

【万企兴万村】 2022年,于田县工商联推进脱贫攻坚同乡村振兴有效衔接,引导工商联新进副主席、常委、执委企业家参与社会帮扶工作。制定于田县"万企兴万村"行动实施方案,动员正常生产经营非公有制企业帮扶经济薄弱村,帮扶工作主要从产业、就业、消费帮扶等入手,协调9家会员企业,解决5000多个就业岗位。鼓励引导本地企业、合作社、个体工商户和致富能人继续加大帮扶力度,主动对接结对帮扶低收入户,优先吸纳低收入困难户就业,增加收入,做到"先富带后富"。新疆阗丰农贸实业有限责任公司整合兰干乡当地特色农产品资源,发挥人才、技术、资金、管理等优势,投资1000万元,联合10家市场主体,打造"兰干葡萄"品牌,带动农户户均增收1000元。天津市西青区工商联动员辖区55家企业捐资95.7万元助力推动于田县乡村振兴和产业发展,分别实施阿热勒乡夏玛勒巴格村文化活动广场、斯也克乡斯也克村门面房、托格日尕孜乡托格日尕孜村冷库项目。为帮助本地农产品销售,新疆阗丰农贸实业有限责任公司、新疆天缘生物科技有限公司、于田县九源高新农业有限公司等34家民营企业购买胡萝卜、红枣、葡萄干、蔬菜、牛羊肉等农副产品价值549.73万元。 (宗严录)

2022年6月8日，于田县召开"万企兴万村"助力乡村振兴（人居环境整治）行动动员会

（于田县工商联提供）

于田县残疾人联合会

【概况】 2022年，于田县有残疾人5899人。其中，男性3500人、女性2399人，农业户口5088人、非农业户口871人，重度残疾人2756人（一级残疾人973人、二级残疾人1783人），轻度残疾人3143人（三级残疾人1383人、四级残疾人1760人），视力残疾756人，听力残疾381人，言语残疾183人，肢体残疾2537人，智力残疾427人，精神残疾616人，多重残疾999人。（阿米娜·阿不地热依木）

【残疾人证办理】 2022年，于田县残疾人联合会重点对持证残疾人员感情证、假证、残疾等级与实际不相符残疾人证进行全面自查清理，严肃办证纪律，防止和杜绝各类违规办理残疾人证现象发生。注销残疾人证328个。其中，不符合残疾评定标准（经医疗机构评定）注销证件178个，死亡注销证件150个。办理残疾人证742本。其中，新办残疾人证163本，到期换残疾人证579本。

（阿米娜·阿不地热依木）

【残疾人社会保障】 2022年，于田县全面落实残疾人"两项补贴"制度，制定《于田县残疾人生活补贴和重度残疾人护理补贴制度》，建立困难和重度残疾人家庭基础数据库。全县有3672人享受残疾人"两项补贴"政策。（阿米娜·阿不地热依木）

【残疾人康复】 2022年，于田县列入2022年残疾儿童康复救助项目46人，发放补助资金59.5万元。残疾人精准康复服务补助资金7.6万元，完成400人精准康复服务任务及服务信息录入系统任务，为听力残疾人采购助听器48台，为肢体残疾人采购90辆轮椅。为40人发放托养机构残疾人托养补助资金12万元。将于田县精神病康复中心托养服务40名精神残疾人纳入2022年托养服务范围，发放补助资金12万元。为40户贫困残疾人家庭发放无障碍改造设施资金14万元，每户补助标准3500元。（阿米娜·阿不地热依木）

【残疾人就业】 2022年，于田县城镇新增残疾人就业6人，农村新增残疾人就业48人，培训残疾人42人。有高校毕业生残疾人4人，调查录入4人，就业4人。（阿米娜·阿不地热依木）

【信息数据更新】 2022年，于田县持有"残疾人证"5898人，残疾人基本服务状况和需求信息数据动态更新调查人数5898人，相关信息录入系统人数5898人。全县5898名残疾人基本服务状况和需求信息数据动态更新调查入户、基本信息系统录入工作，完成率100%。上级下达残疾人基本服务状况和需求信息数据动态更新工作经费1.99万元，主要用于调查员手机App流量费使用，为5898名残疾人动态更新表格复印、建立档案等。

（阿米娜·阿不地热依木）

【残疾人保障金征收】 于田县残疾人联合会开展2022年度用人单位审核按比例安排残疾人就业和申报缴纳残疾人就业保障金工作，全县85个单位

按比例安排残疾人就业145人,征收残疾人就业保障金160.92万元。(阿米娜·阿不地热依木)

于田县红十字会

【概况】 2022年,于田县有红十字会基层组织19个,各乡镇发展志愿者2000人,注册志愿者611人,成立志愿者服务队100个,发展会员250人。县直单位发展志愿者60人,发展会员30人。(谢艳春)

【人道救助】 2022年,于田县红十字会为1名白血病患儿和8名先天性心脏病儿童进行网上申报中央专项彩票公益金大病儿童救助项目。其中,1名白血病患儿和6名先天性心脏病儿童通过上级红十字会审核。完成144名先心病儿童初步筛查登记工作。(谢艳春)

【救灾备灾】 2022年,于田县红十字会储备救灾帐篷95顶、棉被200床、单人床200张、家庭包1250箱。(谢艳春)

【红十字会捐赠】 2022年,天津市红十字会助力于田县乡村振兴捐赠防寒服、足球、运动鞋等物资价值16.13万元;于田县宏盛油品有限公司定向捐赠新城区街道家庭困难学生3万元;新疆德坤建工集团有限公司于田县分公司为于田县捐赠冲锋衣200件、羽绒服579件,价值21.79万元。(谢艳春)

【应急救护培训】 2022年,于田县红十字会联合中国南丁格尔志愿护理服务总队新疆于田县人民医院分队走进企业、机关、部队,先后举办应急救护培训班4场次。其中,“进学校”普及培训120人次,“进机关”普及培训100人次(含部队),“进企业”普及培训80人次;各乡镇、街道红十字会“进农村”普及培训7.04万人次,“进社区”普及培训1.03万人次。(谢艳春)

【献血与造血干细胞捐献】 2022年,于田县红十字会积极宣传造血干细胞捐献活动,完成21名造血干细胞志愿者招募和血样采样工作,采集无偿献血血液200份。(谢艳春)

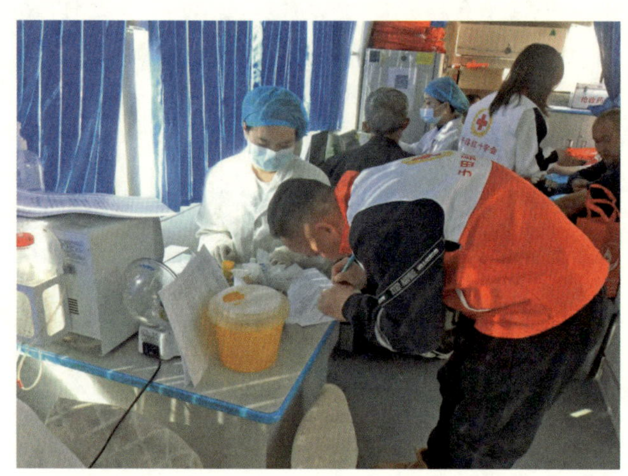

2022年,于田县红十字会协同开展无偿献血活动(于田县红十字会提供)

【博爱周活动】 2022年,于田县红十字会开展“5·8”人道公益日活动,通过广播、“于田零距离”微信公众号发布《“5·8”人道公益日活动倡议书》,点击量3000人次。在“于田红”微信视频号发布公益宣传片1条,点击观看量4631人次,转发315人次。在村委会、社区、机关、巴扎等公共场所开展“5·8”人道公益日宣传活动200场次,参与群众10万人次;张贴、发放众筹活动倡议书、项目海报等宣传资料1000余份。在全县村、社区开展对红十字有关知识大宣讲活动,参与群众8万人次,并进行有奖问答和众筹活动。(谢艳春)

经济管理

宏观经济调控

【固定资产投资】 2022年，于田县完成全社会固定资产投资总额72.1亿元，比上年下降5.4%，完成年度目标任务(84亿元)的85.8%。在建项目214个。其中，5000万元以上项目66个，完成投资12.84亿元，占总完成投资17.81%；5000万元及以下项目148个，完成投资59.26亿元，占总投资82.19%，房地产18个，完成投资10.88亿元，占完成总投资的15.09%。 (杨 涛)

【项目建设】 2022年，于田县发展和改革委员会办结项目263个，办结率79.22%，涉及资金163.35亿元，服务企业87家，办理企业备案项目104个，出具用地预审意见215个，出具项目建议书批复160个，可行性研究报告批复62个，初步设计批复38个，实施方案批复38个。 (杨 涛)

【易地搬迁】 2022年，于田县实施易地搬迁项目9个，下达投资计划资金3887万元，发放劳务报酬686.17万元，带动易地搬迁脱贫人口数559人。实施后续扶持项目4个，总投资4370万元。

(杨 涛)

【物价管理】 2022年，于田县发展和改革委员会落实日报、周报、节假日报3项价格监测专报制度，涉及8类商品47个品种。对5起价格波动较大，超出批发价30%的零售商品，按照相关法律法规移交县市场监督管理局依法进行处理。对供水价格、供电价格、物业管理费用、停车场收费标准进行定期检测和征求群众意见，确保涉及民生商品和各类服务价格合理。为司法机关办理价格认定业务147件，涉及资金91.94万元。 (杨 涛)

财 政

【概况】 2022年，于田县完成地方财政总收入5.35亿元，比上年增长22.1%。其中，公共财政预算收入3.82亿元，比上年增长24.2%。地方财政总支出63.32亿元，比上年下降0.4%。其中，公共财政预算支出47.86亿元，比上年下降10.8%。财政自给率8.0%，比上年增长1.1个百分点；地方财政收入占于田县GDP的10.8%，比上年增长1.3个百分点。 (刘汉君)

【财政收入】 2022年，于田县公共财政预算收入完成3.82亿元，完成预算109.4%，比上年增收7449万元，增长24.2%。其中，增值税完成6449万元，完成预算61.4%，比上年同期减收3232万元，下降33.4%；企业所得税完成1043万元，完成预算56.2%，比上年同期减收593万元，下降36.2%；个人所得税完成934万元，完成预算80.6%，比上年同期减收87万元，下降8.5%；资源税完成239万元，完成预算68.9%，比上年同期减收67万元，下降21.9%；城市维护建设税完成749万元，完成预算75.1%，比上年同期减收129万元，下降14.7%；房产税完成407万元，完成预算78.4%，比上年同期减收50万元,下降10.9%;印花税完成779万元,完成预算159.6%,比上年同期增收349万元,增长81.2%;城镇土地使用税完成236万元,完成预算100%,比上年同期增收28万元,增长11.9%;土地增值税完成2906万元,完成预算482.7%,比上年同期增收2376万元,增长448.3%;车船税完成747万元,完成预算82.6%,比上年同期减收49万元,下降6.2%;契税完成1906万元,完成预算101.5%,比上年同期增收252万元,增长15.2%;耕地占用税完成5106万元,比上年同期增收5102万元;行政事业性收费完成492万元,完成预算50.5%,比上年同期减收367万元,下降42.7%;罚没收入完成1283万元,完成预算38.8%,比上年同期减收1627万元,下降55.9%;国有资源(资产)有偿使用收入完成9835万元,完成预算116.2%,比上年同期增收2876万元,增长41.3%;其他各项收入完成3394万元;政府性基金收入完成1.53亿元,完成预算311%,比上年同期增收2255万元,增长17.2%。

(刘汉君)

【财政支出】 2022年,于田县公共财政预算支出47.86亿元,完成预算149.6%,比上年减支5.79亿元,下降10.8%,其中,一般公共服务支出6.43亿元,比上年同期增长1.8%;公共安全支出3.75亿元,比上年同期下降3.2%;科学技术支出1973万元,比上年同期增长2.1%;文化旅游与传媒支出3954万元,比上年同期增长8%;社会保障和就业支出5.31亿元,比上年同期下降0.9%;卫生健康支出3.4亿元,比上年同期下降33.7%;节能环保支出5935万元,比上年同期下降50.7%;城乡社区支出1.64亿元,比上年增长173.2%;农林水支出9.64亿元,比上年同期下降40%;交通运输支出1.51亿元,比上年同期增长34.3%;资源勘探信息支出3380万元,比上年同期增长27.1%;住房保障支出4546万元,比上年同期增长6%;其他各项支出2.53亿元;专项债项目支出13.9亿元,比上年同期增长5.2亿元;政府性基金支出15.46亿元。 (刘汉君)

【财源建设】 2022年,于田县财政局坚持依法治税,加强重点税源、重点税种监管,强化税收征缴管理,提高税收征管水平,通过税务部门上缴土地出让金收入1.56亿元、矿业权出让收益208万元、探矿权采矿权使用费11万元,为顺利完成全年收入任务奠定基础。 (刘汉君)

【隐性债务化解】 2022年,于田县化解隐性债务2.1亿元,坚决做到存量逐步化解到“零”,增量坚决“零”增加,把防范化解地方性政府债务风险、保证财政绝对安全作为一项极其重要工作常抓不懈。

(刘汉君)

【债券资金】 2022年,于田县申请新增债券资金17.75亿元,安排债券项目38个。其中,新增一般债券3.85亿元,16个项目;新增专项债券13.9亿元,22个项目。38个债券资金项目严格按照规定在3个月内全部支付完毕,有效发挥债券资金助推地方经济发展作用。 (刘汉君)

【推进乡村振兴】 2022年,于田县财政局对2021年度扶贫资金资产进行再清理再核实,共清理扶贫项目63个,登记入账资金12.64亿元。上级下达于田县乡村振兴衔接资金8.33亿元(含原渠道资金),支出7.64亿元,支付率91.72%。 (刘汉君)

【惠民惠农补贴发放】 2022年,于田县积极落实各项惠民政策,发放各类强农惠农政策资金4.1亿元,惠及农户15.94万户次,发放补贴金额同比增长5.6%。 (刘汉君)

【医疗卫生保障】 2022年,于田县投入基本公共卫生服务补助资金2163.02万元、实施基本药物制度补助资金268.59万元、医疗服务与保障能力提升资金1257.54万元、计划生育奖励扶助资金756.64万元。统筹安排资金4749.86万元用于县人民医院工业园区一分院建设等,提升卫生基础设施水平。 (刘汉君)

【社会保障】 2022年，于田县拨付创业就业资金2299.34万元、城乡居民养老保险资金4017.56万元、困难群众救助资金2.66亿元(含城乡低保资金1.93亿元)、高龄补贴资金96.38万元、残疾人补贴资金999.47万元。（刘汉君）

【政务公开】 2022年，于田县财政局对2021年扶贫项目“三表一报告”(绩效目标表、绩效监控表、绩效自评表、绩效自评报告)、2022年乡村振兴项目绩效目标、2022年乡村振兴项目资金到位安排使用情况、2022年政府预算、2022年部门预算、2022年社保基金预算、2021年社保基金决算、于田县政府债务等内容进行公开，自觉接受人大、审计监督，加大政务公开力度，扩大社会监督范围。（刘汉君）

【财政管理】 2022年，于田县预算管理一体化2.0系统正式上线运行，初步形成以项目为源头全生命周期管理机制，实现财政预算管理业务流程规范化闭环式管理。（刘汉君）

税 务

【概况】 2022年，于田县累计组织税收收入3.36亿元，比上年减收49万元，下降0.15%。其中，中央级税收收入1.11亿元，比上年减收4444万元，下降28.68%；一般公共预算税收收入2.37亿元，比上年增收5604万元，增长30.94%；剔除财政调库2215万元，完成一般公共预算税收收入2.15亿元，比上年增收3389万元，增长18.71%；完成非税收入1.8亿元，比上年增收1.67亿元；完成社会保险费收入5.55亿元，比上年增收2938万元，增长5.59%。（蒋周维）

【税源管理】 2022年，于田县有纳税人2.11万户。其中，单位纳税人1963户、个体1.92万户；正常状态纳税人2.1万户，停业53户，非正常93户，注销清算状态纳税人4户。（蒋周维）

【税收法治】 2022年，于田县公示准予行政许可结果信息290条、定期定额户税款核定初步结果5062条、欠税信息30条、非接触式办税缴费事项1条、税务证明事项告知承诺制有关信息1条、税务行政一般程序处罚结果33条、定期定额户税款核定的定额和应纳税额情况7854条。（蒋周维）

【税收优惠政策】 2022年，于田县为231户小型微利企业减免所得税892.6万元，受理增值税留抵退税71户3808.8万元；为2.04万户减免增值税费额8418.82万元，享受其他税收优惠政策减免税费额5885.67万元。（蒋周维）

【汇算清缴】 2022年，于田县应参加个人所得税汇算清缴扣缴义务人603户1.05万人。其中，应补税195人、应退税1.03万人，汇缴人数1.05万人，完成率99.91%。个人所得税综合所得汇算清缴退税额480.97万元，补税额45.79万元。于田县税务局完成企业所得税汇算清缴户数2088户，汇算清缴入库税款1152.68万元，退抵税税款108.69万元。（蒋周维）

【风险管理】 2022年，于田县税务局完成全部上级风险管理任务52户，查补入库税款220.41万元，加收滞纳金25.48万元，办理留抵退税企业72户次(包括已暂停1户)，发起风险应对任务15户次，应对15户次。（蒋周维）

【社会保险费征收】 2022年，于田县征收行政机关(事业)单位和企业社会保险费552户4.1亿元，职工基本医疗保险费1.26亿元；征收灵活就业养老保险560户636.51万元、医疗保险169户93.1万元；征收城乡居民养老保险费10.86万人1865.04万元、医疗保险费24.69万人4236.55万元。（蒋周维）

审　计

【概况】 2022年,于田县完成审计项目24个,审计查处问题131条,提出建议87条,被采纳87条。向纪委监委等部门提供审计报告18份,移送问题线索5条。选派审计业务骨干参加纪委、巡察专案工作2人次。 (华显东)

【财政审计】 2022年,于田县组织人员对县财政局2021年度预算执行情况进行审计,并延伸审计10个单位,审计查出问题57条,提出建议44条,被采纳44条。 (华显东)

【经济责任和自然资源审计】 2022年,于田县审计局对木尕拉镇和兰干博孜亚农场、和田市玉龙喀什镇党政领导任职(离任)期间经济责任和自然资源审计进行审计,出具审计报告6篇,审计查出问题53条,提出建议25条,被采纳25条。

(华显东)

【援疆审计】 2022年,于田县对2021年11月至2022年10月天津市对口援建于田县项目工程建设、竣工决算、完工未验收等内容和事项进行审计,涉及项目30个、资金2.83亿元,审计查出问题4条,全部整改完毕。 (华显东)

【审计整改】 2022年,于田县审计局向有关单位反馈审计问题131条,完成整改107条。 (华显东)

统　计

【统计监测分析】 2022年,于田县加强经济形势预测预判,围绕高质量转型发展建设要求和保持经济运行在合理区间开展监测分析,编发经济运行情况分析及《于田统计月报》手册等资料共30份。统筹做好一套表联网直报监测、预警、评估等工作,在网前、网中、网报后主动开展抽查、检查、实地查询,将重点企业、新入库企业、疑似问题企业纳入统计监测重点,走访企业40余家。做好“四上企业”(规模以上工业、资质等级建筑业企业、限额以上批零住餐企业、规模以上服务业企业)摸底排查工作,及时跟进招商引资重点项目建设,成功申报“四上企业”7家。 (张海滨)

【统计服务】 2022年,于田县统计局完成联网直报工作和日常统计调查,统筹做好GDP核算、农业、工业、建筑和房地产业、商业、服务业、劳动工资、固定资产投资、能源、基本单位名录、城乡划分、劳动力调查、住户调查等多个专业一套表联网直报工作。对新入库7家企业上门指导,组织18个乡镇(街道)、1个园区统计人员开展培训4场次,参加人员200人次。做好住户调查样本轮换工作及人口1%抽样调查工作。 (张海滨)

【统计监督】 2022年,于田县统计局通过督查整改、执法检查、双随机检查、入退库检查、数据质量核查、基础规范化检查等,对线索进行深挖细查,共执法检查企业26家。落实统计部门、纪检监察、组织部门协调联动机制,建立统计违法典型案例通报机制,营造依法统计、依法治统良好环境。

(张海滨)

市场监督管理

【概况】 2022年,于田县注册登记市场主体2.23万个。其中,个体工商户1.98万户、企业1918户、农民专业合作社617家。新设立市场主体3749户。其中,个体工商3366户、企业325户、农民专业合作社58户。企业实际年报率95.69%,农民专业合作社年报率72.55%,个体工商户年报率81.19%。 (依再提罕·阿布都外力)

【质量提升活动】 2022年,于田县开展质量提升活动,产品质量合格率91%以上,抽样产品21批次，合格16批次、不合格4批次，正在检验1批次，立案查处5起，罚没款1.11万元。

（依再提罕·阿布都外力）

【特种设备监管】 2022年，于田县市场监督管理局召开维保单位和物业公司安全隐患排查工作会议8期，特种设备成员单位联席会议4期，开展特种设备使用单位安全管理培训和座谈会5场次，参加人员155人次，开展警示教育会2期，签订责任状68份、承诺书68份。定期组织电梯维保公司对全县电梯进行检查，整改各类问题53条。

（依再提罕·阿布都外力）

【食品安全监管】 2022年，于田县出动执法人员182人次，检查食品生产企业30家次、食品小作坊58家次、餐饮企业1105家次、商超652家、学校食堂205家次，发现问题482条，全部整改完毕。查处食品安全各类案件53起，结案43起，罚没款23.52万元。于田县有和田智慧监管系统评定食品安全风险等级企业893家，评定率100%，餐饮行业量化分级648家，学校食堂接入“互联网+明厨亮灶”智能监管系统204家、社会餐饮单位接入130家。（依再提罕·阿布都外力）

【药械化领域安全监管】 2022年，于田县市场监督管理局完成药品不良反应监测271例，医疗器械监测100例，化妆品监测57例，中药饮片抽检2个批次，药品流通环节应抽检2个批次，基本药物抽检1个批次。（依再提罕·阿布都外力）

【产品质量安全监督】 2022年，于田县出动执法人员79人次，检查工业产品生产企业44家、纤维制品生产企业35家，发现问题8条；抽查工业产品2批次，不合格1批次，立案1起，罚没款0.5万元；检查建材生产企业15家，督促企业落实出厂检验和产品质量安全责任，下达整改通知书5份，立案查处1起，罚没款0.36万元；开展成品油抽样22批次。

（依再提罕·阿布都外力）

【市场价格监管】 2022年，于田县市场监督管理局召集12家中介机构召开价格告诫会，对72家涉企收费企业进行监督检查，检查医疗机构23家次、药店56家次、煤炭销售户35家次；推进2780家销售单位落实明码标价、收费标准公示，对14家物业公司下发物业服务收费提醒告知书，对32家停车场开展停车场收费标准公示，召开稳控物价座谈会3起，参与经销商16家。（依再提罕·阿布都外力）

2022年3月15日，于田县组织开展消费维权宣传活动（于田县市场监督管理局提供）

【计量监管】 2022年，于田县开展计量专项监督检查，对11家加油站的64台加油机进行计量检测，检查餐饮店67家、集贸市场2家，没收不合格电子秤3台。开展粮食计量专项整治，检查粮食收购企业1家、粮食储备收购站6个，检测谷物容重器8个、水分快速测定仪7个、电子秤4个、地磅1个，未发现违法违规行为。查处建筑工地油罐车计量案件3起，罚没款0.46万元。

（依再提罕·阿布都外力）

农业农村

综　述

【概况】 2022年，于田县实现农林牧渔总产值(现价)41.15亿元，比上年增长5.5%(可比价，下同)。其中，农业总产值28.51亿元，比上年增长41.2%；林业产值0.7亿元，比上年增长24.1%；牧业产值10.85亿元，比上年下降35.5%；渔业产值0.1亿元，比上年增长67%；农林牧渔服务业产值0.99亿元，比上年增长19%。　(杨居让)

【惠民补贴】 2022年，于田县发放中央种粮农民一次性补贴资金301.68万元，其中用于发放耕地地力保护补贴116.36万元。实际发放耕地地力保护补贴3399.89万元，补贴面积1.4万公顷，享受农户4.65万户。　(杨居让)

【现代农田建设】 2022年，于田县实施英巴格乡、托格日尕孜乡、先拜巴扎镇、希吾勒乡、木尕拉镇高标准农田建设项目1333.33公顷，到位资金3000万元，完成建设面积1066.67公顷。　(杨居让)

【种业发展】 2022年，于田县完成小麦种子田建设面积782.18公顷。其中，穗行圃0.18公顷、穗系圃2公顷、原种圃66.67公顷、扩繁田713.33公顷。小麦良种普及率98%以上，水稻良种普及率95%以上。　(杨居让)

【经营主体】 2022年，于田县有龙头企业13家(地区级5家、自治区级8家)、示范家庭农场17家(自治区级14家、县级3家)、农民专业合作社示范社44家(国家级3家、自治区级3家、地区级20家、县级15家)、农民合作社联合社1家、家庭农场联合组建合作社1家，引进中农鸿瑞、万方硒鸽、晨阳动物油脂3家企业入驻于田县现代农业产业园。　(杨居让)

【减量增效】 2022年，于田县通过实施化肥农药减量增效行动，每亩耕地施用有机肥(以农家肥为主)2.6吨，较上年增加0.15吨，每亩施用化肥较上年减少0.04千克。农药使用量较上年下降0.3%，农田废旧地膜回收利用率85.2%，粪污资源化利用率85%以上。　(杨居让)

农村集体“三资”管理

【集体资产清查】 2022年，于田县清查上年度农村集体资产8.08亿元。其中，流动资产9730.44万元、农业资产2465.38万元、长期资产112.82万元、固定资产6.85亿元。　(杨居让)

【集体土地清查】 2022年，于田县组织开展资源性资产清查，核查集体土地总面积4.53万公顷。其中，农用耕地面积3.27万公顷，建设用地面积5640公顷，未利用地面积2260公顷，四荒地面积4693.33公顷。　(杨居让)

【农村集体成员和股权确认】 2022年，于田县确认村集体经济组织成员6.48万户24.64万人，核查股权38.33万个。其中，基本股24.64万个、土地承包股13.29万个、贡献股3994个。 （杨居让）

【土地流转】 2022年，于田县农村集体土地流转面积5846.67公顷(家庭承包面积2293.33公顷、其他方式承包土地面积3553.33公顷)，有土地流转农户1.35万户，签订合同书6075份，签订率100%。 （杨居让）

种植业

【概况】 2022年，于田县耕地总面积3.86万公顷，主要种植小麦、玉米等农作物，特色农作物种植面积1.23万公顷，有设施农业温室大棚2200座。 （杨居让）

【粮油种植】 2022年，于田县种植小麦面积1.01万公顷、产量5.08万吨，玉米面积7240公顷、产量5.05万吨，水稻面积2197.8公顷、产量1.6万吨，油料作物面积141.5公顷、产量298.7吨。 （杨居让）

【蔬菜种植】 2022年，于田县种植冬储菜面积3482公顷，农户庭院种植西红柿、白菜、辣椒等蔬菜面积1733.33公顷，利用菜窖、冷库等储备各类蔬菜1.17万吨。 （杨居让）

2022年于田县部分特色农作物种植面积统计表

表1　单位:公顷

总面积	花生	油料	薯类	西瓜	甜瓜	玫瑰花	万寿菊	药材
6470.19	29.97	139.86	6.66	186.48	33.3	3196.8	2730.6	146.52

2022年于田县水稻测产统计表

表2

面积（公顷）	亩穗数（万穗）	穗粒数（粒）	千粒重（克）	缩值系数（%）	单产（千克/亩）	总产（吨）
2197.8	40.32	53.52	27.57	85	492.34	16266

畜牧业

【概况】 截至2022年年底，于田县牲畜存栏头数95.76万头(只)。其中，羊存栏71.27万只，比上年减少11.62万只，比上年增长14%；牛存栏2.28万头，比上年增加0.51万头，比上年增长28.8%。牲畜出栏头数76.78万头(只)，比上年增长40.3%。其中，猪出栏50万头，牛出栏0.56万头、羊出栏15.66万只。活家禽存栏22.21万羽(只)，活家禽出栏60.55万羽(只)，禽蛋产量0.04万吨。 （杨居让）

【免疫防疫】 2022年，于田县春季重大动物免疫口蹄疫集中免疫76.8万头(只)，小反刍兽疫补免31.44万头(只)，禽流感集中免疫103.94万羽(只)，新城疫免疫140.68万羽(只)，布病集中补免26.32

万头(只),包虫病免疫5.94万头(只)。秋季重大动物口蹄疫集中免疫83.64万头(只),小反刍兽疫集中补免29.51万头(只),禽流感集中免疫99.25万羽(只),新城疫免疫124.89万羽(只),包虫病免疫23.96万头(只),布病集中补免9.92万头(只)。常规动物疫病羊痘免疫73.71万只,炭疽免疫55.68万头,"三联四防"免疫60.91万只。牲畜驱虫71.24万头(只),牲畜药浴驱虫69.88万头(只),肉毒梭菌免疫5.44万头(只)。按照"常年免疫、月月补免"要求,每月17日至24日对新补栏畜禽开展禽流感、口蹄疫、小反刍兽疫、新城疫补免工作,完成禽流感补免1.27万羽(只),口蹄疫补免11.39万头(只),小反刍兽疫补免10.01万头(只),新城疫补免1.55万羽(只),猪瘟补免179头,猪蓝耳病45头,羊痘补免6.76万只,炭疽补免1024头(只),传染性胸膜肺炎2.38万头(只),"三联四防"补免1.77万头(只),牲畜驱虫2.05万头(只)。(杨居让)

2022年,于田县开展多胎羊防疫

(于田县农业农村局提供)

【牲畜品种改良】 2022年,于田县完成牛品种改良冷配1.6万头,驴牵引交配4400头,人工授精肉羊3.56万只。(杨居让)

【畜牧兽医技术培训】 2022年,于田县提高基层畜牧兽医技术人员业务水平和服务能力,开展村级动物防疫员业务技术培训2次,参加人员524人次;举办养殖户饲养管理技术培训14期,参加养殖户8205人次。(杨居让)

渔 业

【概况】 2022年,于田县有水产养殖主体64家,养殖品种主要有鲤鱼、鲫鱼、鲢鱼(花鲢、白鲢)、武昌鱼、草鱼、淡水虾、螃蟹等,产量580吨,产值1450万元。(杨居让)

【渔政管理】 2022年,于田县贯彻落实《中华人民共和国渔业法》《中华人民共和国野生动物保护法》《水生野生动物保护实施条例》,开展渔业资源保护、水生野生动物保护宣传,组织禁渔期渔政检查,依法打击非法捕捞等行为。同时,鼓励养殖户开展绿色、无公害水产品生产。(杨居让)

【水产健康养殖和生态养殖】 新疆丰泽科技水产有限责任公司是于田县水产健康养殖和生态养殖企业之一,位于于田县稻田生态农业示范区,建成养殖基地82.68公顷。2022年年底,经国家农业部、自治区农业农村厅、地区农业农村局专家评审及考核验收。(杨居让)

林草业

【概况】 2022年,于田县有经济林面积2.49万公顷。其中,核桃1.29万公顷、红枣3866.67公顷、葡萄6533.33公顷、杏子1066.67公顷、其他490.4公顷。挂果面积1.98万公顷,生产各类果品18.36万吨。其中,红枣挂果面积3800公顷,产量2.39万吨;核桃挂果面积1.13万公顷,产量2.84万吨;杏挂果面积980公顷,产量1.17万吨;葡萄挂果面积

3513.33公顷，产量11.86万吨；其他林果挂果面积148.33公顷，产量0.08万吨。人工种植红柳面积1.2万公顷，完成接种肉苁蓉1.02万公顷。

（米日古丽·买合苏提）

【林长制组织】 2022年，于田县有县级林长、副林长5人，乡级林长、副林长76人，村级林长、副林长448人。年内，全县各级林长开展巡林5242次，发现并处理问题934件。 （米日古丽·买合苏提）

【病虫害防治】 2022年，于田县林业和草原局完成喷施石硫合剂面积1.94万公顷，清理果园面积1.94万公顷，树干涂白面积2.53万公顷，在林地悬挂诱捕诱杀设备面积266.67公顷、绑缚布条面积1万公顷。全县零星发生有害生物并防治面积5500公顷。开展胡杨林拯救行动，实施完成天然胡杨林春尺蠖飞机防治面积1.33万公顷。防治草原虫害面积1.33万公顷、鼠害面积2000公顷。

（米日古丽·买合苏提）

【苗圃基地建设】 2022年，于田县有县、乡、村三级苗木基地193处、面积462.67公顷、苗木1120万株。其中，县级苗木繁育基地2个、面积120公顷，年出圃各类苗木380万株；乡级育苗基地15个、面积104.67公顷，苗木保有量340万株；村级分散育苗地块176处、面积238公顷，苗木保有量400万株。繁育生态造林苗木有沙枣、胡杨、红柳、新疆杨、核桃等树种，绿化苗木主要以小叶白蜡、法国梧桐、月季、玫瑰花、紫叶李、大叶白蜡等为主。

（米日古丽·买合苏提）

2022年5月，于田县沙漠玫瑰花田

（罗　强　摄）

【林果提质增效】 2022年，于田县完成果树修剪面积2.46万公顷、改良面积1.5万株、追肥面积2.47万公顷。开展林果科技培训167场次2.43万人次，发放林果业修剪工具323套。

（米日古丽·买合苏提）

2022年于田县经济林种植面积一览表

表3　　　　单位：公顷

核桃	红枣	杏	葡萄	玫瑰花	其他
1287.31	3862.8	1065.6	6526.8	396.8	489.91

农牧业机械化

【概况】 2022年，于田县拖拉机保有量3772台，新增拖拉机215台。有大型工程机械设备1062台（装载机559台、挖掘机502台、推土机1台），上牌率100%，累计办理农机驾驶操作证3003人次。

（阿不力孜·买提托乎提）

【农机新技术推广】 2022年，于田县通过使用农机创业,从事农机服务创收,依靠农机服务致富,培养和造就一批懂技术、会管理、善经营的新型农村技术人才队伍。安排相关技术人员和执法人员下沉乡镇,对参加春耕、“三夏”“三秋”等农忙作业的机具进行保养、检修、调试,举办农机安全和农机技术推广培训14场1190人次。

(阿不力孜·买提托乎提)

【农机购置补贴】 2022年,于田县制定《农机购置补贴实施方案》,落实中央财政农机补贴资金486万元,受益户153户。发放农机报废机具补贴资金9.45万元,受益户26户。(阿不力孜·买提托乎提)

【路检路查】 2022年,于田县出动农机监理车辆346车次,出动农机监理人员435人次,检查大型机械及拖拉机1442台次,纠正违章73台次,办理案件31起,罚金2.61万元。(阿不力孜·买提托乎提)

2022年,于田县组织人员检查农牧机械

(于田县农业农村局提供)

水　利

【概况】 2022年,于田县强化供水工程运行管理,促进供水设施高效配置和使用、提升农村供水行业监管水平,农村饮水安全“四项指标”持续达标。全县干渠防渗率75.3%,支渠防渗率71.8%,斗渠防渗率58.4%。在全县各河道建设高空云台9处,实现空地结合、人机结合立体化巡查格局。

(董江伟)

【灌溉】 2022年,于田县灌溉面积5.37万公顷,实际用水量6.13亿立方米。制订灌溉管理办法,成立灌溉工作服务小组,坚持24小时人跟水走,提升乡村灌溉水利用率,让有限水资源发挥最大效益。

(阿布都热合曼·阿布都卡地)

【水利工程】 2022年,于田县实施重点水利工程18个,总投资2.33亿元。其中,渠首除险加固项目2个、内陆河治理项目5项、中小河流治理项目5项、水土保持项目1项、水价综合改革项目1项、农村饮水安全工程2项、渠道防渗项目2项。

(何金平)

【水政水资源管理】 2022年,于田县水利局完成取水许可证照转换电子证照303件,处理水事案件16起,征收水资源费285.51万元、水土保持费306万元。(阿布都热合曼·阿布都卡地)

【河(湖)长制】 2022年,于田县各级河(湖)长开展巡河4459人次。其中,县级河(湖)长315人次、乡级河(湖)长2148人次、村级河(湖)长1996人次。开展联合执法2次,发现河湖“四乱”(乱占、乱采、乱堆、乱建)问题8项,全部整改完毕。开展防汛应急演练16次,维修加固防洪点险工险段23.25千米。(阿布都热合曼·阿布都卡地)

【农村饮水安全】 2022年,于田县有集中式水厂13座、备用水源2处。年内,于田县水利部门为农户抢修破损用水管道577次,开展农户饮水安全摸排2次,并限期对发现问题进行整改。

(木塔力甫·木吐送)

2022年9月，于田县克里雅河防洪段

（周 涛 摄）

乡村振兴

【概况】 2022年，于田县按照“产业兴旺、生态宜居、乡风文明、治理有效、生活富裕”总要求，实现政策举措和工作体系平稳过渡，巩固拓展脱贫攻坚成果同乡村振兴有效衔接扎实推进。（程建忠）

【责任体系】 2022年，于田县研究制定《于田县2022年深入推进巩固拓展脱贫攻坚成果同乡村振兴有效衔接实施方案》和职能部门责任分工方案，明确衔接工作重点，加强调度跟踪，及时研究解决存在问题，推进各项工作落实落地。为乡村振兴局配备干部31人，乡镇配备乡村振兴专干160人，村级配备乡村振兴专干1095人。（程建忠）

【政策制度】 2022年，于田县印发《于田县全面推进乡村振兴加快农业农村现代化的意见》《关于做好于田县2022年全面推进乡村振兴重点工作实施方案》《于田县2022年深入推进巩固拓展脱贫攻坚成果同乡村振兴有效衔接的实施方案》《于田县乡村建设行动实施方案》等文件，明确巩固拓展脱贫攻坚成果同乡村振兴有效衔接工作具体任务，细化乡村振兴各项举措，确保各项工作顺利推进。

（程建忠）

【衔接资金项目】 2022年，于田县按照“资金跟着项目走，项目跟着产业走，产业跟着需求走”要求，各项目单位加强项目管理、监督和审核把关，做好扶贫项目前期绩效评估和风险评估，做到审计监督关口前移、“两上两下”全过程监督，确保项目发挥效益。自治区下达于田县财政衔接推进乡村振兴补助资金及涉农整合资金8.33亿元，统筹整合资金6.63亿元，安排实施项目66个，涉及产业、就业、农业基础设施建设、教育、小额信贷等方面，农业农村现代化取得重要进展，农村生活设施便利化初步实现，城乡基本公共服务均等化水平明显提高，乡村发展活力充分激发，乡村文明程度得到新提升。（程建忠）

【动态监测和帮扶】 2022年，于田县落实地区“228”防止返贫监测机制，年内组织全口径集中排查2次，每月22日前各村、县直行业部门及时筛查预警疑似风险对象，用8天时间强化风险户帮扶措施，做到早发现、早干预、早帮扶。通过26名县处级领导干部和502名科级干部开展强化帮扶，落实产业发展、转移就业、民生保障、金融扶贫等政策，消除返贫风险户7280户3.1万人。（程建忠）

【扶贫项目资产】 2022年，于田县压实各项目实施单位责任，加强扶贫资产管理和监督，规范扶贫项目资产，完成县、乡、村、户确权和国家系统录入扶贫项目436个、扶贫资产863个，资产价值58.15亿元。（程建忠）

【厕所革命】 2022年，于田县新建农村户厕925座，整改户厕6482座，改厕达标率85%。（程建忠）

【亮点工作】 2022年，于田县创建自治区乡村振兴重点示范村2个，整合各类资金5737.3万元，实施托格日尕孜乡托格日尕孜村示范村建设项目12个、斯也克乡克提其村示范村建设项目8个。

（程建忠）

2022年，于田县乡村振兴示范村——克提其村

（于田县斯也克乡提供）

新品种水稻种植示范

【概况】 2022年，于田县实施托格日尕孜乡新品种优质水稻示范基地建设，其核心区种植面积93.33公顷，是于田县“小田并大田”土地流转示范点、软香稻标准化示范基地、著名“羊脂籽米”主产区。

（杨居让）

【精选良种】 于田县托格日尕孜乡新品种优质水稻示范基地种植“羊脂籽米”精选为声农系列品种，由云南农科院首席水稻专家蒋志农教授取中国原生野生稻驯化。该水稻品种亩均产量500千克/季，经加工包装后，市场价格60元/千克，每亩收益3万元。

（杨居让）

【种养结合】 2022年，于田县托格日尕孜乡新品种优质水稻示范基地以高产优质、高效生态、品牌安全为目标，依托于田县畜牧业发展，全面促进粪肥还田利用，打通种养循环堵点。该种植基地通过加大粪肥施用，降低化肥使用量，增加土壤肥力，提高水稻产量和品质，实现种植户、养殖企业双方受益，推进“羊脂籽米”向绿色化、优质化、特色化、品牌化发展。同时，合作社积极推行秸秆打包技术，将水稻秸秆销售到当地养殖企业，减轻土壤消化干草压力，减少农作物病虫害，由“生态包袱”变为“绿色财富”，实现农业循环发展。

（杨居让）

【助推联农带农】 2022年，于田县注册成立库尔班·吐鲁木种植发展农业合作社，重点在托格日尕孜乡发展“羊脂籽米”水稻种植，通过以流转形式租赁当地131户农户、93.33公顷土地，年流转费300元/亩。

（杨居让）

2022年8月，于田县托格日尕孜乡“羊脂籽米”稻田

（周　涛　摄）

工业 建筑业

综 述

【概况】 2022年，于田县实现工业总产值15.22亿元；全县实现全口径工业增加值4.53亿元，比上年增长0.8%（可比价）。其中，规模以上（主营业务收入2000万元以上）企业14家，完成工业增加值3.34亿元，比上年下降4.3%，占全口径增加值的73.73%。1—12月工业企业销售产值（现价）12.97亿元，比上年下降1.88%，其中：轻工业6.97亿元，比上年增长23.6%；重工业6.0亿元，比上年下降20.8%；产销率85.2%。 （李凌志）

2022年，于田县津和服装产业园综合服务大楼 （于翠翠 摄）

【安全生产】 2022年，于田县商务和工业信息化局组织召开专题安全生产会议18场，发放于田县工商流通安全生产倡议书58份、燃气安全告知书20份、签订安全生产承诺书46份。组织人员检查企业192家次，发现隐患156条，涉及加油站领域16条、废品回收站领域28条、餐饮企业燃气安全48条、快递寄递行业12条，其他行业52条，整改123条，限期整改33条。 （李凌志）

【企业服务】 2022年，于田县商务和工业信息化局组织企业参加地区“银企”对接会2次，召开“银企”对接会4次，参加人员180人次。各类金融机构积极为工贸企业详细介绍金融服务，发放金融服务宣传册。通过召开各类“政银企”对接会、政策宣传等措施，及时摸排企业贷款需求，先后为54家企业协调放贷。 （李凌志）

工业园区

【概况】 2022年，于田天津工业园区加大招商力度，引进鸿星尔克、新大成、永利等一批头牌、头单优质企业落地园区，为园区产业发展和促进员工就业增收奠定坚实基础。园区落户企业86家，按照企业类型分为：新型建材类企业25家、农特产品加工类企业19家、鞋业企业6家、袜业企业6家、纺织服装企业4家、其他类企业29家，就业员工8679人。 （苌 壮）

【基础设施建设】 2022年1月，于田天津工业园区群众文化休闲活动中心开工建设，6月底完工并投入使用，规划占地面积5.55万平方米，总投资1400

万元。于田天津工业园区绿化总面积67.33公顷，种植法国梧桐树1100株、小叶白蜡1.25万株、冬青10万株、玫瑰花6万棵、金叶榆树3800株、卫矛球1200棵。2022年3月，于田县人民医院工业园区一分院建设项目开工建设，规划占地面积7800平方米。该医院设置床位90张，含门诊、体检、公共卫生、预检分诊、中医理疗等，附属配套用房425平方米，包括配套医疗设备。2022年3月，于田县第二中等职业技术学校建设项目开工建设，占地面积8.35万平方米，总投资2.65亿元。规划容纳学生3500人，开设80个班级，建设内容包括教学楼、宿舍楼、食堂、实验教室、附属值班室，教师周转宿舍、消防水池、运动场等设施及教学、实训仪器设备等。（苌　壮）

【安全生产】 2022年，于田天津工业园区管委会以宣传、排查、监管为重点，从源头抓起、认真组织、周密部署、狠抓落实，扎实开展生产安全隐患排查活动，圆满地完成安全生产控制目标和工作任务。明确目标任务，突出重点，多次开展重要时段、重点领域安全生产大检查和专项整治工作，共发现各类安全隐患2434处、整改2434处，“零报告”制下达限期整改通知书42份。不定期开展“回头查”，检查事故隐患是否落实安全措施并整改到位，提出批评并上报县有关部门责令予以整改、处理，加强园区安全管理，为企业高质量发展保驾护航。（苌　壮）

【党建引领】 2022年，于田天津工业园区管委会加强对园区企业党建工作指导，推动园区企业党组织扩面提质，引导园区企业扎实推进党组织建设，园区53家非公企业中有14家企业成立党支部。实行党员示范窗口、党员示范岗、党员责任区等党建工作激励机制，激发党员参与热情和创建活力。加强党性教育，强化党员干部及员工执行制度自觉性。（苌　壮）

【文化工作】 2022年，于田天津工业园区管委会开展志愿者活动，园区志愿服务总支队及各社区分队共开展活动405场1.68万人次参与。加强基层文化工作，丰富和活跃广大群众精神文化生活，开展文艺、文体活动365场次，参与员工3.86万人次。（苌　壮）

馕产业

【新疆于田县玫瑰园食品有限公司】 于田县玫瑰园食品有限公司位于于田天津工业园区，占地面积3.8万平方米，是一家集食品研发、生产、销售于一体现代化食品公司。公司食品制造主要有于田特色馕、糖类、休闲食品等，拥有标准化生产基地3.8万平方米，现代化生产线10条，馕坑100个，日产馕饼6万个、糖类及休闲食品14吨，产品在全疆范围内进行销售。于田县玫瑰园食品有限公司在传承于田传统馕产业同时，在产品研发方面大力创新，利用本地干果、药草等特色农林产品开发特色产品47种，主要有于田薄馕、核桃仁馕、玫瑰花酱馕、藿香酱馕、奶油馕、黑麦子馕、巴旦木馕、椰枣馕、油馕、辣椒馕、红枣馕，本地特色黄冰糖、藿香味冰糖、藏红花麻糖、核桃仁麻糖、蜂蜜麻糖及各种糖果产品，实现经济效益与社会效益并举。2022年，该公司有员工100人，实现产值518.3万元。（李凌志）

2022年，新疆于田县玫瑰园食品有限公司特色馕生产车间（于田县商工局提供）

【于田县美玉香馕文创发展有限责任公司】 于田县美玉香馕文创发展有限公司位于木尕拉镇吐格曼阔恰村，总面积4500平方米，馕生产车间4500平方米，日产销各类馕饼1万个，月产值60万元，增收6.75万元（包括就业人员工资和利润），提供就业岗位100个。于田县美玉香馕文创发展有限公司秉承"传播新疆和田文化，传承传统制馕工艺"经营理念，以传播和田文化为使命，"小馕大情怀"品牌战略，坚持产品开发与文创产业相结合道路，成立馕产品研发中心，相继研制6大系列35款馕单品。在全疆22个机场和乌鲁木齐高铁站设置美玉香馕专营店，全国有美玉香馕旗舰店20家。

（李凌志）

矿产开发与加工

【概况】 2022年，于田县查明矿产主要有金矿、金铜黄铁矿、铜镍矿、锑矿、铅锌矿、磁铁矿、和田玉矿、石英岩矿、石灰岩矿、煤矿、矿泉水、黏土矿等。

（王京状）

【探矿权设置】 2022年，于田县辖区内有49个矿产探矿权，有效期内18个，过期或已注销31个，涉及矿种主要为金铜矿、铅锌矿，主要分布于阿羌乡、克里雅河、马山、碱水湖、阿克苏卡子等地。

（王京状）

【采矿权设置】 2022年，于田县辖区内有一类矿采矿权1个，该矿取得采矿证以来由于最低开采规模较小而未投产；二类矿采矿权14个，其中玉石矿10个、东陵石矿1个、建筑用石英闪长岩矿2个、石灰岩矿1个，均处在停产阶段。三类矿，主要为砂石矿、黏土矿。

（王京状）

【矿产勘查】 2022年，于田县已探明或初步探明储量矿产有：金、银、铜、铅、锑、铁、矿泉水、石灰岩、玉石等。其中，金铁矿151.145千吨、玉石矿99.39吨。

（王京状）

【于田县赛地苦拉木和田玉矿】 2022年，于田县赛地苦拉木和田玉矿距于田县城118千米，距阿羌乡政府58千米。该矿区范围内共发现三条和田青玉矿化带，矿化岩石主要为透闪石化白云石大理岩，呈北东—南西走向，长500～2100米、宽35～80米。

（王京状）

【于田县宝玉石开发公司阿拉玛斯和田玉石矿】 于田县宝玉石开发公司阿拉玛斯和田玉石矿位于于田县城以南130千米的昆仑山中，行政区划属于田县阿羌乡管辖。矿石主要为青白玉和青玉。

（王京状）

电力工业

【社会用电量】 2022年，于田县全社会用电量比上年下降5.1%。按用途分：城乡居民生活用电量比上年增长46.3%；行业用电量比上年下降19.2%。其中，第二产业用电量比上年下降56%；工业用电量比上年下降59.4%。

（杨　涛）

【电网建设与发展】 2022年，国网于田县供电公司办理完成110千伏兴荣输变电工程前期手续，办理2023年农网巩固提升工程、配网建设工程支持性文件，对2023年农网巩固提升工程项目、配网建设工程项目进行现场勘察，按照差异化设计要求，储备项目76个。完成2023年"煤改电"确村确户2090户，争取投资1.37亿元。

（沙　昆）

【营销工作】 2022年，国网于田县供电公司推进"阳光业扩"新装、增容2430户，高压平均报装接电时间15.3天/户，比上年压缩15%。为企业开通绿色接电通道，比企业标准提前7天完成5项重点工程电力接入，为企业节约资金477.9万元左右。

（沙　昆）

【供电服务】 2022年，国网于田县供电公司建立特殊人群台账124户，回访用户8.7万户，上门宣传服务大中型企业547次，完成208个村（社区）服务宣传对接工作，发放便民服务卡9.2万张，征求用户合理服务诉求633条，有效解决459条。创建微信服务群224个，覆盖用户15.5万户，用户覆盖率98%，有效解决用户诉求648项。加快营销数字化转型，网上国网绑定2.51万户，绑定率63.06%，线上缴费率53.62%。

（沙　昆）

【巴什康苏拉克水电站】 于田县巴什康苏拉克水电站为径流引水电站，位于吉音水利枢纽下游7.4千米处。该水电站利用吉音水利枢纽发电及下泄流量和枢纽与坝址区间来水进行发电。电站设计引用流量41米/秒，正常尾水位2196.85米，设计毛水头101.15米，装机30兆瓦，年利用小时4356小时，年发电量1亿千瓦时。

（杨　涛）

建筑业

【概况】 2022年，于田县实现建筑业总产值8.16亿元，比上年增长34.9%；房屋建筑施工面积17.15万平方米，比上年增长25.6%，房屋竣工价值1.79亿元，实现建筑业增加值5.48亿元，比上年增长29.2%。在于田具有资质等级的总承包和专业承包建筑企业4家，签订合同额9.69亿元，比上年增长15.6%。

【工程质量监管】 2022年，于田县重点围绕全面贯彻落实安全生产责任制，从建筑行业抽调技术人员6人，组建2支队伍，对52个在建项目工地进行全覆盖检查，发现问题569条，下发工程质量整改通知书97份，责令停工整改项目21个，约谈施工企业6家、监理单位1家，通报项目32个，相关问题全部整改。

（苟青云）

【文明施工建设】 2022年，于田县在建建筑项目52个，全部采用封闭式围挡，并悬挂自然风景画、社会主义核心价值观、商业开发等宣传牌。创建标准化建筑工地4个，安装“智慧化”系统工地4个。建筑工地“六个百分百”（施工现场100%围挡、工地砂土100%覆盖、工地路面100%硬化、拆除工程100%洒水压尘、出工地车辆100%冲净车轮车身、施工现场长期裸土100%覆盖或绿化）大力提升，责任主体环境保护意识明显增强。

（苟青云）

【规范工程审批流程】 2022年，于田县参与工程建设项目专项审批部门10个，办理审批事项33项，事项覆盖率84.49%。办理97个工程项目申报审批事项321个，其中网上申报310项、窗口受理11项。办理市政设施报装和接入审批173项。

（苟青云）

商贸服务业

综述

【概况】 2022年，于田县商贸流通领域正常运行企业153家，有从业人员1260人，组织参展促销活动13场次，整改商务领域环保督察反馈问题4条。

（李凌志）

【批零住餐贸易】 2022年，于田县社会消费品零售总额7.37亿元，比上年下降9.11%，其中限额以上企业实现社会消费品零售总额1.42亿元，比上年增长21.9%。城镇社会消费品零售总额4.64亿元，比上年下降13.9%；乡村社会消费品零售总额2.73亿元，比上年下降0.37%；餐饮收入0.85亿元，比上年下降25.4%；商品零售额6.52亿元，比上年下降6.5%。（李凌志）

【县域商业体系建设】 2022年，于田县组织人员对县域商业体系摸底，宣传传达商务部、财政部等部门关于大力支持县域商业体系建设相关文件精神，将符合条件的邮政于田县分公司、供销社、新疆智造好物等相关企业项目上报至地区，于田县、乡、村三级邮政物流体系建设项目获得支持资金5.26万元。于田县国合鸽业屠宰场、于田县瑰觅公司冷链仓库建设项目成功通过上级部门审核，并获得支持资金159万元。（李凌志）

【营销活动】 2022年，于田县举办“第二届网上年货节活动”、幸福于田·第三届线下年货节、“3·15”我的权益我做主、“五一”促消费、“助农公益直播”“游在于田·寻味好物”直播、“端午赛龙舟”产品展销、首届崇军拥军购物节等大型活动13场，其他助力营销活动193场，参与人数18.6万人次，签订采购帮扶协议6份，采购金额8564.21万元。

（李凌志）

2022年，于田县第三届年货节

（于田县商工局提供）

【家政服务业】 2022年，于田县有家政服务企业17家，获得信用认证企业3家，家政企业从业人员207人。（李凌志）

【快递寄递业】 2022年，于田县有邮政、申通、圆通、中通、韵达、京东、顺丰、极兔等快递企业8家，邮政公司营业网点16个。有物流寄递从业人员99人。其中，邮政公司50人、快递企业49人。

（李凌志）

【新车、二手车促销】 2022年，于田县商务和工业信息化局举办新车、二手车促销活动，有14家新车销售和二手车销售公司参加，销售新车213台、交易额2556万元，销售二手车683台、交易额5381万元。（李凌志）

【夜间经济】 2022年，于田县主要有和田夜市于田分店、新时代商业步行街等夜间经济经营主体，采取将夜市嵌入社区（村）和小区发展的方式，建立小夜市186个，设置各类摊位1796个，开发就地就近就业岗位2272个。于田县新时代商业步行街被地区商务局命名为“地区级夜间示范步行街”。（李凌志）

电子商务

【电商交易】 2022年，于田县完成电商网络交易总额13.52亿元，同比增长4.64%。（李凌志）

【平台销售】 2022年，于田县通过微信小程序、朋友圈、淘宝、拼多多、扶贫832、京东、农行扶贫商城等线上平台销售农副产品9621.67万元，线下销售农副产品2.13亿元，累计销售各类农副产品2.05万吨，覆盖农户2.56万户9万余人，促进户均增收2000元以上。（李凌志）

2022年，于田县阿热勒乡农民专业合作社通过网络直播销售沙漠玫瑰等农副产品

（于田县阿热勒乡提供）

【电商孵化】 2022年，于田县累计孵化培育电商企业39家，通过产业带动相关从业人员3000人以上，培育打造县域公共品牌“万方于阗”，设计农产品、畜禽类产品、文旅产品包装50款，授权使用“万方于阗”品牌企业5家。（李凌志）

市场开发建设服务

【概况】 2022年，于田县有农贸市场7家。其中，兰干乡农贸市场年销售额200万元，奥依托格拉克乡农贸市场年销售额400万元，喀拉克尔乡农贸市场年销售额300万元，阿羌乡农贸市场年销售额70万元，天津中心农贸市场年销售额700万元，圆沙农贸市场年销售额600万元，圆沙贸易市场年销售额2000万元。年内，各农贸市场为2601家小微企业、个体户减免租金104.65万元。（刘广纪）

【农贸市场食品安全】 2022年，于田县市场开发建设服务中心在各农贸市场开展食品安全整治行动，检查整治小餐饮、蔬菜、水果、肉类等行业个体100户，对发现的问题完成整改。（刘广纪）

【安全生产】 2022年，于田县市场开发建设服务中心组织开展安全生产演练7次、安全生产培训4次，实地检查安全生产11次，发现安全隐患4处，全部整改完毕。（刘广纪）

阗昆物流园

【概况】 2022年，于田县阗昆物流园入驻物流企业7家，大型机械维修及配件销售个体户32家，钢材销售、彩钢加工企业21家。（热介甫·吐地）

【市场服务】 2022年，于田县阗昆物流园落实为市场主体租金减免政策，全年为60家小微企业、个体户减免租金84.82万元。（热介甫·吐地）

【安全生产】 2022年,于田县阗昆物流园开展水路、电路、消防、用气等设施排查、检修12次,整改安全隐患7处。 (热介甫·吐地)

供销合作

【概况】 2022年,于田县供销合作社辖15个基层社、1个控股企业(于田县玉桥供销有限责任公司)、3家社会团体(于田农村合作经济组织联合社,于田县供销合作社红枣经济协会,于田供销社农业生产资料协会),主要从事农资、烟花爆竹、日用消费品、农副产品、冷链物流、生活物资、蔬菜配送、资金调剂等经营业务。 (买吐送·阿不力孜)

【供销体系建设】 2022年,于田县有农资和农产品配送中心各1个,电子商务县级运营中心1个,产业基地53.33公顷。有经营网点89个。其中,村级综合服务站经营网点63个,基层社经营网点12个,供销便民超市14个。 (买吐送·阿不力孜)

【供销销售】 2022年,于田县供销体系销售总额528万元,较上年增长22%;利润总额54.65万元;所有者权益1395.31万元,较上年增长3.86%;资产总额3431.42万元,较上年增长17%;组织农资供应量5670吨,较上年增长23%。

(买吐送·阿不力孜)

【基层社建设】 2022年,于田县投资220万元,实施喀拉克尔乡基层社建设项目,建成2层2000平方米36间门面房。恢复改造先拜巴扎镇基层社(糖厂),完成建设500平方米20间门面房工程及停车场地硬化、大门重建等工程。新建村级综合服务社2家。 (买吐送·阿不力孜)

【农资配送及粮油、蔬菜配送】 2022年,于田县供销社组织农资配送中心,为供销服务点和各基层社和3家农资供应商户销售化肥5670吨,为县城12个小区和各乡镇配送粮油210吨、蔬菜1620吨。

(买吐送·阿不力孜)

烟草专卖

【专卖管理】 2022年,于田县烟草专卖局累计新办专卖个体66户,审批注销37户,歇业17户,延续41户。查处案件3起,涉案金额8.59万元。开展内管培训12次,并在行政许可、规范经营、行政执法、行政处罚方面积极开展侵害零售客户利益问题专项整治自查工作,进一步提高专卖队伍落实责任、规范自律的思想意识。 (卫鸿基)

【卷烟营销】 2022年,于田县烟草专卖局累计完成卷烟销量4000余箱。其中,城网1000余箱,农网3000余箱。发展新零售客户55户,占总客户的10.85%。其中,城网26户,占比19.40%;农网29户,占比7.77%。 (卫鸿基)

【物流配送】 2022年,于田县烟草专卖局累计完成卷烟配送4000余箱。 (卫鸿基)

石油销售

【概况】 2022年,于田县编制完成《于田县成品油市场“十四五”规划》并顺利通过地区商务局实地审核。全县有加油站11家,获批新建加油站许可8家。其中,已开工建设5家(塔沙加油站、新世纪加油站、交投北服务区、南服务区加油站、阿羌加油站),待验收、未开工加油站3家。 (李凌志)

【中石油销售】 2022年,中石油于田销售片区有于田城东加油站、于田团结加油站、于田喀拉克尔加油站、于田先拜巴扎加油站、于田工业园区加油站,有员工42人,实现成品油销售2.47万吨(汽油1.2万吨、柴油1.27万吨),缴纳税额99.5万元。

(李凌志)

经贸合作

招商引资

【概况】 2022年，于田县实施招商引资项目47个，其中新建项目29个，往年结转项目18个，实现到位资金共35.25亿元，比上年增长25.09%。区外项目27个，其中新执行项目19个，往年结转项目8个，到位资金17.16亿元，占全县到位资金总额的48.68%；区内项目20个，其中新执行项目10个，往年结转项目10个，到位资金18.09亿元，占全县到位资金总额的51.32%，招商引资企业（项目）新增就业人数4456人。 （李凌志）

【招商引资冬季攻势工作专班】 2022年，于田县成立以县委书记为总指挥长的招商引资冬季攻势工作专班，下设4个外出招商小组、1个落地服务组，相关部门具体负责招商引资工作运行机制。于田县招商引资冬季攻势目标任务1.8亿元，签约落地项目16个。其中，签约落地纺织服装等劳动密集型项目10个，农产品精深加工项目2个，商贸物流项目2个，房地产项目2个，提供新增就业岗位1500个左右。 （李凌志）

2022年6月12日，于田县在厦门鸿星尔克总部与鸿星尔克实业有限公司签署新疆鸿荣轻工有限公司厂房与附属配套设施建设项目协议

（于田县商工局提供）

【招商引资项目储备】 2022年，于田县结合资源优势、区域优势及上级政策文件，主要围绕管花肉苁蓉、葡萄酒、维吾尔医药种植与精深加工、服装辅料加工与流通、纺织服装生产线及检验检测中心、龙湖旅游景区、昆仑瑶池景区及建材产业园等方面筛选出重点招商引资项目17个。 （李凌志）

【招商引资活动】 2022年，于田县依托资源优势、区位优势、政策优势，整合招商资源，加大招商引资力度，开展疆外驻地招商、网络平台招商、以商招商和小分队招商。积极参加各类展会活动，大力宣传招商引资政策吸引具有品牌影响力大型项目投资落地。发挥对口援疆政策优势，加强招商引资合作共建。结合资源优势和产业定位，重点围绕纺织服装、劳动密集型企业开展招商，引进符合本地发展好项目、大项目。依托现有企业，开展以商招商。依托新疆鸿荣轻工有限公司、新疆新大成防护用品有限公司、新疆宝臻针织服饰有限公司等，引导企业积极宣传于田县纺织服装优惠政策，招引符合本地产业或上下游配套产业项目落地。 （李凌志）

2022年，于田县招商引进鸿星尔克服装生产线

（于翠翠 摄）

经济协作

【结对帮扶】 2022年，于田县与乌鲁木齐市沙依巴克区签订《沙依巴克区下属街道（社区）与于田县下属乡镇（村）结对帮扶协议书》，明确衔接期重点帮扶工作，推动在产业、就业、消费帮扶等方面取得更大成果。于田县积极出台落实招商引资优惠支持政策和支持措施，在土地、税收、水电、金融等方面支持和鼓励沙依巴克区各方力量来于田县投资参与产业帮扶。 （程建忠）

【消费协作】 2022年，乌鲁木齐市沙依巴克区积极开展消费协作，鼓励辖区单位工会通过"832平台"采购于田县农副产品44笔，交易额8.4万元；新疆天天鲜商贸有限公司运营13个于田县果蔬自动售货柜，销售于田县各类扶贫产品总额740万元；新疆万方于阗电子商务公司帮助销售于田县各类干果总额22.4万元。 （程建忠）

【人才交流】 2022年，乌鲁木齐市沙依巴克区通过干部挂职、技能培训、人才选派等方式进行援助，有效促进于田县干部思想观念转变和能力作风提升。沙依巴克区选派7名专业技术人才（医务人员2人、教师5人）到于田县挂职锻炼。

（程建忠）

旅游业

综　述

【概况】 2022年，于田县积极响应和田地区“旅游一盘棋”战略，继续加大建设红色文化广场、库尔班·吐鲁木红色文化风情街和民族手工艺坊及旅游附属配套设施。于田县有国家A级以上旅游景区6家。其中，国家AAAA级旅游景区1家，国家AAA级旅游景区3家，国家AA级旅游景区2家。星级农家乐10家，星级宾馆1家，旅游星级饭店客房80间。（康宽堂）

【旅游接待】 2022年，于田县接待游客64.65万人次、比上年下降20.73%，实现旅游接待收入5.12亿元、比上年下降9.79%。（康宽堂）

【旅游创建】 2022年，于田县新创建2星级农家乐1家，将于田县托格日尕孜乡托格日尕孜村创建为自治区乡村旅游重点村，完成于田县库尔班·吐鲁木纪念馆国家AAAA级旅游景区申报工作。（康宽堂）

【旅游基础建设】 2022年，于田县文化体育广播电视和旅游局推进“昆仑天路”于田段基础设施建设，带动昆仑天路于田段文化旅游振兴，补充于田县风景道路标识牌、观光停靠点和旅游厕所，完成33个标识牌安装工作。（康宽堂）

【文旅融合活动】 2022年5月19—20日，于田县举办“5·19”中国旅游日暨第五届玫瑰风情文化旅游节，有文艺会演、“于田人游于田”特种旅游线路景区观摩、“微游园”摄影摄像大赛、特色文创产品展、“锦绣于田”非遗集市、麦热球体育表演等活动，开幕式当天全网直播观看量250万人次，有150多家媒体进行新闻报道。6月29日，在达里雅布依乡举办“2022新疆·于田旅游发展促进会暨大漠胡杨季于田特种旅游发展论坛活动”，活动展示于田自然景观和人文风情，着力打造中国最具特色特种旅游目的地品牌，当天全网直播观看量180万人次，有65家媒体进行新闻转发。开展文艺演出进景区活动45场次、夜市演出30场次。（康宽堂）

【旅游宣传推介】 2022年，于田县在“5·19”中国旅游日暨第五届玫瑰风情文化旅游节、“2022新疆·于田旅游发展促进会暨大漠胡杨季于田特种旅游发展论坛活动”期间，对于田县旅游资源、精品线路进行介绍并做招商推介。组织人员参与在乌鲁木齐、吐鲁番、巴州和阿勒泰等地举办的文化旅游宣传专题推介会。选派县文工团7人代表和田地区参加天津、西安、成都、重庆等地以“欢迎您到和田来”为主题的文艺旅游宣传推介会。新疆电视台《兴马游疆》栏目组在于田县拍摄，6月22日，在新疆卫视4套节目播出，多个侧面宣传于田县丰富的旅游资源，带动旅游业发展。（康宽堂）

旅游资源

【库尔班·吐鲁木纪念馆】 库尔班·吐鲁木纪念馆

位于于田县托格日尕孜乡托格日尕孜村。为大力培育和弘扬新时期的库尔班·吐鲁木精神，2003年4月，在库尔班·吐鲁木故乡于田县托格日尕孜乡托格日尕孜村建成“库尔班·吐鲁木纪念室”；2012年，被评为自治区级爱国主义教育基地；2015年，在原址基础上扩建纪念馆，建筑面积517.2平方米，总投资800万元；2016年11月7日建成开馆；2017年，被评为国家AAA级红色旅游经典景区；2017年1月，习近平总书记给库尔班·吐鲁木长女托乎提汗·库尔班回信，勉励库尔班大叔的后人，做热爱党、热爱祖国、热爱中华民族大家庭的模范；2019年11月，被评为全国民族团结进步教育基地；2020年4月，被评为自治区中小学生研学旅行实践教育基地；2020年10月，被评为全国关心下一代党史国史教育基地；2020年12月，被评为新疆妇女爱国主义教育基地；2021年，被评为全国爱国主义教育示范基地。（康宽堂）

【中国人民解放军独立骑兵师先遣连进藏纪念碑】 中国人民解放军独立骑兵师先遣连进藏纪念碑位于和田地区于田县城市公园南北中轴线上，是和田地委、行署、和田军分区为纪念独立骑兵师进藏先遣连而修建的纪念碑，于2007年8月1日建成并举行揭幕仪式。先遣连进藏纪念碑高8.1米，代表1950年8月1日先遣连从于田县普鲁村向藏北挺进；正面（北面）红色花岗岩碑心上镌刻“中国人民解放军独立骑兵师先遣连进藏纪念碑”鎏金大字，碑心两侧由三个阶次的深色花岗岩拱围。第一个阶次高1.6米，代表1950年1月6日中国人民解放军第二军五师十五团一营进驻于田县，东西侧各有一组浮雕，再现当年召开进藏誓师大会和军民修筑进藏公路的场景；第二个阶次高4.28米，代表1950年4月28日独立骑兵师进驻于田；第三个阶次高5.6米，代表1951年5月6日先遣支队向西藏进军。背面碑心为碑文，铭记着先遣连英雄事迹及136名指战员姓名。纪念碑底座为浅色花岗岩，高0.8米，南侧边长4.9米，东西两侧边长各5米和北侧边长5.1米，分别代表1949年中华人民共和国成立、1950年中国人民解放军向西藏进军，1951年西藏和平解放。遵照中央军委指示，新疆军区组建独立骑兵师先遣连向藏北进军，先遣连指战员克服种种艰难险阻，以大无畏的革命英雄气概，胜利完成解放阿里的光荣任务。1951年1月，西北军区授予该连“进藏先遣英雄连”称号。

（周　涛）

2022年6月，中国人民解放军独立骑兵师先遣连进藏纪念碑（周　涛　摄）

【昆仑山】 昆仑山一直受中华民族的崇敬，认为它是“地之中心”，是华夏祖先黄帝所居住的“圣山”。古往今来，无数名人情注昆仑、向往昆仑，有许多瑰丽动人的神话传说流传至今。毛泽东主席在《念奴娇·昆仑》中赞叹：“横空出世，莽昆仑。”让人虽未到昆仑却已感受到昆仑的壮美。（康宽堂）

【昆仑瑶池】 昆仑瑶池位于于田县南部昆仑山中段的阿什库勒盆地，盆地平均海拔4700米，面积约750平方千米。盆地中有吾拉音库勒湖、乌鲁克库勒湖、阿什库勒湖3个高原湖泊，其中面积最大的乌鲁克库勒湖风光秀美，被誉为昆仑瑶池，湖泊周围灌木丛生，水草丰美，野生动物繁多，是飞禽的乐园。（康宽堂）

【龙湖旅游区】 龙湖旅游区位于于田县希吾勒乡境内,被评为国家AAAA级旅游景区。景区由龙湖、银沙滩、感恩林、送子泉、幸福馆、龙湖码头、科普馆等景点构成。总面积20平方千米,龙湖水域面积0.16平方千米,因其蜿蜒曲折,形似民间传说的龙,因此得名"龙湖"。 (康宽堂)

2022年,于田县龙湖旅游区一角

(来自"游在于田"视频号)

【阿什库勒火山群】 于田县所辖的昆仑山中段阿什库勒火山群,是中国最年轻的火山群,也称卡尔达西(黑石头)火山群,位于于田县城南部约130千米处、克里雅河上游,海拔5040米。阿什库勒盆地由14座大小不同的火山锥组成,每座火山锥有2个至3个火山口,火山多次喷发溢出的岩浆向四周漫流,周围沙地上遍布成堆,成块的黑色熔岩犹如静止的黑色波涛,崎岖蜿蜒达200平方千米。(康宽堂)

【进藏第九线】 进藏第九线是以和田为中心,以于田县克里雅"英雄古道"为核心的全新进藏越野通道,途经沙漠、草场、高原、雪山、戈壁等多种地貌,通过克里雅"英雄古道"直达西藏阿里地区,是一条涵盖昆仑神话、沙漠探险、玉石之路、丝绸之路、红色基因的全域旅行自驾探险线路。(康宽堂)

【下都草原】 下都草原位于于田县南部,是于田县昆仑天路环线的必游景区。南靠昆仑山,东临兰干乡,西接阿羌乡,面积约106平方千米,夏季碧草连天,冬季白雪皑皑,形成与周围沙漠景观与众不同的景色。"寻昆仑之秘镜,探天帝之下都"。在古老的神话传说中,昆仑山是陆吾守护的"帝之下都",因这片昆仑山中草原旖旎而得名下都草原。

(康宽堂)

【吉音景区】 吉音景区位于于田县阿羌乡乌什开布隆村,景区内有新疆吉音水利枢纽工程,在克里雅河支流乌什开布隆达里雅河与克里雅河干流吾格也克河交汇口上游800米处,是以灌溉、防洪为主,兼顾发电、科普、休闲的综合性水利工程,是克里雅河流域唯一骨干工程。 (康宽堂)

【流水墓地】 流水墓地位于于田县阿羌乡流水村的阿克布拉克台地。2003—2005年,中国社会科学院考古研究所边疆考古研究中心对墓地进行了连续发掘,通过对墓地所出土人骨科学检测,距今约2950年。清理面积约4000平方米,发掘各类墓葬65座,均为石堆竖穴墓。 (康宽堂)

【克里雅河】 克里雅河是于田人民的母亲河,源于昆仑山深处的远古冰川,河水主要由昆仑山雪水融汇而成,因季节性洪水改道而得名。克里雅河纵贯于田县,沿河生态系统依河而生、伴河而存,两岸生长着大面积胡杨、红柳和芦苇等植被,形成一条东西宽10千米、南北长300千米的绿色走廊,并在河流的尾部发育出克里雅河湿地。

(康宽堂)

【克里雅河国家湿地公园】 克里雅河国家湿地公园位于于田县城北部克里雅河下游,景观独具特色。这里有闻名于世的绿色走廊——被称为"世界沙漠旅游景观之最"的达里雅布依绿洲。在大漠深处的神秘村庄,不仅可以领略"大漠落日"的壮美与神奇,也可观赏到胡杨壮观瑰丽的生命之景。 (康宽堂)

【达里雅布依古村落】 达里雅布依古村落位于于田县城以北245千米的塔克拉玛干沙漠腹地。达里雅布依是世界第二大流动沙漠塔克拉玛干沙漠中唯一的神奇绿洲,这里至今还残存着古城遗址,记录了古丝绸之路南道重镇——"于阗"的盛衰。

(康宽堂)

【喀拉墩古城遗址】 喀拉墩古城遗址位于于田县达里雅布依乡政府以北20千米的沙漠中，面积5625平方米，呈正方形，长75米，墙垣高约8米，顶宽约8米。城墙用泥土、树枝混筑而成，城堡内有多处木构建筑。遗址内地表散布灰陶片、残木器、石磨残片、玻璃残片、钱币以及写有古于阗文的木板等。20世纪90年代“中法克里雅河考察队”曾对该处遗址内的居住遗址和佛寺遗址进行清理和发掘，出土了壁画、钱币、陶器、木器等文物。2013年5月，被国务院公布为第七批全国重点文物保护单位。 （康宽堂）

【亚兰干佛寺遗址】 亚兰干佛寺遗址位于于田县城以西约42.5千米处，兵团第十四师二二五团境内。遗址及周边因流沙所致，形成了大小迥异的沙丘。遗址进行抢救性发掘，面积约500平方米，出土一批陶片、兽骨、木构件、佛教壁画和五铢钱等珍贵文物。 （康宽堂）

【圆沙古城】 圆沙古城位于于田县城以北200余千米的克里雅河古河床东岸，系扜弥国的重要城镇，古城周长约995米，南北长330米，东西宽270米。其中，残存的城垣长度473米，顶部宽度3～4米，高度3～4米，最高处11米。2001年6月，被国务院公布为第五批全国重点文物保护单位。 （康宽堂）

【丹丹乌里克遗址】 丹丹乌里克遗址位于于田县城以北约130千米的克里雅河西岸，遗址南北长约2千米，东西宽约1千米，疏疏落落的建筑物半掩半露在沙丘中，多系佛教寺庙建筑。遗址内有渠道遗迹，沙丘间空地上地表散布有陶器残片、石膏残片、石磨盘、木器残片以及其他文物标本。房屋建筑遗迹以佛寺为主，平面呈“回”字形，中央土台塑有佛像，土台四周回廊的墙壁上绘有菩萨、小千佛等壁画。2006年5月，被国务院公布为第六批全国重点文物保护单位。 （康宽堂）

旅游项目

【项目建设】 2022年，于田县完成新建文旅项目4个，分别为于田县“万方乐奏”精品旅游线路建设项目——游客集散中心建设项目，总投资800万元；于田县“共圆中国梦”民族团结教育基地建设项目，总投资1500万元；于田县希吾勒乡库其喀其巴格村乡村旅游建设项目，总投资620.4万元；于田县昆仑天路旅游标识标牌建设项目，总投资100万元。 （康宽堂）

【旅游商品专柜设置】 2022年，于田县在AAA级及以上旅游景区及玫瑰花都酒店、天萌酒店等设立“于田礼物”“美玉香馕”特色旅游商品专柜6处。 （康宽堂）

旅游促销

【文化旅游节庆活动】 2022年，于田县举办“5·19”中国旅游日暨于田县第五届玫瑰风情文化旅游节活动，以“玫瑰之缘·相约于田”为主题，在于田县万亩玫瑰基地举行，活动有文艺会演，“于田人游于田”特种旅游线路景区观摩、“微游园”摄影摄像大赛、特色文创产品展、“锦绣于田”非遗集市、麦热球体育表演等一系列精彩活动，通过开展丰富多彩、形式各样活动，吸引游客近距离感受于田文化魅力和开放姿态。 （康宽堂）

【“大漠胡杨季”特种旅游发展论坛】 2022年6月29日，于田县在达里雅布依乡举办“2022新疆·于田旅游发展促进会暨大漠胡杨季于田特种旅游发展论坛活动”，展示于田自然景观和人文风情，着力打造中国最具特色的特种旅游目的地品牌，推进全域旅游发展，丰富和完善特种旅游目的地产品体系，推动于田旅游产业实现健康、快速、可持续发展。活动当天，有65家媒体进行新闻转发，全网直播累计观看量180万人次。 （康宽堂）

金融业

金融管理

【概况】 2022年，于田县金融机构人民币各项存款余额50.66亿元，比上年增长5.86%，其中住户存款余额29.54亿元；人民币各项贷款余额43.96亿元，比上年增长9.96%，票据融资余额2.47亿元；金融机构贷存比率86.77%。金融机构各项贷款余额43.96亿元，比上年增长10.0%。金融机构涉农贷款余额39.20亿元，占各项贷款余额89.17%。

（吐尔洪·买买提明）

【国库会计核算】 2022年，于田县完成各项收入金额12.25亿元，比上年增长8.42%。其中，上划中央级预算收入1.15亿元，上划省区级收入9320.52万元，上划地市级收入4.62亿元，一般预算收入入库5.54亿元。办理预算收入退库金额4681.55万元；财政库款支出金额64.88亿元，比上年增长5.24%。国库利息收入45.19万元，比上年下降37.93%。（吐尔洪·买买提明）

【征信查询】 2022年，于田人民银行办理查询企业信用报告56笔、查询个人征信报告5106人次。

（吐尔洪·买买提明）

【人民币账户】 2022年，于田县人民银行开立各类银行结算账户66户、销户82户，变更各类账户179户。（吐尔洪·买买提明）

【现金投放】 2022年，于田县人民银行投放人民币4.91亿元，比上年下降24.92%；回笼货币0.46亿元，比上年下降3.48%。净投放人民币4.45亿元。金融机构柜面收缴假币金额1.28万元。

（吐尔洪·买买提明）

【金融支持新型农业经营主体】 2022年，于田县人民银行在各金融机构推广新型农业经营主体工作，发放新型农业经营主体贷8953户，贷款余额12.75亿元，乡村振兴致富贷8349户，贷款余额2.65亿元。（吐尔洪·买买提明）

银　行

中国农业银行股份有限公司
于田县支行

【概况】 2022年，农行于田县支行贯彻落实促产业、稳就业主攻方向，统筹稳定、发展、乡村振兴工作，践行国有大型金融机构使命，为推进于田县经济社会高质量发展做出应有的贡献。（丁晓峰）

【存贷业务】 2022年，农行于田县支行各项存款规模13.76亿元。其中，储蓄存款6.48亿元，对公存款7.28亿元，贷款规模7.17亿元。（丁晓峰）

【农户贷款】 2022年，农行于田县支行发放小额农户贷款8903笔3.57亿元，实现乡镇覆盖率100%，村覆盖率98%，主要用于广大农牧民畜牧养殖和特色产业种植等。（丁晓峰）

【惠农工程】 2022年，农行于田县支行布放自助设备10台，新增超级柜台5台，自助终端5台，在210个行政村设置助农取款点，每村布放助农取款设备1台，有效缓解边缘地区农户取款、汇款难问题。在兵团第十四师二二五团设立玉泉镇支行，在工业园区设立金融服务点，在于田县维吾尔医医院开通银医通业务，并安装设备。（丁晓峰）

【内控合规管理】 2022年，农行于田县支行始终坚持从严治行，加强队伍建设，强化内控，防范经营风险管理理念，召开警示教育大会，定期召开案件风险分析例会，进一步完善运营主管业务操作风险报告制度，加强对员工教育管理。（丁晓峰）

中国农业发展银行于田县支行

【概况】 2022年，农发行于田县支行协调配合地方政府各项工作，有效落实国家强农惠农富农政策，全力为县域“三农”发展贡献智慧与力量。累放各类贷款9.34亿元，10家存量贷款客户，贷款余额9.34亿元，分别为：昆仑玉谷粮油（于田）有限责任公司2554.52万元，昆仑玉谷粮油（民丰）有限责任公司262万元，和田地区津垦牧业科技有限公司贷款余额5.29亿元，新疆昆仑尼雅生态农牧发展有限公司贷款余额2.19亿元，新疆阗丰农贸实业有限责任公司农村土地流转和土地规模经营贷款1970万元，华凌和田农牧业发展有限公司产业扶贫贷款2914万元，新疆和田中泰东展服装股份有限公司产业扶贫贷款1000万元，新疆于田瑰觅生物科技股份有限公司农业科技贷款1000万元，于田县津阗路桥投资有限公司水利建设贷款8700万元，于田县玉桥供销有限责任公司农业小企业（流贷）200万元。（唐丽平）

【粮棉油信贷】 2022年，农发行于田县支行按照早计划、早筹备、早落实原则，累放粮棉油收储贷款2816.52万元。其中，昆仑玉谷粮油（于田）有限责任公司2554.52万元；昆仑玉谷粮油（民丰）有限责任公司262万元。（唐丽平）

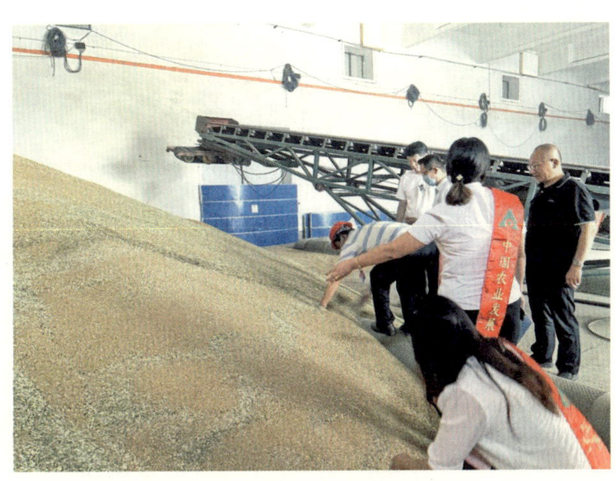

2022年夏，农发行于田县支行开展粮食查库

（农发行于田县支行提供）

【支农工作】 2022年，农发行于田县支行以支持地方重点项目为抓手，用好各类信贷产品，全力服务稳住经济大盘。积极推进农村交通设施、水利建设等重点项目建设，累放贷款8700万元，用于支持于田县津阗路桥投资有限公司改善农村水利基础设施，促进经济发展。（唐丽平）

中国邮政储蓄银行于田县支行

【概况】 2022年，中国邮政储蓄银行于田县支行贷款结余1976万元，制发信用卡1900张。

（陈　龙）

【基础建设】 2022年，中国邮政储蓄银行于田县支行开展网点转型，优化网点服务能力。持续推动柜面业务优化，实现网点柜员双持证率100%，全力推进账户管理质量和效率提升，联合邮政公司治理个人账户数据1万余条，推进客户身份信息

专项治理。（陈　龙）

【服务管理】 2022年，中国邮政储蓄银行于田县支行开展网点转型，细化网点服务管理流程，利用晨夕会时间，开展学习标准化流程管理规范、服务检查、考评等活动，提高员工服务礼仪，实现网点管理、营销转介和服务标准化。（陈　龙）

【内控合规建设】 2022年，中国邮政储蓄银行于田县支行开展案防合规培训、推进尽职检查工作，提高案防工作水平，促进内控合规提质增效。健全内外部检查问题整改工作机制，深入查找问题成因，严格整改标准，落实整改责任，进一步完善违规问责，梳理内外部检查“三项清单”，有效监督落实整改。加强岗位制衡，强化关键岗位监督约束，按计划开展尽职检查，及时排查、化解风险隐患，进一步加强全行风险管控和合规管理水平。推进防范非法集资宣传教育和防范电信网络新型违法犯罪、反洗钱宣传，提升金融消费者的自我保护意识和风险意识，消费者权益保护工作取得实效。开展“平安邮储”创建、“安康杯”竞赛、安全生产专项整治三年行动及安全生产和行风行貌专项整治活动，营造安全文化氛围。配合银保监部门开展专项安全保卫检查，及时整改问题。推进行风行貌专项整治活动，树牢“全面、全程、全员”安全生产理念，系统排查、整治全行安全生产隐患，提升对外形象和工作规范化水平。完善安全生产委员会工作规则，强化全面安全管理。全年，开展网点安全保卫检查4次，发现问题11个，整改完成率100%。（陈　龙）

【内部管理】 2022年，中国邮政储蓄银行于田县支行加强员工队伍管理，科学配置岗位资源，综合管理岗及业务管理员负责人事和财务、会计稽核、业务等管理工作，确保后台服务支撑落实到位，组织员工集中学习10次，培训内容包括业务知识、服务礼仪、反洗钱和反假币、安全保卫知识、风险防控等，进一步提升员工综合素质，创造良好企业文化氛围。组织应急预案演练4次，签订案防责任书6份，通过学习使每位员工都有强烈合规意识和执行意识，提升员工凝聚力和向心力。（陈　龙）

于田县农村信用合作联社

【概况】 2022年，于田县农村信用合作联社有9个营业网点。其中，下设营业部1个、乡（镇）网点6个，城区网点2个。普惠金融服务站9个，助农取款点288个，POS机具980个，自助存取款机19台，自助柜员机17台，柜台窗口26个。有员工125人。存量个人结算账户40.36万户（含银行卡），农户账户覆盖率、金融乡镇覆盖率、金融服务覆盖村（社区）覆盖率、助农取款点覆盖率均为100%。（唐睿婷）

2022年，于田县农村信用联社营业大厅

（于田县人民银行提供）

【信贷业务】 2022年，于田县农村信用合作联社资产总额32.17亿元，较年初增加9319.48万元，增幅2.98%，各项贷款余额25.9亿元，比上年增加1.25亿元，其中农业贷款22.42亿元，比上年增加2.65亿元，发放贷款12.67亿元，比上年减少426.39万元，不良贷款余额8268.66万元，比上年减少427.43万元。存贷款余额在于田县域金融系统均排名第1位。（唐睿婷）

【服务降费让利】 2022年，于田县农村信用合作联社加强支付服务减费让利工作督促力度，确保降费政策切实兑现、不打折扣。落实降费措施，公示全渠道价格，小微企业开户费、工本费、信息变更费等全部减免，小微企业开户数380户，总减免3.51万元。（唐睿婷）

【小额信贷政策】 2022年，于田县农村信用合作联社严格落实“四个不摘”、做到“八个不变”、推进“八个衔接”，保持政策总体稳定。执行脱贫人口小额信贷政策，发放脱贫人口小额信贷1.31万笔，金额5.82亿元（含无还本续贷），脱贫人口小额信贷余额1.69万笔，金额7.02亿元。（唐睿婷）

【网络金融及业务拓展】 2022年，于田县农村信用合作联社主动对接大力营销政府专项债业务，开展农民工工资保证金账户营销及账户绑定等工作，开立各类农民工工资专用账户24户，累计进账2500万元。其中，开立农民工保证金专用账户13户，进账300万元；农民工工资专用账户11户，发放工资3286笔，合计2500万元。推进电子银行业务，新增借记卡8196张，银信通业务新增开户2.68万户，新增手机银行用户1.48万户，新增企业网银576户，新增条码商户6922户，发生交易3374.8万笔，交易金额32.8亿元，商户活跃率65.9%。

（唐睿婷）

保　险

中国人民财产保险股份有限公司于田支公司

【概况】 2022年，中国人民财产保险股份有限公司于田支公司通过公司全体员工共同努力，理赔部门做好车险、个非、农险理赔降损降赔、财务部门做好压缩费用工作，全险种净利润295万元，结束经营连续亏损3年的状态。（李飞梅）

【保费收入】 2022年，中国人民财产保险股份有限公司于田支公司全险种实现保费收入7766.84万元，比上年减少1051.53万元，比上年下降11.92%。（李飞梅）

【车险保费】 2022年，中国人民财产保险股份有限公司于田支公司车险业务实现保费收入2900.94万元，比上年减少204.89万元，比上年下降6.6%。

（李飞梅）

【个人非车保险】 2022年，中国人民财产保险股份有限公司于田支公司个人非车险业务实现保费收入494.12万元，比上年增加315.85万元，比上年增长177.17%。（李飞梅）

【商非保险】 2022年，中国人民财产保险股份有限公司于田支公司商非业务实现保费收入675.28万元，比上年减少448.42万元，比上年下降39.81%。（李飞梅）

【农业保险】 2022年，中国人民财产保险股份有限公司于田支公司农险业务实现保费收入3696.5万元，比上年减少714.92万元，比上年下降16.21%。（李飞梅）

【财险理赔】 2022年，中国人民财产保险股份有限公司于田支公司全险种赔款支出6146万元。其中，车险赔款1340万元，个人非车险赔款85万元，商非业务赔款144万元，农险业务赔款4578万元。

（李飞梅）

中国人寿保险股份有限公司于田县支公司

【概况】 2022年，中国人寿保险股份有限公司于田县支公司,明确经营思路,把握经营重点,积极有效开展工作,较好完成公司各项目标。业务包括人寿保险、健康保险、意外伤害保险、养老保险、分红保险、企业年金,基本涵盖不同职业、不同需求、人生不同阶段风险保障需要。 (刘 华)

【业务经营】 2022年,中国人寿保险股份有限公司于田县支公司总保费收入1475.28万元,比上年增长19.31%。 (刘 华)

【理赔业务】 2022年,中国人寿保险股份有限公司于田县支公司全年受理理赔案278件,案件赔款总金额50.79万元。处理公司业务理赔案件83件,赔款金额224.36万元。全年理赔出险支付时效208天,结案支付平均时效2.48天,小额理赔案件平均支付时效0.11天。 (刘 华)

【客户服务】 2022年,中国人寿保险股份有限公司于田县支公司大力推广电子化服务,为客户提供方便、快捷服务方式,实现电子化业务率95.79%,实现客户足不出户办理业务,且时效得到明显提升,保单借款实现实时到账,解决客户资金紧张问题,解客户燃眉之急。 (刘 华)

【企业管理】 2022年,中国人寿保险股份有限公司于田县支公司实现"零"投诉。做好集中管理与后援服务工作,统筹优化核心业务,逐步实现合规经营、主动作为、稳中求进、创新发展。进一步强化制度执行情况监督检查,强化对外宣传材料审核,提高从业人员依法合规和诚信经营意识。

(刘 华)

中华联合财产保险股份有限公司于田县支公司

【概况】 2022年,中华联合财产保险股份有限公司于田县支公司主要经营财产损失保险、责任保险、信用保险和保证保险,短期健康保险和意外伤害保险,上述业务再保险业务和中国保监会批准的其他业务。 (张团结)

【业务经营】 2022年,中华联合财产保险股份有限公司于田县支公司保费总收入527.49万元。

(张团结)

【理赔业务】 2022年,中华联合财产保险股份有限公司于田县支公司实行2000元以下(非人伤)案件24小时内结案,5000元以下(非人伤)案件3天内结案,1万元以下(非人伤)案件5日内结案,1万~5万元(非人伤)案件10日内结案。 (张团结)

【企业管理】 2022年,中华联合财产保险股份有限公司于田县支公司加强诚信体系建设,不断完善营销机制,强化从业人员职业道德和法律法规教育。公司践行"服务至上、信守承诺、回报社会"服务宗旨,坚持以诚信服务赢得市场,树立品牌形象赢得客户。 (张团结)

交　通

综　述

【概况】 2022年，于田县农村公路总里程4358.2千米。其中，县道522.1千米，乡道770.4千米，村道3065.7千米。 （胡伟荣）

【农村公路工程建设】 2022年，于田县交通运输局加大道路建设资金投入力度，以提升农村公路面貌、加快县域经济转型、促进农村产业发展为导向，投入资金2.31亿元，完成新建道路56.05千米以及道路养护及路灯安装工程。 （胡伟荣）

【农村公路日常养护】 2022年，于田县各乡镇组织1000名护路员完成清扫路面3455千米，铺设路肩石子788千米，整修路肩2233千米，整修边坡434千米，清除障碍物2234处，修复路基、路肩各类雨水损坏缺口202千米，清理桥涵内淤泥150道。 （胡伟荣）

公路管理

【概况】 2022年，于田公路管理分局承担着国道315线179千米及G0612线166千米路段的养护与管理工作任务，按路况分7个区段，其中好路精养2个：K2220～K2234，K2337～K2375；重点养护6个：K2196～K2220，K2234～K2244，K2263+531～K2279+347上行，K2297～K2315，K2328～K2337，K2345～K2375；维持养护2个：K2263+531～K2279+347下行，K2279+347～K2297，K2315～K2328）；年初优良率81.94%，优等路31千米、良等路112.63千米、中等路27.65千米、次等路4千米、差等路0千米。管养范围内G315线桥梁43座，其中大桥2座、中桥9座、小桥32座，涵洞174座；G0612线桥梁128座，其中大桥15座、中桥44座、小桥69座，涵洞316座，辖区共有标志牌870个（不包括西和高速）。 （南　丽）

【公路养护】 2022年，于田公路管理分局围绕区段划分要求修补坑槽、桥头跳车路面1730.29平方米、处治重度裂缝长度4.35万米、清扫路面177.9万平方米、清理路面积沙311.5立方米、红色路段环境硬化路2.35千米、贴百米号350块，整修路肩边坡277.2万平方米、清理杂物913.1万平方米，机械化整修路肩及边坡83.62万平方米（113千米）、路肩边坡整修5.48万平方米、清洗桥面设施2.1万平方米，人工清理桥面泄水孔328个、39座，桥梁金属栏杆刷漆475.14平方米，清理桥涵砂土1568立方米、98道，桥面伸缩缝清除杂物336米，安装桥梁伸缩缝84米，维修导流坝427.63立方米、5处，桥梁防腐201.12平方米，粉刷涵洞帽石78.72平方米，处理桥涵裂缝（壁可法）272.58米、12座，人工清洗标志牌924套，清洗车清洗波形护栏3.43万米，清洗示警桩750个，里程碑描字113块，人工粉刷标志牌立柱（单柱）722套，波形梁端头贴反光膜（三级）176个、44平方米，警示桩贴反光膜2020块，校正标志牌89块，刷新隔离墩1.08万

平方米,更换隔离栅400米、钢管警示桩610根、塑钢里程碑38块。（南　丽）

【除雪保畅】 2022年,于田公路管理分局出动除雪人员183工日,投入除雪机械80台班,撒布融雪剂19吨;救助受阻人员4人,救助受困车辆1辆;清除路面积雪24.82万立方米,累计除雪里程579.4千米,投入除雪抢险资金12.48万元。（南　丽）

【应急保障】 2022年,于田公路管理分局成立应急救援指挥小组,制订应急预案,组建23人应急救援保障队,配备应急救援保障机械设备17台,铁丝笼530个,0.5～2毫米石子20立方米,砂子50立方米,铁丝2吨,融雪剂25吨,编织麻袋5000个,标志标牌3套。（南　丽）

【自然灾害修复】 2022年,于田公路管理分局管养路段先后发生水毁5次,分别是G315线K2316+517处2次,G0612线K2212+616处1次,K2259+931处1次,K2276+100～2277+600处1次。接到险情报告后,于田分局立即启动应急预案,组织人力502人次、机械设备115台班,总投入资金99.1万元,其间未出现人员伤亡情况。（南　丽）

【机械设备管理】 2022年,于田县公路管理分局完成保养检修机械车辆29台(辆),车辆完好率95%,工作率80%。组织开展机械队队员进行安全文明驾驶与业务知识培训15场次,对15名机驾人员进行体检和年审。（南　丽）

交通运输行政执法

【概况】 2022年,于田执法大队在行政执法工作中担当作为,在服务群众和保证中心任务完成上有新突破,在建设政治硬、能力强、素质高、品行好执法队伍上有新突破,确保各项工作扎实推进、稳步向前。（卜热比·吾斯曼）

【路产路权】 2022年,于田执法大队扎实开展行政执法工作,依法保护路产、维护路权,投入执法人员248车次521人次,巡查里程3.94万千米,告知公路养护部门修复7项,安全隐患34处,公路养护部门已修复7起、处置安全隐患34处。（卜热比·吾斯曼）

【路政案件办理】 2022年,于田执法大队依法查处损坏路产、侵占路权行政处罚案件6起,破案6起,结案5起,结案率83.33%,罚款3.24万元;查处路损赔偿案件5起,结案4起,应收缴路损赔偿费3.35万元,实际收缴赔偿费2.18万元;依法受理路政行政许可1起,已办结1起,收缴占用公路、造成公路损坏补偿费8.5万元。（卜热比·吾斯曼）

【超限超载治理】 2022年,于田县投入执法人员167人次(路政部门71人次、交警部门96人次),出动执法车次86车次(路政部门36车次,交警部门50车次),查处违法超限超载运输车辆91辆,路政部门卸载、分流、转运货物1721.01吨,共处罚金9.88万元。（卜热比·吾斯曼）

民航运输

【概况】 于田万方机场位于于田县城以东,距离县城11.9千米,是国内支线机场,飞行区等级为4C,总投资7.72亿元人民币,机场占地面积196.37公顷,建成1条3200×45米跑道,3000平方米航站楼和6个机位的站坪,建设1座塔台和800平方米的航管楼;配套建设空管、供油、供电、消防救援等设施。（张　军）

【吞吐量】 2022年,于田万方机场实现旅客吞吐量4.08万人次(进港1.55万人次、出港2.53万人

次），货邮吞吐量2.58万千克，保障航班881架次。（张 军）

2022年，民航客机抵达于田万方机场（于田县融媒体中心提供）

铁路运输

【概况】 喀和铁路东延工程和田—若羌段，在于田境内包含兵团第十四师二二五团共115.3千米。火车站为小型铁路旅客车站，建设地点位于阿热勒乡、科克亚乡交界处，距县城6千米，总建筑面积1.13万平方米。（李 玮）

2022年，新建的于田火车站（吴新兰 摄）

【开通运营】 2022年6月16日，和若铁路于田火车站开通运营。年内，发送旅客1.55万人次，到达旅客1.73万人次。（李 玮）

公路客运

【概况】 2022年，和田都玉客运有限责任公司于田站有营运客车185辆。其中，大型客车18辆，中型车2辆，各线路小轿车165辆。全年发车次10.65万辆72.1万人次，同比降低20%，票款收入113.98万元。（艾比拜·艾买尔）

【营运线路】 2022年，和田都玉客运有限责任公司下设乡镇短途站6个、客运线路13条。其中，跨区线路3条，跨县线路4条，县内线路6条，平均日发班次128车次350人次。（艾比拜·艾买尔）

【安全生产】 2022年，和田都玉客运有限责任公司于田站建立健全安全组织，层层签订责任书，严格执行安全生产月度例会和总站季度例会制度，召开安全例会18次，参加总站安全例会2次。全年开展安全隐患排查专项行动25次，下发各乡镇限期整改通知书6份，涉及整改问题7条。组织参加于田县交通系统法治宣传月及安全生产月咨询日活动，发放安全宣传单110份，受教育群众205人次。组织消防知识讲座8次。全年未发生安全事故，实现零伤亡、零事故目标。（艾比拜·艾买尔）

【窗口服务和行风评议】 2022年，和田都玉客运有限责任公司于田站实行岗位责任追究，向广大旅客亮明岗位职责，接受行风义务监督员及广大旅客监督。强化“班组文化”建设，完善站场设备，提供人性化服务。受理各类投诉1起，有效投诉1起，办结率100%。（艾比拜·艾买尔）

邮　政

【邮政储蓄】　2022年，于田县邮政分公司储蓄业务余额5.87亿元。其中，玉城西路网点余额4.52亿元，喀日曼路网点余额1.34亿元。

（艾比布汗·吾布力艾山）

【金融客户】　2022年，于田县邮政分公司有效客户总数5.4万户，价值客户总数6355户，VIP客户总数1780户。（艾比布汗·吾布力艾山）

【邮政寄递】　2022年，于田县邮政分公司寄递业务收入226.86万元，同比增幅10.16%。其中，特快业务收入137.75万元，快递包裹业务收入89.11万元。

（艾比布汗·吾布力艾山）

【电商市场】　2022年，于田县邮政分公司精选本地特色农产品阿塔米拉斯茶叶、二二五团玉泉枣，每日定期开展直播带货。利用邮乐优鲜平台上线水果、鲜花等产品，配送新鲜水果93单、鲜花125单。

（艾比布汗·吾布力艾山）

通　信

中国电信股份有限公司和田地区于田县分公司

【概况】　2022年，于田县电信公司助力建设网络强国，围绕"乡村振兴"主线，以信息化助力工作部署，提升赋能社会能力，为加快企业转型、做好经营工作、服务社会发展提供信息化手段支撑。

（贾红霞）

【网络基础建设】　2022年，于田县电信公司开通各类专线1.82万个点位，扩容4G基站25个，建设5G基站22个；敷设有线网户户通工程光缆374皮长公里，新建光端口8614个；乡村振兴线路迁改15处，城市区域光纤覆盖率100%，乡镇光纤覆盖率100%，行政村光纤覆盖率98%以上。（贾红霞）

【通信保障】　2022年，于田县电信公司保障文旅在线直播活动1次，曲棍球比赛现场直播2次、教育考试5次、达里雅布依乡视频会2次。同时，在重大节点实行24小时现场值守制度。（贾红霞）

中国移动通信集团新疆有限公司于田县分公司

【网络建设】　2022年，中国移动通信集团新疆有限公司于田县分公司结合于田县移动国企属性，不断加大投资，实施精准投入，有移动宽带用户3万户，移动电话用户7.2万户。（王玉凤）

【综合管理】　2022年，于田县移动公司大力开展基础管理提升工作，组织普法学习5次，累计培训30人次；打造阳光采购工作体系，采购公开率100%。

（王玉凤）

【业务培训】 2022年，于田县移动公司按照“走出去、请进来、再提升、重培养、严考核”总体思路，开展外派培训10期、培训人员20人次，内部培训31期、培训人员29人次。定期邀请华为、中兴、大唐、海康等国内一流通信设备公司技术专家进行技术指导，提升员工综合业务素质。（王玉凤）

【应急保障】 2022年，于田县移动公司完成节假日、重要节点、重要会议应急通信保障18次。（王玉凤）

中国联合网络通信有限公司
于田县分公司

【概况】 2022年，于田县联通公司完成业务发展1.83万户，整体完成率79.67%；完成收入2839万元，整体收入完成率63.08%。（郑 兴）

【工程建设】 2022年，于田县联通公司建成4G基站175个、3G基站122个，新建5G基站19个；完成子线路割接与改造村40个，布放分光器1289个，形成宽带端口1.03万个，可供1.03万余户家庭光纤入户。（郑 兴）

【医共体内网建设】 2022年，于田县联通公司完成先拜巴扎镇镇卫生院及各村卫生室医共体内网建设任务。（郑 兴）

【服务社会】 2022年，于田县联通公司免费为5000多名中小学师生赠送200G流量包。（郑 兴）

2022年，行驶在于田乡村的电信维护车辆 （于田县电信公司提供）

城乡建设

城乡规划与土地开发

【国土空间规划】 2022年，于田县自然资源局完善规划编制体系，完成于田县建成区及周边地形图测绘工作以及8个专项规划初稿、15个乡镇44个村地形测绘工作；完成于田县国土空间“三区三线”划定工作，初步划定于田县生态红线总面积83.95万公顷，开发边界总面积6720.19公顷，耕地面积3.83万公顷，基本农田面积3.05万公顷。

（如则·买提图尔迪）

【土地市场】 2022年，于田县出让土地17宗，涉及土地面积26.98公顷，出让成交价9167.01万元，实际缴纳出让金3204.24万元，出让宗数比上年同期减少59.5%。其中，工业用地11宗，出让土地面积20.49公顷，成交价276.90万元，实际缴纳出让金276.90万元；商业及住宅用地6宗，出让土地面积6.49公顷，成交价8890.12万元，实际缴纳出让金2927.35万元。 （如则·买提图尔迪）

【行政许可】 2022年，于田县办理建设项目用地预审与规划选址意见书161宗，核发建设用地规划许可证56件、建设工程规划许可证64件、乡村规划许可证40件、用地规划意见书56件、规划设计条件39个、项目建设面积认定书32份，建设工程竣工规划认可书3份。 （如则·买提图尔迪）

【用地审批】 2022年，于田县审批建设用地报件60件，涉及项目114宗，批准用地面积299.65公顷。其中，项目用地报件11件，涉及项目65宗，批准面积50.75公顷，单独选址项目用地报件49件，涉及项目用地49宗，批准用地总面积299.65公顷。于田县人民政府上会批准项目54宗，批准用地面积212.69公顷。 （如则·买提图尔迪）

【闲置土地处置】 2022年，于田县闲置土地处置面积214.37公顷，处置完成率120%。

（如则·买提图尔迪）

市政建设

【重点项目】 2022年，于田县实施管网、供热、供气等市政基础设施及配套建设项目12个。

于田县2020年公共租赁住房配套基础设施建设项目（内配套），总投资978万元。2022年，计划完成投资880万元，完成投资880万元。建设内容及规模：新建供水管网998.75米、排水管网1002.3米、消防管网756.56米、供暖管网825.35米、燃气管网1208.56米，配套建设电力、围墙及硬化等附属设施。

于田县2021年公共租赁住房配套基础设施建设项目（内配套），总投资978万元。2022年，计划完成投资880万元，完成投资880万元。建设内容及规模：新建供水管网1200米、排水管网1200米、供暖管网800米、燃气管网1400米，配套建设社区附属用房、消防、电力、亮化、绿化、值班室、大门、围墙、垃圾收集设施等附属设施。

于田县2021年棚户区改造建设项目（内配

套),总投资667万元。2022年,计划完成投资600万元,完成投资600万元。建设内容及规模:新建供水管网2500米,排水管网2000米,燃气管网1890米,配套建设消防、电力、亮化、绿化、值班室、大门、围墙等附属设施。

于田县木尕拉镇古再村供排水附属配套设施建设项目,总投资614万元。2022年,计划完成投资614万元,完成投资614万元。建设内容及规模:建设DN400供水管道1400米,DE400~DE500排水管道2600米,地面硬化面积2.26万平方米,沥青路面6231平方米,天然气管道1964米及附属工程。

和田地区于田县供热系统改造建设项目,总投资1800万元,完成投资1653万元,完成总工程量85%。建设内容及规模:新建DN200~500供热管网4千米,改造DN100~400管网10千米,配套建设附属设施。

和田地区于田县城供水管网改造建设项目,总投资1800万元,完成投资1200万元,完成总工程量50%。建设内容及规模:新建DN500~400供水管网10千米、改造DN400~300管网6千米,配套安装水表等附属配套设施。

和田地区于田县城南片区管网建设项目(一期),总投资8500万元。2022年,计划完成投资6000万元,完成投资5462万元,完成总工程量90%。建设内容及规模:新建DN110供水管道0.9千米,DN200供水管道5.85千米,DN300供水管道10.09千米,DN400供水管道40千米,及其附属配套设施设备;新建DN500排水管道4.75千米,DN400排水管道12.8千米及附属配套设施设备。

和田地区于田县城镇主供水管网建设项目,总投资4000万元。2022年,计划完成投资3000万元,完成投资3000万元。建设内容及规模:新建DN500供水管网21.8千米,D530供水管网2.3千米,土方开挖、回填共62万立方米及附属配套设施。

于田县城南片区燃气管道建设项目,总投资3000万元。2022年,计划完成投资2000万元,完成投资2000万元。建设内容及规模:新建DN315中压管道20千米及相关附属配套设施。

和田地区于田县城南停车场建设项目,总投资1700万元。2022年,计划完成投资1000万元,完成投资1645万元。建设内容及规模:新建停车场建设面积2.5万平方米及设施配套。其中,一宗地和四宗地停车位130个,绿化面积4776平方米,铺装面积2万平方米。给排水专业:∅50PE100级塑料管408米;∅63PE100级塑料管1166米;∅90PE100级塑料管938米;2200×1800×1600水表井1个;∅1400给水阀门井4座;泄水井5座。

和田地区于田县集中供热热源建设项目,总投资6250万元。2022年,计划完成投资5000万元,完成投资3542万元,锅炉房主体完成85%,管道和锅炉已订货,完成总投资的70%。

和田地区于田县垃圾填埋场二期建设项目,总投资8750万元。2022年,计划完成投资7000万元,完成投资4251万元,完成总工程量60%。建设内容及规模:采用卫生填埋技术,总有效库容为82.13万立方米,设计能力为平均日处理量120吨/天,土建工程、防渗工程、渗沥液导排系统、地下水导排系统、监测井系统等附属配套设施。

于田县先拜巴扎镇道路附属建设项目,总投资400万元。建设内容及规模:新建1.5+37+1.5(米)人行天桥1座,桥宽4米,梯道宽3米。 (苟青云)

【城市绿化】 2022年,于田县城新增绿地4处、面积6.71万平方米;改造玉城路绿地1处,改造面积6400平方米;种植树木6.06万棵。防控城市园林发生病虫害,组织人员喷洒石硫合剂200千克、吡虫啉200千克、敌敌畏150千克、高效氯氟氰菊酯150千克。 (苟青云)

【市政设施维护】 2022年,于田县维护路灯364盏,修复县城损坏路面及人行道300平方米,修复护栏320米,定期维护县城公厕设施、绿化管网及水井设施。 (苟青云)

【供排水】 2022年，于田县绿源水务有限公司实现日供水量1.8万立方米，月供水量29万立方米，年供水量350万立方米。县城污水处理厂日处理量9000～1.2万立方米。工业园区水厂实现日供水量4500立方米，月供水量20万立方米，年供水量250万立方米，工业园区污水处理厂污水日处理量4000～5000立方米。维修管道221次，疏通下水管道127次。新增加用水户1321户，排水户1321户；清洗、换装物联网水表2.46万块；安装DN100毫米以上供水管道23千米，排水管道13.5千米。县城供水管道在原有基础上新安装供水管道27千米，新增加排水管道7千米。

（瓦日斯江·麦麦提）

2022年，于田县供排水管网施工现场

（于田县住建局提供）

住房改建

【保障性住房建设】 2022年，于田县实施保障性住房建设项目2个，分别是：

和田地区于田县2022年公共租赁住房建设项目，总投资1.2亿元。2022年，计划完成投资1.07亿元，完成投资1.07亿元。建设内容及规模：总建筑面积3.52万平方米，共建设公租房20栋600套，均为一梯三户。其中，1～20#楼每栋建筑面积1758.05平方米，地上五层，砖混结构，条形基础。社区用房4200平方米，门卫室4个共216平方米，绿化面积10.36万平方米及附属配套设施等。

于田县2022年保障性租赁住房建设项目，总投资1.15亿元。2022年，计划完成投资9168万元，完成投资9168万元。建设内容及规模：总建筑面积2.63万平方米，建设内容包括宿舍460间、食堂、管理办公室、洗衣房、配套辅助用房及消防水池及泵房。地上三层，建筑高度12.55米。采用砖混结构（食堂及其上部二、三层宿舍部分为框架结构），条形基础。 （苟青云）

【棚户区改造】 2022年，于田县实施棚户区改造建设项目2个，分别是：

于田县2022年棚户区改造建设项目，总投资2.3亿元。2022年，计划完成投资1.8亿元，完成投资1.68亿元。建设内容及规模：建筑面积5.35万平方米，共建设住宅式棚改安置房8栋627套，均为一梯三户。

于田县2021年棚户区改造建设项目，总投资2000万元。2022年，计划完成投资2000万元，完成投资2000万元。建设内容及规模：新建社区服务中心；大门及值班室；消防水池及泵房；箱式变压器、油浸式变压器；室外给水、排水、供电管网；硬化、绿化、铁艺围墙、国旗台、铁艺大门、路沿石、土方换填、垃圾清运等附属设施建设。 （苟青云）

【老旧小区改造】 2022年，于田县实施老旧小区改造项目1个，即：于田县2022年老旧小区改造基础设施建设项目（内配套），总投资2781万元。2022年，计划完成投资1688万元，完成投资984万元。建设内容及规模：改造阗美小区楼栋17栋，建筑面保温及防水改造面积1.54万平方米；建筑外墙保温及装饰装修改造面积5.73万平方米；楼道墙面装饰装修改造面积1.55万平方米，硬化面积9862平方米、铺设路沿石660米、绿化2906.64平方米，给水管网1650米、排水管网1750米、供暖管网1980米、消防管网770米、燃气管网5878米，电气管网(电缆沟)1705米、电缆入口井35座,5位智能汽车充电桩2个、变压器1台、庭院灯46套,石桌凳12套、电动车充电桩34个、封闭式垃圾房8套、健身器材24套,宣传栏28套、座椅30套等。

(苟青云)

【产城融合项目】 2022年,于田县实施工业园区产城融合示范区建设项目,总投资6250万元。建设内容及规模:新建室外硬化4.1万平方米,人行道改造8.5万平方米,公厕3座,玫瑰市场外立面改造及配套附属用房,园林绿化、景观及给排水管网改造等。 (苟青云)

【公益安置点】 2022年,于田县实施公益安置点建设项目,总投资1.5亿元。2022年,计划完成投资1.1亿元,完成投资1.1亿元。建设内容及规模:采购3000套一体化集装箱式房屋,包括基础施工及场地硬化4.75万平方米、供水管网14千米、排水11千米、电缆8152米、围墙、1250千伏安箱式变压器5套、2000千伏安箱式变压器2套、垃圾存放点3处等附属配套设施。 (苟青云)

市政管理

【城市环境卫生】 2022年,于田县城环境卫生工作分为3个片区进行管理,分别是东片区、西片区和老城区片区,每个片区进行定岗定责,机械化清扫与人工清扫相结合,机械化清扫率80%以上,配备5辆环卫车辆对31个点位垃圾船进行清理,年处理城区垃圾2902.2吨,无害化处置率100%。

(苟青云)

【城管执法】 2022年,于田县开展市容环境卫生攻坚战和爱国卫生运动活动,清理违法小广告33处、收缴违法宣传单1200张,批评教育违法乱贴小广告人员3人,清理堆积物1.2万处,清理取缔影响居民日常生活马路市场、露天烧烤、店外经营等各类违法户外经营摊点11处;整治批评教育建筑工地夜间施工噪声扰民4次,规范大小工地6个,审批办理开挖14起,临时建筑4起;治理违规停车144起,宣传教育引导规范停车474起;查封整顿停车场10个,行政处罚金5000元。 (苟青云)

【燃气管理】 2022年,于田县建成天然气输气管线12千米、城镇燃气管道31.24千米,城镇享受燃气取暖1.3万户,乡镇享受燃气取暖200户。城镇燃气上游气源主要来自环塔管网于田分输气管站,负责于田县CNG加气站与于田县加依乡调压站供气。其中,于田县CNG加气站负责供应出租车及私家车CNG气源供应,于田县加依乡调压站负责县城居民和商业用气,设计产能每小时2.5万立方米。工业园区调压站,上游气源主要来自环塔管网46号阀室,输气管线6.8千米,负责为工业园区居民及商业用气,设计产能每小时1.2万立方米。 (苟青云)

征收与补偿

【征收评估】 2022年,于田县对古再片区60户房屋进行评估并征收,木尕拉镇拆除房屋51户。民洛高速路于田县境内征收范围涉及阿热勒乡、科克亚乡、先拜巴扎镇、奥依托格拉克乡、托格日尕孜乡、兰干博孜亚农场共679户村民,签订征收合同615份,涉及征收房屋146户。 (苟青云)

【拆迁安置】 2022年,于田县共安置房屋1837套。其中,原西门检查站二期永久安置125套,分配安置61套;古再村二期小区永久安置220套,分配安置4套;龙湖苑小区二期永久安置440套,分配安置58套;棚户区古再三期永久安置165套,分配安置462套;金鑫小镇正在分配60套;景阆壹号小区永久安置109套,分配42套;老城区木板桥商铺永久安置88套,分配3套。 (苟青云)

乡村建设

【农村人居环境整治】 2022年,于田县完成庭院改造5.28万户,完成率95.3%。稳步推进村庄清洁行动,涉及提升重点村16个、其他村184个、农户2.96万户。在7个乡镇建立生活垃圾中转站,投放三轮电瓶垃圾车420辆、垃圾清运车84辆、240升垃圾桶4.04万个。编制完成《于田县农村生活污水治理专项规划》,以县城周边村、乡村振兴示范村为重点,逐步纳入污水处理管网,实现农村生活污水有效治理。 (苟青云)

【实施抗震防灾工程】 2022年,于田县针对7度以上地震集中区进行摸排梳理,实施农村抗震防灾工程建设任务160套,全部完工。涉及中央补贴资金135.98万元、援疆资金160万元,全部通过"一卡通"发放至农户。 (苟青云)

【农村"煤改电"】 2022年,于田县农村居民"煤改电"项目总投资575.64万元,涉及10个乡镇45个村,改造户数1599户,12月30日完工并投入使用。 (苟青云)

房地产管理

【概况】 2022年,于田县有房地产经纪公司1家,房地产开发企业23家,房地产项目26个,主要有和田爱华房地产有限公司、和田天和房地产开发有限公司、于田县恒弘房地产开发公司等。 (苟青云)

【房屋预售许可办理】 2022年,于田县住房和城乡建设局办理房屋预售许可证33份,涉及栋楼33个,总建筑面积20.87万平方米。其中,住宅1083套13.75万平方米,商业463套5.73万平方米,配套用房1.4万平方米。 (苟青云)

【网签审批】 2022年,于田县住房和城乡建设局审批办理网签合同1245份,成交总面积14.86万平方米,成交额6.4亿元。 (苟青云)

【不动产登记】 2022年,于田县办理不动产登记证书449件,比上年减少83.9%;出具不动产登记证明2071件,比上年减少85%;办理抵押金额3.34亿元,比上年减少73%。 (苟青云)

物业服务

【专项检查】 2022年,于田县定期对物业企业进行专项检查,发现电动车充电不规范、违规占用消防通道、垃圾清理不及时等问题126条,未发现影响小区安全的重大隐患。定期对物业住宅小区、商业街区日常管理排查,发现并整改隐患86起。 (苟青云)

【小区优化管理】 2022年,于田县新标小区停车位860处,完善电动车停车点5处,安装电动车充电桩26处,在小区设置便民超市8家,将县城建设花园小区和玉都小区整合管理。 (苟青云)

【业主委员会建设】 2022年,于田县组建业主委员会28个,党小组12个,定期组织业主委员会、党小组成员对物业小区物业服务公司的服务质量及日常工作进行监督。 (苟青云)

公租房管理

【概况】 2022年,于田县建成公租房1.91万套(城区4111套),收缴租金637.19万元。 (苟青云)

【公租房清理规范】 2022年,于田县根据《自治区公租房管理办法》《于田县公租房管理实施办法(试行)》,通过入户摸排、邻里走访等方式清理清查出转租或名下有房产住户47套(整改完毕39套),长期未办理公租房手续房屋1套(整改完毕),未分配房屋332套。 (苟青云)

科技 气象

科 技

【概况】 2022年，于田县科学技术局用科技创新引领农业、工业现代化，深入实施科技创新驱动发展战略，重点开展科技项目申报、国家高新技术企业培育、科技型中小企业评价服务、技术合同登记、科创大赛、科技服务和科技宣传等工作，圆满完成县委、县人民政府和上级业务主管部门各项工作，有力支撑全县经济社会高质量发展。

（高彦海）

【科技项目】 2022年，于田县科学技术局围绕自治区重大科技专项、重点研发专项、科技援疆、乡村振兴产业发展科技行动、科技特派员农村科技创业行动等5类科技项目储备库建设。组织10家企业申报自治区各类科技计划项目20项，立项12项，涉及资金300万元。组织申报自治区厅地联动重大科技项目1个（和田葡萄种植与加工关键技术研究示范及产业化），申请自治区项目经费1000万元；立项地区乡村振兴产业发展科技专项（葡萄现代化种植技术集成示范）项目1个，涉及资金60万元；立项于田县科技人才创新合作资金项目4个，涉及资金200万元。（高彦海）

【高企培育】 2022年，于田县有高新技术企业1家。于田县科学技术局组织县域内符合条件3家企业申报2023年高新技术企业，邀请北京轻创新疆分公司对8家企业负责人、技术和财务负责人进行高新技术企业申报指导培训，实地指导服务新疆阗丰农贸实业有限责任公司等5家企业。

（高彦海）

【科小申报】 2022年，于田县科学技术局完成入库科技型中小企业3家，科技型中小企业备选8家。

（高彦海）

【技术合同】 2022年，于田县科学技术局组织新疆于田瑰觅生物科技股份有限公司等4家企业完成技术合同认定登记8项，技术合同交易金额576万元。（高彦海）

【科创大赛】 2022年，于田县科学技术局组织新疆于田瑰觅生物科技股份有限公司等5家企业参加第九届新疆创新创业大赛（和田赛区）暨第四届和田创新创业大赛，新疆阗丰农业科技有限责任公司、新疆于田瑰觅生物科技股份有限公司获得成长组三等奖，于田县国合鸽业有限公司获得乡村振兴组二等奖，于田县科技局获得优秀组织奖。新疆于田瑰觅生物科技股份有限公司、于田县国合鸽业有限公司、新疆阗丰农贸实业有限责任公司晋级参加第九届新疆创新创业大赛，于田县国合鸽业有限公司获得第九届新疆创新创业大赛乡村振兴专业赛三等奖。（高彦海）

【科技服务】 2022年，于田县有各级科技特派员107人，实施自治区科技特派员创新创业项目7个，推广特色产业新技术6项，引进新品种10个，建立科技示范基地5个，举办实用技术培训班80场次，培训农民5000人次。（高彦海）

2022年5月11日，新疆农业大学教师在于田县兰干乡托格拉克村开展技术培训

（于田县科技局提供）

【科技宣传】 2022年，于田县科学技术局利用"科技下乡活动""科技活动周""一月一科普"等主题活动，组织科技型企业、科技工作者和科普成员单位开展科技宣传，先后提供政策咨询300人次、解答问题150个，发放各类科普书籍3000本、宣传资料5000份，参与群众3000人。（高彦海）

气　象

【概况】 2022年，于田县平均气温13.9℃，比往年偏高1.7℃，极端最高气温41.0℃，出现在7月28日，极端最低气温-12.6℃，出现在12月28日；全年总降水量24.3毫米，比往年偏少34.7毫米，日最大降水量9.7毫米，出现在6月19日；年总日照时数1921.8小时，较往年偏少970.7小时；年极大风速15.2米/秒，出现在5月30日；沙尘日数较多，浮尘163天，扬沙14天，沙尘暴12天。（文国前）

【气象服务】 2022年，于田县气象局制作重要气象情报29期，短期气候预测14期，春运气象服务40期，农业气象专报8期，春耕春播气象服务专报9期，夏收夏种气象服务专报8期，秋收秋种8期，洪旱气象服务专报2期，决策服务专报3期，实时气象服务报告5期，周预报51期，专项天气预报10期，预警信号63期。（文国前）

2022年8月9日至15日，于田县气象局在加依乡开展土壤水文常数和物理特性值测定取样

（于田县气象局提供）

【人工降水】 2022年，于田县气象局开展人工增雨雪作业11次，使用火箭弹51枚、焰条48根，组织实施飞行5架次，飞行时长15小时。（文国前）

【设施维护】 2022年，于田县气象局对辖区内1个国家站、5个天气站、14个区域站、2个农业气象站进行二次维护，升级改造5个天气站翻斗雨量传感器。（文国前）

【气象科普宣传】 2022年，于田县气象局围绕"3·23"世界气象日、"5·12"全国防灾减灾日、"科技周"、全国"安全生产日"、节能宣传周等主题活动，在城乡农贸市场、巴扎、新时代广场开展气象科普宣传工作，发放有关宣传材料1200余份。（文国前）

生态环境与保护

土地资源保护

【耕地保护】 2022年,于田县在耕地保有量基础上,县、乡、村层层签订耕地保护目标责任书,做到"耕地占补平衡"及"耕地进出平衡"。在非农业建设涉及占用耕地,严格落实"先补后占、占一补一、占优补优、占水田补水田"要求,组卷审批报件55个,涉及土地面积28.59公顷(耕地面积16.81公顷),补划面积16.81公顷。下发耕地进出平衡外业监管任务90个,监测面积22.83公顷,其中占用基本农田面积2.16公顷。 (如则·买提图尔迪)

【卫片执法及变更】 2022年,国家下发于田县卫片图斑562个(拆分后598个),监测总面积845.54公顷,占用耕地图斑129个,耕地面积40.1公顷,占用基本农田图斑28个,基本农田面积9.41公顷。12月30日,上报审核通过图斑598个,通过率100%,完成国家和自治区自然资源部门"月清、季核"工作任务。 (如则·买提图尔迪)

【矿产保护】 2022年,于田县查处越界开采4起,乱采乱挖、无证开采5起(全部结案),行政处罚金额68.5万元。 (如则·买提图尔迪)

【地质灾害防治】 2022年,于田县自然资源局开展非煤矿山安全生产隐患排查工作,联合应急管理、水利、环保、国土执法监察大队对辖区内19个开采项目、2个勘查项目进行实地检查,下发限期整改通知18份,涉及问题46条;开展地质灾害巡查11次,巡查地质灾害隐患点178处,重点查看地质灾害隐患点19处,发放防灾工作明白卡19份、防灾避险明白卡25份,组织开展地质灾害应急演练2次。 (如则·买提图尔迪)

【测绘地理】 2022年,于田县自然资源局开展测绘市场监督检查3次,加强涉密测绘成果管理,建立测绘成果保密工作责任制。 (如则·买提图尔迪)

【新增耕地项目】 2022年,于田县实施2400公顷补充耕地项目,总面积4065.53公顷,建设规模3417.06公顷,新增耕地总面积2400.14公顷,新增耕地率70.2%,项目总投资2.16亿元。该项目分为2期申报入库(第1期申报814.10公顷、第2期申报1586.04公顷)。对第1期核实部分(新增地块83块、新增耕地814.10公顷)进行上报入库。项目区新增水田总面积38.08公顷,新增水田率42.5%,其中项目区水浇地通过提质改造后转为水田6.39公顷,其他地类转为水田31.69公顷。裸土地、沙地等其他地类通过提质改造为水浇地,新增水浇地总面积776.02公顷,新增水浇地率75.5%。于田县耕地储备库项目包含26个项目,建设规模1.01万公顷,总投资3.8亿元,项目区新增耕地2833.31公顷。其中,高标准农田建设项目3个,项目建设规模2586.7公顷,项目总投资5507万元;高效节水项目2个,项目建设规模4732公顷,项目总投资2.58亿元;土地开发项目16个,项目建设规模2373.33公顷,项目总投资5606.54万元;中低产田改造项目5个,项目建设规模426.7公顷,项目总投资1065.39万元。于田县新增水田地入库项目,依据2020年土地变更调查数据和竣工后实际勘界及相关技术要求,对项目区建设前后水田情况进行调查,为补充于田县水田数量和提高水田质量,将于田县农业农村局实施"于田县先拜巴扎镇、加依乡、木尕拉镇等7个乡镇2021年高标准农田建设项目"建设范围内可纳入新增水田地块进行入库申报。项目区原有水浇地通过提质改造后转为水田168.63公顷,其他地类转为水田347.35公顷,新增水田总面积515.98公顷,新增水田率26.35%。项目实施后新增水田平均质量等别为国家利用等级11等。新增水田增加产能3923.41吨。9月6日,按照程序项目成果资料上报自治区自然资源厅耕地保护监督处进行复核,按照核查意见整改完毕。（如则·买提图尔迪）

生态环境监管

【生态监管执法】 2022年,和田地区生态环境局于田县分局开展排污企业、医疗机构、加油站等执法检查116家次,下达责令改正违法行为决定书113份,立案处罚2起,出动执法人员346人次,罚款47.7万元。（阿不都来提·艾则孜）

【空气监测】 2022年,于田县环境空气站有效检测天数349天,有效率98.6%。环境空气质量优良天数121天,占比35%;轻度污染天数66天,占比18.9%;中度污染天数35天,占比10%;重度污染天数29天,占比8.3%;严重污染天数98天,占比28.1%。（阿不都来提·艾则孜）

【严格落实环评制度】 2022年,于田县严禁高污染、高能耗、高排放、低效益"三高一低"建设项目,从源头上控制新污染源产生,主动靠前服务,根据环评意见对建设项目进行合理选址。和田地区生态环境局于田县分局完成本级备案登记表项目41个,审批报告表20件,出具饮用水水源地查询说明312个。（阿不都来提·艾则孜）

【医疗废物管理】 2022年,于田县处置转运医疗废物3654次410.85吨。和田地区生态环境局于田县分局针对医疗行业使用固体废物平台使用情况,开展执法检查32次,通报问题67条,并限期进行整改。（阿不都来提·艾则孜）

【饮用水水源地环境整治】 2022年,和田地区生态环境局于田县分局联合水利局对饮用水水源地保护区范围内各类污染源进行排查,发现并整改问题22个。（阿不都来提·艾则孜）

2022年6月5日,于田县开展"6·5"世界环境日活动 （和田地区生态环境局于田县分局提供）

森林草场保护

【概况】 2022年,于田县森林总面积18.41万公顷,森林蓄积量80.52万立方米;草场总面积61.15万公顷,占全县总面积15.65%,天然草场面积60.42万公顷(山地草场39.27万公顷、平原草场21.15万公顷),人工牧草场面积0.73万公顷。（阿依夏木古丽·阿卜杜拉）

【沙化治理】 2022年,于田县治理沙化土地面积1.53万公顷。其中,完成绿化造林面积1020公顷、退化林修复面积333.33公顷、围栏草原面积6853.33公顷、半免耕补播改良面积1333.33公顷、

封沙育林面积1333.33公顷、天然林引洪灌溉面积6666.67公顷。 （阿依夏木古丽·阿卜杜拉）

【森林草原资源管理】 2022年，于田县林业和草原局执行草原禁牧休牧和草畜平衡制度，实施草原生态奖励补助政策，禁牧草原面积7.67万公顷；落实森林草原防灭火及安全隐患排查整治工作，发现并整改隐患问题256条；组织开展森林草原防灭火培训16场次、演练95场次、面对面宣传148场次。 （阿依夏木古丽·阿卜杜拉）

【森林草原执法审批】 2022年，于田县林业和草原局完成临时占用草地行政审核审批1件，办理占用林地手续项目5个，占用草地4个，林草湿变化图斑959个，核查落实森林督查图斑477个、草原图斑235个。办结行政执法案件18起。

（阿依夏木古丽·阿卜杜拉）

野生动植物保护

【概况】 2022年，于田县有野生高等植物38科112属155种，主要有新疆杨、箭杆杨、银白杨、桑树、沙枣、胡杨、柳树、红柳、毛希柳、多枝柽柳、小叶白蜡、刺槐、白榆、臭椿、侧柏、沙棘、大颖三芒草、昆仑沙拐枣、驼绒藜、沙蓬、倒披针叶虫实、骆驼刺、赖草、罗布麻、芦苇、香蒲、芨芨草等。已知野生动物96种，国家重点保护野生动物有雪豹、藏羚羊、雪鸡、野骆驼、黑鹳、苍鹭、鹅喉羚、大天鹅、灰鹤等。 （阿依夏木古丽·阿卜杜拉）

【野生动植物保护与救助】 2022年，于田县严厉打击非法野生动物交易行为，先后救助野生动物37只（鹅喉羚9只、野猪5头、赤麻鸭15羽、纵纹腹小鸮1只、红隼2只、猫头鹰1只、环颈雉4只），查办违反野生动物保护法律法规案件7起，收缴放生野生动物11只，罚款1.5万元，处罚17人（行政处罚3人、刑事处理14人）。

（阿依夏木古丽·阿卜杜拉）

2022年10月，于田县希吾勒乡骆驼

（吴新兰　摄）

湿地保护

【概况】 2022年，于田县湿地总面积14.84万公顷，集中连片湿地位于克里雅河国家湿地公园。于田县克里雅河国家湿地公园位于于田县城北部克里雅河下游，木尕拉镇至克里雅河尾闾，深入塔克拉玛干沙漠腹地。克里雅河国家湿地公园规划总面积14.3万公顷，湿地面积5541.12公顷，湿地率58.15%，湿地公园包括湿地保育区、恢复重建区、合理利用区。 （吾布力·卡斯木）

2022年夏，野生鸟类栖息地——克里雅河国家湿地公园 （黄文君　摄）

【湿地动植物】 2022年，于田县克里雅河及周边地区有高等植物38科122属155种，主要植物有胡杨、柽柳、铃铛刺、骆驼刺、芨芨草、甘草、胖姑娘、芦苇、蒲草、拂子茅、三菱草等，以及广布盐生假木贼、碱蓬、麻黄及药用植物等。有野生脊椎动物96种，隶属于5纲24目48科。有国家一级重点保护野生动物黑鹳，国家二级重点保护野生动物苍鹭、大天鹅、鸢、棕尾鵟、白头鹞、红隼、纵纹腹小鸮、草原斑猫、鹅喉羚、塔里木兔10种，常见的野生动物有西域漠虎、鸬鹚、赤麻鸭、绿翅鸭、伯劳、塔里木兔、柽柳沙鼠、三趾跳鼠等。 (吾布力·卡斯木)

2022年于田县克里雅河国家湿地公园调整后规模统计表

表4

功能分区	面积(平方千米)	占湿地公园总面积的比例(%)	各功能区内湿地面积(平方千米)	占湿地总面积比例(%)
湿地保育区	117670.05	82.29	65293.00	78.52
恢复重建区	350.14	0.24	350.14	0.42
合理利用区	24979.81	17.47	17513.82	21.06
合计	143000.00	100.00	83156.96	100.00

公益林管护

【概况】 2022年，于田县有公益林面积13.48万公顷。其中，国家级公益林面积6.52万公顷，地方公益林面积6.96万公顷；有林地面积0.9万公顷、疏林地面积1.27万公顷、灌木林地面积4.45万公顷，灌丛地面积1.93万公顷、宜林地面积4.92万公顷。公益林主要树种为胡杨、红柳、沙拐枣等。

(阿米娜·买买提明)

【公益林区】 于田县有公益林区5个、片区管护站8个。分别是：喀拉克尔公益林区(喀拉克尔管护站、兰喀管护站)、达里雅布依公益林区(沙枣园管护站、英巴格管护站)、奥依托格拉克公益林区(也斯尤勒滚管护站、布仁塔勒管护站)、兰干博孜亚公益林区(兰干博孜亚管护站)、希吾勒公益林区(希吾勒管护站)。 (阿米娜·买买提明)

【管护队伍】 2022年，于田县聘用公益林管护人员98人。其中，监管员8人、站长8人、管护员82人。管护公益林面积6.52万公顷。

(阿米娜·买买提明)

【古树保护】 2022年，于田县查明古树113株。其中，胡杨34株，银白杨33株，灰杨25株，桑树9株，沙枣5株，枣树3株，旱柳1株，核桃1株，黑桑树1株，柳树1株。有国家一级保护古树木16株，二级保护古树40株，三级保护古树57株。

(阿米娜·买买提明)

2022年秋，于田县希吾勒乡胡杨

(周　涛　摄)

教 育

综 述

【概况】 2022年，于田县有各级各类学校242所（含4所教学点），在校学生8.83万人，毕业生2.03万人。普通高中学校2所，招生2173人，在校生5967人，毕业生1457人；中等职业教育学校1所，招生310人，毕业生640人，在校生1762人；初中学校11所，招生5260人，在校生1.49万人，毕业生3923人；小学85所（含4所教学点），招生8825人，在校生5.26万人，毕业生5403人；幼儿园143所，新入园幼儿1454人，在园幼儿1.31万人，毕业生8839人。有各级各类学校教职工5619人，其中：专任教师5266人，中等职业教育学校专任教师53人，高中专任教师450人，初中专任教师1272人，小学专任教师2375人，幼儿园专任教师1116人。

（张昭武）

【教育经费投入】 2022年，于田县财政性教育经费投入15.6亿。其中，学前教育经费2.6亿元，义务教育经费9.31亿元，普通高中教育经费9511.11万元，中等职业教育经费2.59亿元，教育其他经费1420.7万元。 （张昭武）

【学生资助】 2022年，于田县认真落实国家、自治区学生资助政策，建立学生资助以县为主的管理体制，按照精准施策要求，落实好贫困家庭学生差异化资助工作，做到应助尽助，应享尽享，精准落实教育资助资金2.13亿元。 （张昭武）

【教育基建项目工程】 2022年，于田县立足实际，科学规划校园基础设施建设，扩大学校办学规模，实施教育类项目工程14个，涉及学校17所，总建筑面积11.67万平方米，总投资4.1亿元。

（张昭武）

【教师队伍管理】 2022年，于田县加强教师思想政治建设，突出教师全方位、全过程师德养成。坚持“多渠道扩充增量、多层次盘活存量”原则，继续用好用足国家、自治区教师招聘政策，精准做好学校短缺学科、专业的摸底排查，科学制定教师招聘岗位计划，合理补充教师增量。于田县组织人员赴内地招聘教师，招补专业教师167人。发挥援疆教师作用，落实教育部“万名教师援疆支教”60名中小学教师到于田县工作；有序安排371名大学生实习支教。 （张昭武）

【教育督导】 2022年，于田县全面落实义务教育控辍保学机制，按照属地管理原则，教育部门会同公安、民政、残联、卫健等部门对全县疑似失学辍学儿童进行全面摸排、核查和劝返工作，凝聚各方力量为失能儿童和残疾儿童送教上门、提供康复训练、随班就读、特殊教育分类安置，建立残疾儿童一人一档，残疾儿童入学率100%，保证义务教育阶段每个学生不因家庭经济困难失辍学。坚持督政与督学并重，监督与指导并举，进行多次督导，义务教育发展硬件基本达标,软件得到大幅度提升。

(张昭武)

【教学研究】 2022年,于田县把“课前三分钟”与课堂教学有机融合,纳入课堂教学过程和评价。发挥教学能手培养工作室的专业引领和辐射带动作用,开展县、校两级各学科集体备课、“送教下基层”等活动,开展县级优质示范课送教43节,县级集体备课活动24次、教材解读培训2次、实验员培训2次、乌鲁木齐市沙依巴克区组织送教10次、天津市送教2次,带动教师队伍教学业务水平整体提高。组织开展各学科教学能手选拔赛,评选县级名师22人、学科带头人22人、骨干教师22人、教学能手66人,壮大骨干教师队伍。 (张昭武)

【学生学籍管理】 2022年,于田县印发《于田县2022—2023学年各级各类学校招生入学实施细则》,全面实现义务教育段多校联片划区招生。落实国家、自治区相关要求,取消各类特长生招生政策。报送1457名2022年普通高中应届毕业生相关信息;做好2022年参加高考学生的学籍审核工作。规范学籍管理,发放验印2019级1457名高中毕业生毕业证和2173名高一新生自治区学籍注册、审核、上报工作;完成9326名中小学生毕业升级升学学籍信息管理工作。小学、初中入学率分别为100%、98.41%,户籍巩固率分别为99.01%、99.57%。 (张昭武)

【考试组织】 2022年,于田县成立普通高考报名资格审查工作领导小组,组织人员对2079名报名考生进行“学校、县级”审核。设高考考点1个。组织初中学业水平考试,组织参加中考考生3934人。组织新疆高中班考试、新疆中职班考试等。全年无考试事故和投诉事件发生。 (张昭武)

【区内初中班招生】 2022年,于田县有120名学生被区内初中班录取。 (张昭武)

【新疆高中班录取】 2022年,于田县组织667人参加新疆高中班考试,有21名学生被新疆高中班录取。 (张昭武)

【校外教育】 2022年,于田县组织各学校开展以“喜迎元旦,贺新春”为主题的文艺活动,寒暑假开展特长兴趣培训,受益学生625人次。组织参加和田地区首届迎新春“文化润疆杯”篮球比赛、教职工乒乓球比赛、中学生田径运动会,组织各学校开展教育系统“大美校园”作品征集活动、“谱写新篇章 喜迎二十大 翰墨丹青颂党恩”“我爱你中国”主题师生书法大赛等文艺、体育比赛活动。组织开展于田县中小学生“学好中国字 做好中国人”书画作品评选活动、2022年中小学汉字书写大赛、“科学也偶像”视频征集等活动。精心组织研学旅行活动,将研学纳入教学计划,做到有监督、有方案、有预案、有措施、有评价和有宣传,全年中小学校组织跨省研学活动1次,参加师生140人,地区域内研学活动4次,参加师生800人,县域内研学活动百余次,参加师生2.89万人次;举办“奔跑吧·少年”青少年足球联赛,142名学生在比赛中获得佳绩。选派教师参加自治区校外体育、科技培训52人次。 (张昭武)

学前教育

【概况】 2022年,于田县深化学前教育改革,积极优化学前教育布局,加大教师培训力度和交流帮扶,提高幼儿园师资队伍素质,加强幼儿园常规管理,保障适龄儿童接受基本的、有质量的教育,学前教育整体水平和普及程度不断提高,建成覆盖县、乡、村三级幼儿园143所,在园幼儿1.31万人。

(张昭武)

【于田县第一幼儿园】 于田县第一幼儿园位于县城昆仑路,占地面积7643平方米,绿化面积441平方米。2022年,设班级19个,在园幼儿785人,有教职工34人。学校坚持“用爱养育、用心教育”的办学宗旨，秉承“让每一个孩子在爱的教育中健康成长”育人理念，树立“有爱、专业”教风。

（张昭武）

【于田县第二幼儿园】 于田县第二幼儿园位于县城东北玫瑰小区，占地面积6500平方米，总建筑面积3400平方米，绿化面积300平方米，硬化面积6200平方米。2022年，开设教学班8个，在园幼儿310人，有教职工38人。（张昭武）

【于田县第三幼儿园】 于田县第三幼儿园位于县城玉城西路玉都小区内，占地面积4544.8平方米，绿化面积751.9平方米，硬化面积1016.22平方米。2022年，开设教学班9个，在园幼儿347人，有教职工43人。（张昭武）

【于田县第四幼儿园】 于田县第四幼儿园位于木尕拉镇阿斯廷奥依村，占地面积6502平方米，建筑面积2814.86平方米，绿化面积1406平方米。2022年，开设教学班9个，在校幼儿316人，有教职工14人。（张昭武）

【于田县第五幼儿园】 于田县第五幼儿园位于县城建德南路，占地面积1.29万平方米，校舍面积3380平方米，幼儿园绿化、硬化、保教设施齐全，室内配套设备标准，满足幼儿日常活动所需。2022年，有教职工38人，开设教学班7个，在园幼儿195人。（张昭武）

【于田县第六幼儿园】 于田县第六幼儿园占地面积6840平方米，建筑面积2454平方米，绿化面积975平方米。2022年，有教职工32人，开设教学班7个，在园幼儿204人。学校坚持“用爱引导，用心呵护”的办园宗旨，秉承“阳光、自信、感恩、博爱”的育人理念，树立“求知、求真、求实、求新”的教风，致力营造文明、和谐的校园氛围。（张昭武）

【于田县金风幼儿园】 于田县金风幼儿园是一所学前三年制公办幼儿园，占地面积1.14万平方米，建筑面积3885平方米，户外活动场地面积1500平方米。2022年，有教职工61人，有15个班级，在园幼儿491人。（张昭武）

【于田县镇海幼儿园】 于田县镇海幼儿园位于县城卡鲁克路，由浙江省宁波市镇海区援建，占地面积1.1万平方米。2022年，开设教学班11个，在校幼儿341人，有教职工48人。（张昭武）

2022年，夏日的于田县镇海幼儿园

（于田县教育局提供）

义务教育

【概况】 2022年，于田县中小学严格落实义务教育“学校划片招生、生源就近入学”制度，有效化解义务教育段“择校热”。（张昭武）

【于田县第一小学】 于田县第一小学是于田县最早成立的小学，位于于田县文化南路，占地面积1.4万平方米，学校设有录播室、科学实验室、学生机房、图书室、教学器材室、音乐室、美术室等。2022年，有教职工93人，开设班级41个，在校生2165

人。10月,于田县第一小学(少先队)获地区级红领巾奖章“三星章”。（张昭武）

【于田县第二小学】 于田县第二小学位于县城建德路,占地面积2.14万平方米,建筑面积9279.27平方米。2022年,有教师61人,开设教学班级29个,在校生1365人。2022年,荣获于田县教育系统2022年度党建工作“先进基层党组织”、2022年度“教育工作先进集体”荣誉。（张昭武）

【于田县CEC希望学校】 于田县CEC希望学校位于县城315国道旁,学校占地面积3.82万平方米,绿化面积1.93万平方米,硬化面积2.01万平方米,校舍面积1.32万平方米。2022年,有教职工157人,学生2678人(小学部2061人、初中部617人),53个教学班(小学40个、初中13个)。2022年,区内初中班上线人数40人,新疆高中班上线人数11人。（张昭武）

【于田县第一中学】 于田县第一中学是一所义务教育九年一贯制学校,学校占地面积5.32万平方米,硬化面积4480平方米,绿化面积4480平方米。有教学楼2栋,综合楼1栋,食堂1个,宿舍2栋,办公用房52间,各类仪器室9间,体育场1个。2022年,有教职工152人,开设教学班64个,在校学生2952人。（张昭武）

【于田县第二中学】 于田县第二中学位于木尕拉镇卫生院右侧,占地面积5.2万平方米。2022年,有教职工147人,开设班级44个,在校生2102人。（张昭武）

【于田县第三中学】 于田县第三中学占地面积5.51万平方米,其中建筑面积2.69万平方米、绿化面积7630平方米、运动场面积1.98万平方米。2022年,有教学班级49个、学生2448人,教职工149人,年度毕业生698人,高中录取率57.6%。（张昭武）

高中教育

【概况】 2022年,于田县严格落实高中阶段招生制度,通过普通高中、职业高中、中职学校使用同一个招生平台和分批次划分数线、网上填报志愿、统一录取的模式,确保高中阶段阳光招生,合理平稳调整普职比。（张昭武）

【于田县第一高级中学】 于田县第一高级中学(原于田县高级中学)位于县城团结路589号,建筑面积6.51万平方米,是天津援于重点项目、“交钥匙”工程。项目总投资2.7亿元,包括教学楼、实验楼、宿舍楼、食堂、浴室、综合办公楼、风雨操场、400米标准化运动场等11个单体。2022年,有教职工348人,开设班级85个,在校学生数4254人。年内,于田县第一高级中学参加高考人数1079人,一本上线人数40人,上线率3.7%;二本上线人数282人,上线率26.1%;艺体类本科上线人数39人,上线率3.61%;本科合计上线率33.5%,专科上线人数714人,上线率66.2%。（张昭武）

【于田县第二高级中学】 于田县第二高级中学位于县城团结路,占地面积2.9万平方米,其中建筑面积1.98万平方米,有教学楼2栋,宿舍楼1栋,学生食堂、教职工食堂各1个,学生澡堂1个,体育场1个。2022年,有在校生1357人,教学班级30个,教职工112人。有295名学生参加高考,上线率99.8%,录取率100%。（张昭武）

职业教育

【概况】 2022年,于田县有中等职业学校1所,有教职工166人,其中教师及教辅人员117人,专任教师99人，专任教师中专业教师23人，推荐申报自治区级“双师型”教师4人。本科学历71人，占比60.68%，大专及以下46人；普通话二级甲等10人，二级乙等58人，二级乙等及以下49人，普通话水平达标率58.12%。具有教师资格证书人员91人（其中获得中职教师资格证15人），无教师资格证人员26人，教师资格证获取率77.78%。专业教师中具有专业职业技能等证书19人，占比82.6%。副高级职称5人，一级职称教师16人，初级职称教师51人，未评37人，技师1人，初级工1人，中级工2人。在籍学生1762人，其中，中职一年级310人、中职二年级786人、中职三年级666人，开设教学班级29个。根据县域经济发展需求，开设畜禽生产技术、服装设计与工艺、汽车运用与维修、农产品贮藏与加工、计算机应用、美发与形象设计、旅游服务与管理、服装制作与生产管理、直播电商服务等专业9个。（张昭武）

【落实职业教育生均经费】 2022年，于田县全面落实中职学校生均公用经费拨款政策和城市教育费附加不低于30%用于职业教育政策。年内，落实中职生均公用经费5751.16元。（张昭武）

【社会学习考试】 2022年5月，于田县组织开展中国少数民族汉语水平（MHK）考试，共报名629人。2022年，组织完成4276人的普通话水平测试。组织完成2022年教师招聘线上面试考试，参加考试人数262人，考试课程涉及12个科目。（张昭武）

技工学校

【概况】 2022年，于田县技工学校坚持“分类施教、精准施策”原则，开展各类培训3.18万人。其中，职业技能培训1.84万人、基本素质培训7673人、行业部门培训5699人、创业培训14人，学生就业1.75万人，就业率95%以上。开展学制教育834人，毕业360人，就业298人，升学62人。（刘 凤）

【定向培训】 2022年，于田县技工学校结合市场需求、企业需求，以及群众意愿，围绕于田县技能人才短缺结构性矛盾，合理设置培训专业，采取定向、定岗、订单式培训方式，强化技能培训，使学生掌握就业技能。积极引导社会企业参与技能培训，与130家企业签订校企合作协议，采取订单班、定岗培养，推行学校培训+企业顶岗实习培养模式。（刘 凤）

【岗位开发】 2022年，于田县技工学校探索“公司调查用工需求—委托技工学校宣传招生—技工学校定向技能培训—公司精准劳务派遣”工作机制和流程，开发就业岗位6769个。（刘 凤）

【就业跟踪服务】 2022年，于田县技工学校成立就业追踪服务专班和学生就业岗位开发指导小组，在校外开发就业岗位，对已就业学生进行跟踪服务，先后解决就业学生劳务纠纷25起，协调发放工资50万元。（刘 凤）

2022年于田县各类教育招生、在校生和毕业生情况统计表

表5 单位：人

指标	招生数	在校生数	毕业生数
中小学	14085	67488	9326
中等职业技术学校	310	1762	640
合计	14395	69250	9966

文化 体育

综 述

【概况】 2022年，于田县有博物馆1家、纪念馆1家、电影院1家，全国重点文物保护单位4处，自治区级文物保护单位2处，县级文物保护单位29处；有国家级非物质文化遗产3项、自治区级非物质文化遗产4项、地区级非物质文化遗产25项、县级非物质文化遗产18项；有全民健身中心1个，群众体育场（足球场和健身跑道）1个，大型农牧民体育场1个，乡镇非标准社会足球场4个，全民健身路径工程5个，篮球场211个，乒乓球台178张，排球场3个，健身广场2.8万平方米，健身路径186套；有艺术团体2个，文化馆1个，文化站17个，图书馆1个，总藏书量6.6万册。（康宽堂）

【公共文化设施】 2022年，于田县推进博物馆、纪念馆、图书馆、县群众文化活动中心和乡村文化站（室）免费开放工作，其中博物馆累计接待3万人次，图书馆累计接待群众3.1万人次，免费办理图书借阅证1800个；库尔班·吐鲁木纪念馆累计接待参观人数4.7万人次。为15个乡镇文化站图书室、166个村（社区）图书室赠送图书2.2万册。实施文艺精品创作战略，组织各类展览254场次，讲座14场次，培训5场次。投入资金200万元，建设小型体育公园1个，补充完善乡、村两级综合文化活动中心设备器材。开展“迎新春 过大年”送春联、送文艺下乡等系列活动279场次，受益群众9.97万人次，组织开展“三下乡”活动，将农业、科技、文学等多类图书送到群众身边。举办大型农牧民运动会、非遗保护展览、民族舞蹈、唢呐、纳格热培训，传承弘扬少数民族优秀传统文化，提升乡村文艺骨干综合素质。加强与对口援疆省市文化交流，由天津市投入援疆资金750万元，开展民族团结交往交流交融活动，配合地区文旅局，做好北京市、天津市文化志愿者开展“我们的中国梦·中华文化耀和田”系列交流活动1批次，选派31名文艺工作者赴天津市开展培训、交流演出活动。（康宽堂）

2022年5月，于田县托格日尕孜乡图书角

（周 涛 摄）

【文物保护管理】 2022年，于田县开展文物保护相关培训12场，组织巡查各类文物保护点位12次，排查并整治隐患21个；采集各类民俗物件75件（主要有生产生活类非遗物品等）；开展“流动博物馆”“和田文物故事”巡展活动25场，参观群众3.5万人次。 （康宽堂）

【广播电视入户】 2022年，于田县广播电视信号覆盖率100%，有“村村通”大喇叭1314套，“户户通”用户4.82万户，“村村通”用户7335户，有线电视用户275户。有县级广播电视台（融媒体中心）1家，县“户户通”运维中心1个，乡级“户户通”维护站16个，乡级设备维护维修技术人员15人，全年维修“户户通”设备3353户，维修大喇叭1396个。组建维护维修队伍，及时解决群众反映无信号、设备损坏等问题。 （康宽堂）

【文化市场监管】 2022年，于田县文化体育广播电视和旅游局会同相关部门联合开展文化市场集中大清查23场次，日常检查474场次，累计出动车辆98辆次，出动人员892人次，检查网吧82家次、书刊经营单位58家次、打字复印经营单位432家次、歌舞娱乐场所189家次，检查可疑电脑689台次，督促经营户更换电脑硬盘12个，责令整改28家次，立案4件。全面筑牢文化市场安全防线，收缴问题出版物12本。以“防风险、保平安”为着力点，突出在春节、国庆等重大节假日期间加大对文化市场监督和管理，做好日常安全自查工作，督导检查景区景点72家次，星级宾馆和星级农家乐108家次，家电维修和家电专卖店68家次，检查发现非法接收器44个，当场予以没收。 （康宽堂）

体育活动

【概况】 2022年，于田县由天津市投入援疆资金150万元，组织开展“津和杯”系列体育活动。组队参加和田“京津皖和”杯篮球、足球比赛，举办于田县第26届农牧民运动会，举办赛马、斗鸡、斗羊、民族式摔跤、押架、叼羊等少数民族传统体育活动，观众3.5万人次。 （康宽堂）

【于田县2022年“津和杯”男子篮球比赛】 2022年4月18日，由于田县文旅局与天津对口支援新疆工作组联合启动于田县2022年“津和杯”男子篮球比赛。2022年“津和杯”男子篮球比赛按照报名球队数量分组，以循环赛方式进行，共分4个大组、27个球队，来自于田县各乡镇、企业、县直单位350名运动员参加比赛，赛期7天。新征程代表队获得第一名，希吾勒乡代表队获得第二名，公安局代表队获得第三名。天津援疆代表队、教育局代表队、新城区代表队、斯也克乡代表队、托格日尕孜乡代表队获优秀组织奖，为获奖单位发放奖品价值2.4万元。 （康宽堂）

【于田县第26届少数民族传统体育运动会】 2022年6月13—16日，在于田县农牧民运动场、于田县体育场举行以“团结、进步、和谐、奋进”为主题的于田县第26届少数民族传统体育运动会。本届运动会从民俗、民风、民趣出发，将农民日常生活中特色农产品、特色劳动与体育竞赛相结合，有麦热球、叼羊、赛马、赛骆驼、毽球、高脚竞速等项目。此次活动不仅考验参赛选手力量、速度、平衡性及协调配合能力，更贴近农牧民生产生活。全县有20支代表队500余名运动员参加比赛。 （康宽堂）

于田县第26届少数民族传统体育运动会比赛成绩一览表

表6

优秀裁判员	买提肉孜·衣明、塔里甫·阿不都外力、齐曼古丽·苏来曼、艾合买提江·艾尔肯、王涛、邹航、买提肉孜·孜亚吾顿、吾热依木·阿曼、玉素甫江·阿布力孜、玉素甫·古吉阿希姆

续表6

项目名称	一等奖	二等奖	三等奖	优秀组织奖
高脚竞速（男子200米）	奥依托格拉克乡 艾力·买提库尔班	兰干乡 木塔里甫·买提卡斯木	先拜巴扎镇 如孜·阿瓦克日	希吾勒乡、老城区、第一高级中学、中等职业学校
高脚竞速（女子100米）	达里雅布依乡 帕塔木汗·吾布里艾山	二二五团 麦合甫再木·吾拉依木	阿羌乡 阿娜汗·买图尔	托格日尕孜乡、斯也克乡、第一高级中学、第二高级中学(祖力皮亚·买图送)
毽球(男子)	木尕拉镇	先拜巴扎镇	加依乡	新城区
毽球(女子)	木尕拉镇	喀拉克尔乡	兰干博孜亚农场	阿日希乡
赛骆驼(5000米)	阿羌乡 热合曼·赛迪	奥依托格拉克乡 亚力坤·阿希木	英巴格乡 图松江·胡吉阿布拉	
赛骆驼(3000米)	阿羌乡 艾山江·希日甫	英巴格乡 麦麦提·巴拉提	奥依托格拉克乡 依地热斯	英巴格乡
赛骆驼(2000米)	斯也克乡 阿布力米提·买萨力	阿羌乡 亚森·麦麦提敏	奥依托格拉克乡 买提玉素甫·阿西木	
赛骆驼(1000米)	阿羌乡 热合曼·赛迪	阿羌乡 艾山江·希日甫	英巴格乡 麦麦提·巴拉提	
叼羊	木尕拉镇、老城区	先拜巴扎镇、托格日尕孜乡	兰干乡、兰干博孜亚农场	
麦热球(女子)	木尕拉镇	先拜巴扎镇	英巴格乡	
麦热球(男子)	达里雅布依乡	英巴格乡	新城区	
各乡(镇、街道)总分奖	阿羌乡	木尕拉镇	先拜巴扎镇	奥依托格拉克乡、英巴格乡、兰干乡、达里雅布依乡

(康宽堂)

2022年"NUKUT杯"于田足球冠军联赛最佳射手——伊利亚尔·艾则孜　（周　涛　摄）

融媒体工作

【概况】　于田县融媒体中心有电视频道2个、广播频率2个、"于田好地方"客户端、"于田零距离"微信公众号、"于田融媒"微博号、抖音号、快手等，新闻稿件基本实现"一次采集、多元生成、多渠道传播"的工作格局。　（周　杰）

【新闻宣传】　2022年，于田电视台制作播出《于田新闻》501条。其中，喜迎党的二十大反响类新闻13条，喜迎党的二十大氛围营造类新闻15条，习近平总书记考察新疆反响类6条，乡村振兴类92条，文化体育活动类45条，志愿服务类44条，市域治理类10条，其他类新闻276条。在上级媒体上稿471篇，自治区及以上媒体采用稿件201篇。其中，《人民日报》（人民网）采用86条；中央电视台（央视网）采用8条；新华网采用4条；中国新闻网采用2条；"学习强国"平台采用27条；新疆广播电视台采用10条；《新疆日报》（自治区石榴云平台）采用54条；其他自治区媒体采用10条。地区级媒体采用（和田发布）270条。广播开设《新闻直通车》栏目，设有《传习之声》《于田新闻》、国际国内实时资讯播报、普法宣传、健康小知识宣传、公益广告、公告招聘信息等8个板块，共推出节目236期，每期30分钟，推送新闻资讯2800条。　（周　杰）

【媒体融合】　2022年，于田县融媒体中心重点围绕党的十九届六中全会精神及全县乡村振兴、社会发展及重要新闻时事等工作，进行主题宣传。坚持官方媒体平台党性原则，坚持定位，紧紧围绕县委、县政府重点工作，积极开展内外宣传工作。通过"于田零距离"微信公众号发布宣传稿件2615篇，阅读量7.57万次；"于田融媒"微博号发布宣传稿件1610条；抖音号"于田县融媒体中心"发布短视频1340部，浏览量1.49亿次，点赞167.7万余次。其中，突破10万作品共96部，突破50万作品共34部，突破100万作品共14部。快手号"于田县融媒体中心"发布短视频1010条，阅读量5969.4万次；"于田好地方"客户端发布宣传稿件1.43万余条。　（周　杰）

【专题宣传】　2022年，于田县融媒体中心做好党的二十大宣传报道工作，持续采访本县域各族干部群众对党的二十大胜利召开热切期盼和热烈反响的宣传报道，制作播出相关新闻报道28篇。在各新媒体平台开设"喜迎党的二十大""聚焦党的二十大"宣传专栏，常态化制作发布关于喜迎党的二十大相关宣传稿件和短视频作品。通过"于田零距离""于田好地方客户端""于田融媒微博"转发上级媒体关于喜迎党的二十大相关宣传稿件160篇，通过于田县融媒体中心抖音号、快手号、视频号发布相关短视频作品83部，阅读量1275.4万次，点赞量45.7万次。在于田融媒体中心抖音号、快手号开设"推广普通话 喜迎二十大"宣传专栏，制作发布相关主题短视频27部，浏览量562.8万次，点赞量16.5万次。做好县域内文化体育活动的新闻报道工作，采集制作文化旅游新闻报道稿件41条。用好直播设备，做好传统文化类系列文化活动直播。通过于田融媒体中心抖音号、快手号、头条号直播《于田县2022年"万方乐奏·筑梦于田”春节文艺晚会》《于田县“迎新春·贺新禧”广场舞比赛》《于田县2022年元宵节社火活动》《于田县福虎闹元宵文艺晚会》《“5·19”玫瑰风情文化旅游节》等活动，拉流直播《新疆春节联欢晚会》《和田地区春节联欢晚会》《千村同唱一首歌 万方乐奏向未来》等活动，累计直播45场次，观看群众24.5万人次。 （周　杰）

【工作亮点】 2022年，于田县融媒体中心联合县文联创作反映群众生活、民俗风情等情景剧48部，阅读量8227.4万次，点赞量98.6万次，其中被自治区石榴云平台取稿24条。开办《健康于田》《妇女儿童》《致富经》等节目，从卫生健康、产业技术发展、妇女儿童权益保护等方面，不断普及人民群众生产生活常识和法律知识。《健康于田》节目制作播出102期，《妇女儿童》节目制作播出112期，《致富经》节目制作播出116期。 （周　杰）

图书发行

【概况】 2022年，和田新华书店有限责任公司于田县分公司在抓好业务、门市、管理的同时，守好“课前到书、人手一册”政治任务底线，顺利完成教材教辅、“东风工程”“农家书屋”、主题出版物发行工作。把好图书质量关，做好图书质量“检测员”，在图书采购、发行等方面严格遵守公司各项规章制度，严格审核上架售卖图书。设立国家重要文献、主题出版物图书展销专柜，满足当地党政机关、企事业单位订购需求和市场需求。

（艾沙江·玉苏甫）

【出版物发行】 2022年，于田县各单位征订《习近平谈治国理政》第四卷325册，码洋2.6万元，征订二十大学习资料1.53万册，码洋26.16万元；全年，发放中小学教材204.96万册，码洋1384万元；年内，发放“东风工程”免费赠阅出版物9.74万册，码洋251.63万元；“农家书屋”发放1.62万册，码洋44.6万元。开展全民阅读等活动，全年累计组织读书分享会12次，流动售书20次。 （艾沙江·玉苏甫）

2022年夏，于田县新华书店在达里雅布依乡开展流动售书活动 （于田县新华书店提供）

卫生医疗

综　述

【概况】　2022年，于田县有医疗卫生机构数261家。其中，医院5家（公立二级甲等医院2家、社会办医院3家），基层医疗卫生机构252家（社区卫生服务中心1家、社区卫生服务站14家、乡镇卫生院15家、村卫生室196家、个体诊所26家）、专业公共卫生机构4家（卫生计生综合监督执法机构1家、疾病预防控制中心1所、妇幼保健机构1所、计划生育服务指导站1所）。医疗卫生机构核定床位1375张，有卫生计生工作人员3039人。7月1日，组织开展县、乡、村三级公共医疗卫生培训，提升基层医护工作人员专业技术水平。（杨定平）

2022年7月1日，于田县在县职业技术学校开展县、乡、村三级公共医疗卫生培训

（于田县卫健委提供）

【基本医疗】　2022年，于田县各级医疗机构全年诊疗人数124.13万人次，总收入2.39亿元。远程会诊737例、远程影像2340例、远程心电1.04万例，完成各级各类手术6851例。（杨定平）

【健康促进】　2022年，于田县全面开展健康促进进村（社区）、医院、学校、企业、机关、家庭等“六进”创建活动。创成健康促进学校50所，创建率20%；健康促进村（社区）50个，创建率20%；健康促进医院19家，创建率100%；健康促进机关65个，创建率67%；健康促进企业40家，创建率40%；健康促进家庭1.74万个，创建率23.5%。积极推广无烟单位创建，广泛宣传、积极创建，营造良好禁烟、控烟环境。加强健康教育，发放健康教育印刷资料734种7.53万册；播放健康教育音像资料1820种3635次1.16万小时；设置健康教育宣传栏1581个、宣传栏内容更新553次；举办健康教育讲座1233次、参加人数22.91万人次，开展健康教育咨询活动109次、咨询人数4万人次。全县居民健康素养水平率21.03%。（杨定平）

【健康帮扶】　2022年，于田县深入贯彻落实乡村振兴战略，持续跟进专项救治政策实施成效，加大对37种农村大病专项政策实施力度。于田县户籍人口大病专项救治507人，完成救治486人，救治率95.66%。持续开展三级医院对口帮扶工作，提升重点专科医疗服务能力，推动胸痛中心等五大救治中心规范化建设，加强二级学科建设。充分发挥医疗队资源优势，不断优化服务，累计处置疑

难危重患者近5000人次，完成各类手术3000余台次，手术示教1500余例，下乡巡诊义诊500批次，诊治群众10万人次。培养技术骨干124人，教学查房2000余次，推广适宜技术近100项，规范流程、制度、应急预案200余项。提升疑难危重症患者救治能力。依托对口支援医院，充分利用远程医疗平台，累计开展远程会诊1422例。继续实施订单定向免费医学生项目，做好全科(助理)专业住院医师(全科医生)规范化培训，全县农村订单定向医学生63人。 (杨定平)

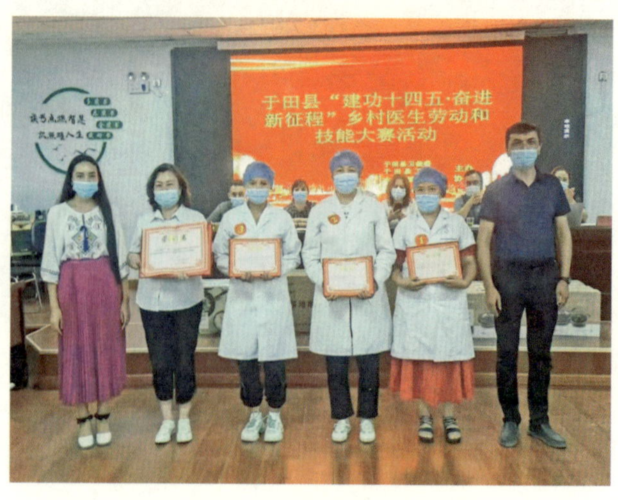

2022年7月18日，于田县举办"建功'十四五'·奋进新征程"乡村医生劳动和技能大赛

(于田县卫健委提供)

【"星级化"管理】 2022年，于田县制定《卫生院"星级化"目标任务量化清单》，明确创建任务由卫生院党组织书记、院长统筹，强化"一把手"责任，实行创建结果与绩效考核挂钩，由院长牵头抓"规范管理星、群众满意星"，党组织书记牵头抓"工作业绩星、健康促进星"，形成"一把手"牵头抓总、副职分工负责、科室具体推进的良好局面。完善每周研判、每月总结、每季度评星工作机制，对标创建各项指标，逐条对照梳理，查漏补缺，坚持问题导向，确保完成各项指标；抓好常态化评估，卫生院每周对标考核指标落实情况，查漏补缺，压实责任，定期点对点现场指导各项业务工作，对"五星"规范落实情况进行督导检查。创建"四星级"卫生院3家、"三星级"卫生院5家、"两星级"卫生院4家、"一星级"卫生院2家。 (杨定平)

【人才促发展】 2022年，于田县提升医疗服务能力，做好县域居民健康"守门人"，加强学科能力建设，完成急诊急救"五大中心"创建，积极采取"四方引资、八方招才"建设思路，健全吸引、留住人才机制和配套政策，先后引进各类专业人才18人，投入资金900万元，用于医院4个医学学科建设。不断深化"以科包院"机制，组建32名业务骨干包院，盘活对口帮扶资源，提升资源下沉质效，实现向科学管理要技术。 (杨定平)

【增强基层服务】 2022年，于田县制定实施《于田县"优质服务基层行"工作方案》和配套措施，逐项分解责任到人，定期考核奖惩到人，确保创建目标清、思路清、任务清，实现指标落地、服务见效、能力提升创建愿景。推广门诊预约服务、志愿者服务机制，激发内部运行效能，不断完善"多劳多得、优劳优酬"绩效工资分配机制。以人性化服务为总抓手，加强业务培训与考核，增强医护人员自身基本理论、基本知识和技能水平，提高病例书写质量。推动优质资源下沉，让更多群众在家门口看好病，组织县级医院采取"以科包院"方式，对卫生院管理、服务、技术等开展帮扶指导。 (杨定平)

【医防融合】 2022年，于田县以医共体总院为主体，牵头组建"疾控中心+妇幼保健+维吾尔医医院+分院"五位一体家庭医生签约服务网格化管理体系，组建"县级医院专家+卫生院医生+乡村医生"为主家庭医生签约服务团队，制定签约方案，从组织管理、服务任务、奖惩机制等工作进行量化细化。一条家庭医生团队服务路径，建立"三色管理"定期开展签约随访，做到月、季、年定期随访。一条管理目标范围路径，采取"以科包院"、分院包

村包联机制，压实责任，建立签约名册台账、双向转诊台账、重点人群台账。一条绩效考核指标路径，建立总院、分院、村医公共卫生绩效考核办法，从服务量、服务质量、满意度3个维度考核，形成数量、质量、满意度为3:3:4，实现以治病为中心向预防为中心转变。（杨定平）

【薪酬改革】 2022年，于田县推行《于田县医共体分院绩效工资考核分配实施方案》《人事薪酬制度改革实施方案》，建立以工作数量、工作质量、工作效率、职称岗位系数等多项考核指标为主“多劳多得、优劳优酬”绩效考核制度。优化医院收入结构，调动医护人员积极性，通过调整服务价格，缩小药品和耗材占比，公立医院药占比、耗材占总收入比重下降，2022年上半年药占比28.3%，较2021年同期（45.36%）下降39.73个百分点。实现医疗技术服务比重提高，群众受益面逐步增大。调动医护人员积极性、主动性和创造性，节约医保基金，减轻患者个人负担。（杨定平）

卫生监督

【概况】 2022年，于田县卫生局卫生监督所根据国家下发“双随机、一公开”工作任务和卫生监督重点监督计划指标，全面抓好卫生监督执法工作，发挥自身行业优势，积极为人民健康和经济建设发展服务。（王　琴）

【卫生监督业务培训】 2022年，于田县卫生局卫生监督所定期组织民营医疗机构个体诊所医护人员，在县人民医院开展集中业务培训，邀请2名专家为医护人员开展卫生防疫知识、现场观摩和实际操作培训。围绕“一切为了劳动者健康”主题，发放有关职业健康和职业病防治卫生宣传单4250份，累计受教育参与人员668人次。组织卫生监督员和卫生院放射诊疗人员开展业务知识培训1场，参与人员65人次。（王　琴）

【卫生监督执法检查】 2022年，于田县卫生局卫生监督所成立2个指导组，分别对15个乡镇卫生院、各酒店宾馆和各类商场超市等公共场所开展卫生监督工作检查，发现问题1120条，下达监督意见书进行整改；对县直4家二级医疗机构院感防控、医疗废物暂存管理、放射卫生诊疗活动等开展卫生监督检查，发现问题323条；监督检查于田县二次供水单位、生活饮用水水厂，发现问题242条；对正常营业8家民营医疗机构现场进行检查480次，完成全年监督覆盖率100%，比上年增加25%；完成国家“双随机、一公开”监督检查工作任务14家，完结率100%。（王　琴）

【卫生监督执法案件查处】 2022年，于田县对各类医疗机构和公共场所开展卫生监督执法检查485次，派出卫生监督员和协管员725人次，派出单位公务执勤车辆下乡开展执法监督检查186台次，对全县各级医疗机构监督检查覆盖率100%，办理行政处罚案件42起，上缴财政国库行政处罚款23.58万元，比上年增加40%。（王　琴）

【卫生许可】 2022年，于田县卫生局卫生监督所新办理公共场所卫生许可证69家，到期更换公共场所卫生许可证54家。（王　琴）

计生服务

【概况】 2022年3月29日，于田县计划生育服务站搬迁至原于田县维吾尔医医院（于田县健康路1号），建筑面积6660平方米，业务用房（两栋楼）面积5318平方米。2022年9月，将县计划生育服务站、妇幼保健站整合为县妇幼保健院。

（王雪杰）

【国免孕优项目检查】 2022年，于田县完成1750对目标人群检测任务，完成建档检查人群1578对，检查完成率90.17%，网上完成录入1578对，评估1578对。有高风险因素人群随访854人，跟踪指导治疗854人次。检测质量合格率达到优秀。

（王雪杰）

【药具工作】 2022年，于田县应使用药具人数1037人，实际使用药具人员1037人，知晓率98.35%，应用率100%，随访率100%，有效率100%，科学合理编制2022年药具需求计划；有免费发放网点679个。（王雪杰）

【业务培训】 2022年，于田县计划生育服务站强化技术服务工作规范化要求，提高技术人员整体素质和业务能力。3月16—17日，举办技术服务培训班，主要围绕孕前型管理、优生优育、孕前优生检测、生殖健康以及药具管理等内容，有重点、分层次地开展培训工作，培训采取理论授课穿插实际操作方式对县、乡46名技术人员开展业务培训，培训率100%，合格率95%以上。7月25—26日，开展2022年妇幼健康技能培训，有36名技术人员参加。派出3名技术服务人员到自治区医院进修培训，1名B超人员到自治区医院培训心脏彩超，1名技术服务人员到自治区医院进修妇产科业务、1名人员到自治区医院进修孕前优生实验室化验。

（王雪杰）

【技术服务质量管理】 2022年，于田县计生服务站成立技术服务骨干帮带组，下沉到基层一线现场以培带训，现场指导技术操作帮带，使县、乡技术人员掌握规范技术操作，并形成常规。开展县站每月、乡镇每季度常态化质量质控检查活动，严格按照技术操作规程开展4项手术服务活动。

（王雪杰）

疾病预防控制

【概况】 2022年，于田县疾病预防控制中心贯彻落实习近平总书记在全国卫生与健康大会上重要讲话和《“健康中国2030”规划纲要》精神，顺利完成自治区党委、地委、县委关于疫情防控决策部署。

（王庆玲）

【卫生服务能力】 2022年，于田县疾病预防控制中心有办公、应急保障用房2985.52平方米，主要仪器设备有霉菌培养箱、浊度计、立式压力蒸汽灭菌器、超级纯水器、CD4计数机、原子荧光光度计、空气微生物检测仪、生物安全柜、酸度计、全自动洗板机、半自动尿液分析仪、薄层色谱扫描仪、离心机、荧光显微镜、恒温水域箱、电子显微镜（带电脑）、全自动酶标仪、原子吸收分光光度计、全自动离子色谱仪、流动注射分析仪、微波消解仪、核酸提取仪、PCR扩增仪、超净工作台、离心机等。（王庆玲）

【传染病防控】 2022年，于田县疾病预防控制中心对全县16个乡镇卫生院、维吾尔医医院、妇幼保健站、县人民医院等各传染病报告机构通过中国疾病预防控制信息系统上报传染病进行审核、查重，及时监测疫情。全县无甲类传染病报告，乙类传染病发病数1205例、丙类传染病发病数327例。在全县设立5个肠道传染病监测哨点医院（于田县人民医院、喀拉克尔乡卫生院、奥依托格拉克乡卫生院、科克亚乡卫生院、兰干乡卫生院）和聚集性场所采集肠道传染病粪便标本数305份，其中4例为阳性，即细菌性痢疾，其他301例均为阴性。肠道传染病外环境采样80份进行检测，结果均为阴性。流感病毒核酸检测696例、禽流感外环境监测

142份。处理预警信息72条，未发生突发公共卫生事件。（王庆玲）

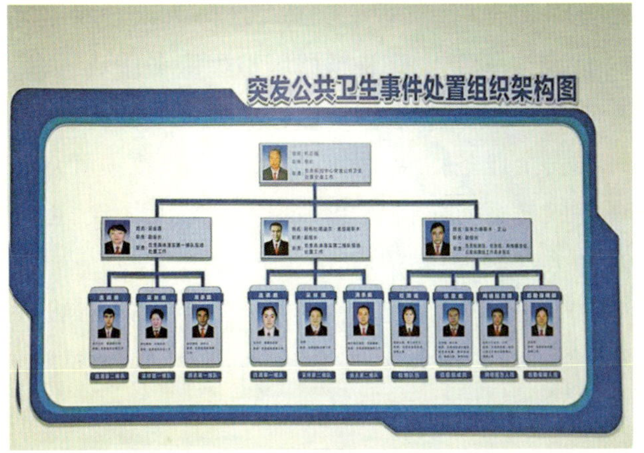

2022年，于田县突发公共卫生事件处置组织架构（于田县疾控中心提供）

【规划免疫】 2022年，于田县疾病预防控制中心开展两轮脊髓灰质炎强化免疫活动，应接种儿童6271人次，实际接种儿童6235人次，接种率99.43%。1—12月对956名新生儿接种信息进行审核，3天及时审核率99.9%。按时完成各项常规疫苗接种工作，乙肝疫苗：应接种5401人次，实接种5302人次，接种率98.17%；卡介苗：应接种1807人次，实接种1790人次，接种率99.06%；脊灰疫苗：应接种7598人次，实接种7401人次，接种率97.41%；百白破：应接种6156人次，实接种6088人次，接种率98.9%；百破：应接种4990人次，实接种4911人次，接种率98.42%；麻腮风：应接种3201人次，实接种3091人次，接种率96.56%；A群流脑：应接种2560人次，实接种2533人次，接种率98.95%；甲肝：应接种1709人次，实接种1668人次，接种率97.60%；A+C流脑：应接种7790人次，实接种7708人次，接种率98.95%。没有出现针对疫苗传染病病例。开展入托入学查验证和查漏补种工作，查验幼儿园、小学共224所，查验率100%。应补种针次895针，实际补种针次879针，补种率98.21%。对易感人群进行流感疫苗接种工作，接种9.83万支流感疫苗。（王庆玲）

【结核病防治】 2022年，于田县疾病预防控制中心登记造册结核病重点人群9.75万人次，完成结核病筛查9.75万人次，筛查率100%，3～15岁在校学生结核病筛查人数8.1万次（其中做PPD实验人数2009人次，症状检测人数7.9万人次），一般人群筛查13.51万人次。发现并报告结核病专报系统报告病人523例，阴性174例，阳性348例，病原学阳性率66.5%，单纯性结核性胸膜炎1例，结核分枝杆菌分离培养和分子生物学检测开展率100%。集中隔离治疗463例，死亡35例，诊断变更6例，17例居家隔离病例，转县级医院6例，治愈出院234例，集中隔离治疗率96.7%。营养早餐落实到位，营养早餐覆盖率100%。抓好耐药检测工作，初诊登记人数1723例，查痰人数1698例，初诊查痰率98.55%，509例患者进行分子生物学检测，纳入耐药治疗人数28例。（王庆玲）

【地方病防治】 2022年，于田县疾病预防控制中心完成对8～10岁儿童甲状腺B超检查人数200人，检查盐样200份，检查尿样200份，孕妇盐样100份，尿样100份，任务完成率100%，儿童甲肿率0%，县医院通过居民包虫病B超筛查共筛查人数1.25万人次，发现3名包虫病病人，1人做手术治疗，2人服药，家犬药物驱虫犬数2.91万只（次），采样犬粪150份、牛肺牛肝监测500份，检查阳性0份，阳性率0%。完成全县重点乡镇8～10岁儿童尿碘采样200人，全县平均儿童尿碘含量中位数181.2微克/升。完成全县重点乡镇孕妇尿碘100人采样。检测盐样300份，合格291份，不合格8份，合格碘盐率97%。对3个乡6所学校，共1200名儿童开展氟斑牙检测，重点乡儿童氟斑牙患病率9.7%。对各乡镇及县城出厂水及末梢水和5所中心学校饮用水进行采样，采样43份水源水、43份末梢水共86份水样，对每份水样毒理学指标、细菌学指标等33个项目分别于5月10日和8月3日进行监测检查。（王庆玲）

【检验工作】 2022年，于田县疾病预防控制中心环境卫生监测：肠道传染病监测318份，检测水源86份，污水共54份，苍蝇18份，流感快速检测67例，包虫病犬粪检测2400份，完成碘盐监测300份，尿碘检测300份，麻疹风疹检测6份。艾滋病初筛：自愿咨询检测355人、配偶和子女检测276份，娱乐场所检测373份，吸毒人群检测389份，CD4检测122份。 （王庆玲）

【慢性病防治】 2022年，于田县疾病预防控制中心慢性病死因上报审核率100%、一审通过率99.46%、死因编码评价0.36%。系统上报肿瘤总人数153人，随访人数153人，随访率100%。

（王庆玲）

【宣传教育】 2022年，于田县疾病预防控制中心利用"3·24"世界结核病宣传日、"4·25"全国儿童预防接种宣传日、"5·15"全国碘缺乏病宣传日、"12·1"世界艾滋病宣传日等重点时间，大力宣传各类常见传染病防控知识，提高各族群众传染病预防知识，有效预防传染病发生和流行 。宣传方式主要以社会宣传、板报展示、发放宣传单、现场咨询、开展讲座、进校园等形式为主，开展主题宣传教育活动17期，讲座106场次，现场发放宣传画3200余张，宣传单24种9600张，设置咨询点54个、多媒体合作宣传4次。 （王庆玲）

妇幼保健

【概况】 2022年，于田县妇幼保健站搬迁至原于田县维吾尔医医院（于田县健康路1号）。9月，县计划生育服务站、妇幼保健站整合为县妇幼保健院，整合后共有床位49张，病房占地面积1200平方米。 （杨 欢）

【健康教育和业务培训】 2022年，于田县妇幼保健站开展妇幼专干集中业务培训9期，以视频形式开展业务培训班3期，面对面培训6期，参加培训率100%，知晓率90%以上。举办托幼机构保健人员健康检查培训2次，参加人数16人次。对辖区内17个乡镇卫生院及新城区卫生服务中心，妇幼专干及村医进行业务指导。对各乡镇卫生院开展母婴安全业务指导工作12次，组织农牧民群众开展健康教育宣传讲座283场次、1.25万人次，咨询2810人次，发放宣传册6973册、宣传品4456个、叶酸1000瓶。参加地区妇幼保健站各类业务培训6次，参加人员18人次，参加地区孕妇学校健康教育讲座32场，参加孕妇960人次，参加地区妇幼保健站开展孕妇学校健康教育讲座20场，参加孕妇637人次。 （杨 欢）

【托幼机构体检评估】 2022年，于田县托幼机构总体检儿童入托入园前健康体检率100%，体检后进行评估：正常儿童数1619人，低体重儿童数145人，生长迟缓儿童数52人，消瘦儿童数97人，超重儿童数36人，肥胖儿童数31人，龋齿儿童数772人，轻度贫血儿童数151人，中度贫血儿童数43人。 （杨 欢）

【婚前医学检查】 2022年，于田县共完成婚前医学检查1445对2890人，其中筛查传染病患者120人。 （杨 欢）

【孕产妇救助】 2022年，于田县进一步规范和完善各项随访转诊制度和措施，遇有孕产妇危重情况，及时出动母亲健康快车进行免费转诊护送，最大限度地保障母婴安全。母婴健康快车及时护送9名孕妇紧急转诊到地区人民医院住院分娩。

（杨 欢）

【预防出生缺陷】 2022年，于田县叶酸新增应服用人数9335人，新增服用人数8876人，服用率100.04%，任务数3000人，任务完成率295.86%。

出生缺陷发生人数10例，其中神经管缺陷1例。

（杨　欢）

【宫颈癌、乳腺癌筛查】 2022年，于田县妇幼保健站对科克亚乡、斯也克乡、阿羌乡、阿热勒乡、喀拉克尔乡进行“两癌”筛查工作。宫颈癌筛查TCT项目任务数5500人，TCT完成5500人。乳腺癌筛查任务数4000人，完成4481人。正常3123人、Ⅰ类909人、Ⅱ类431人、Ⅲ类18人，完成率112%，比2021年同期上升12%。中央专项彩票公益金支持城乡医疗救助项目——南疆四地州农村妇女“两癌”检查任务1500人，HPV完成1042人，检出可疑阳性104人，复查TCT 74人，组织病理学检查45人。中央专项彩票公益金支持城乡医疗救助项目完成919人，其中检出Ⅲ类10人，Ⅳ类1人。困难女职工宫颈癌筛查任务数235人，TCT完成228人，检出可疑阳性病人5人，困难女职工乳腺癌筛查任务数235人，完成228人，其中检出Ⅲ类2人。

（杨　欢）

【新生儿遗传代谢病筛查】 2022年，于田县妇幼保健站开展新生儿疾病筛查人数1743人，筛查率99.2%。（杨　欢）

【新生儿听力筛查干预】 2022年，于田县妇幼保健站完成新生儿听力筛查人数1743人，筛查率99.2%。（杨　欢）

【出生医学证明管理和发放】 2022年，于田县妇幼保健站办理出生医学证明签发29人，县人民医院办理出生医学证明签发1774人，县维吾尔医医院办理出生医学证明签发25人。（杨　欢）

【营养包发放】 2022年，于田县妇幼保健站发放营养包2035个，发放率99.4%。（杨　欢）

【高危儿筛查】 2022年，由于田县卫健委牵头组织县妇幼保建站、县人民医院儿科专家下乡开展为期11天高危儿筛查工作，筛查高危儿447人。

（杨　欢）

医疗机构

于田县人民医院

【概况】 2022年，于田县人民医院坚持“以人为本、科技兴院”办院方针，不断完善硬件建设和人才建设战略，与解放军第301医院、自治区第三人民医院、乌鲁木齐市中医医院结为技术协作医院，在天津市对口援疆医疗队大力支持下，成为全县技术力量雄厚的综合性医院。（张付靖）

【医疗业务】 2022年，于田县人民医院全年总诊疗人数22.44万人次，比上年下降7%。其中，出院病人数2.62万人次，比上年增加39.8%；治愈好转率97.1%，与上年持平。完成各级各类手术5087台，比上年增加145台，其中开展三、四级手术2559台，比上年增加14.7%。门急诊人数19.82万人次，比上年下降10.9%。门诊人数17.24万人次，比上年下降9.9%，急诊人数2.57万人次，比上年下降17.1%。出院患者平均医药费用4898.06元/人次，比上年增加19%；平均住院日为9.45天，比上年增加2.05天；病床周转49.15次，比上年增加4.85次；病床使用率117%，比上年增加15.3%；入出院诊断符合率97.6%；远程会诊460例；不良事件上报321例；开展新技术、新项目51项；上转3496例，上转率12.6%，下转3734例，下转率13.4%；进入临床路径人数5360人次，完成路径人数4660人次，完成率86.9%。（张付靖）

【疫苗接种】 2022年，于田县人民医院为居民接种狂犬病疫苗1081人次，水痘疫苗21人次，宫颈癌疫苗780人次，4价流感疫苗6037人次，乙肝疫苗135人次。（张付靖）

【健康体检】 2022年，于田县人民医院共完成体检1.61万人次。其中，一般健康体检1万人次，高考学生体检2180人次，教师体检650人次，新疆高中班、区内初中班学生体检330人次。 （张付靖）

【科研教学】 2022年，于田县人民医院选派急诊科、儿科、妇产科、药剂科、重症监护室、外科、血透室、内科业务骨干10人分别赴新疆医科大第一附属医院、自治区儿童医院、自治区妇幼保健医院、自治区人民医院进修深造。同时借助援于专家“一对一”带教模式，为医院培养出一批优秀业务骨干，不断提高医护人员诊疗技术和专业化水平。接收实习生、乡镇进修生等72人次，帮助医共体框架内医护人员提升能力。 （张付靖）

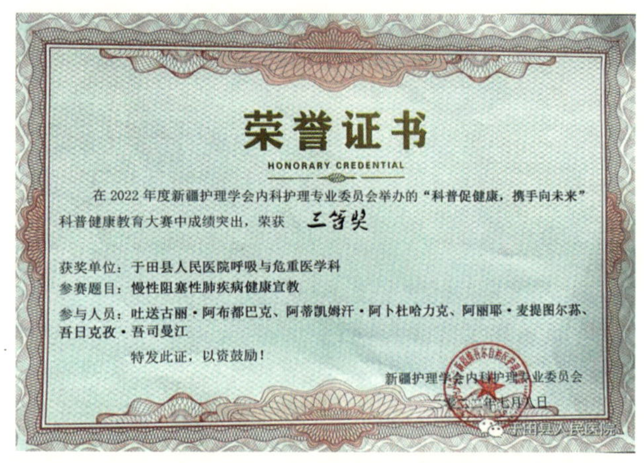
荣誉证书

HONORARY CREDENTIAL

在2022年度新疆护理学会内科护理专业委员会举办的“科普促健康，携手向未来”科普健康教育大赛中成绩突出，荣获 三等奖

获奖单位：于田县人民医院呼吸与危重医学科

参赛题目：慢性阻塞性肺疾病健康宣教

参与人员：吐送古丽·阿布都巴克、阿蒂凯姆汗·阿卜杜哈力克、阿丽耶·麦提图尔荪、吾日克孜·吾司曼江

特发此证，以资鼓励！

新疆护理学会内科护理专业委员会

二〇二二年七月八日

2022年，于田县人民医院学科建设成果

（于田县人民医院提供）

【新技术、新项目开展】 2022年，于田县人民医院共申报51项新技术新业务，实际实施35项。其中，螺旋血管成像技术临床应用开展231例，关节镜诊疗技术开展59例，尿道前列腺等离子电切术开展12例。 （张付靖）

【医共体建设】 2022年，于田县人民医院采取对口支援、科包院、师带徒、专家下沉坐诊等多样化帮扶方式，不断提升乡镇卫生院诊疗服务能力，努力促进基层患者外转率减少，县域内就诊率有效提高。初步形成以医共体总院为中心，区域远程医疗中心、影像中心、心电中心、财务结算中心有效对接的共建模式。合理整合医疗资源，实现县、乡、村远程医疗全覆盖。援疆专家团队与包联主任每月到各医共体分院服务群众8000余人次，组织临床教学查房500余次，病历讨论120余例，业务讲课150次，53名包村帮扶医生到村卫生室累计开展巡诊义诊活动及医疗业务培训1500余次。

（张付靖）

2022年10月，于田县医共体总院人民医院

（刘万娟 摄）

于田县维吾尔医医院

【概况】 2022年3月，于田县维吾尔医医院搬迁至县城卡鲁克路322号，占地总面积2公顷，总建筑面积1.2万平方米。直接服务人口30万人，辐射民丰、策勒两县，病床编制数120张，实际开设床位200张。有各类职工200余人。其中，高级职称7人，中级职称16人，助理职称19人，聘用医护职工189人，专业技术人员161人，医生57人，药剂师27人，护士53人，医务检查人员17人，从事康复治疗人员7人。 （罗婵娟）

【医疗业务】 2022年，于田县维吾尔医医院门诊人数2.62万人次，住院人数4498人次，疫苗接种

500人次。（罗婵娟）

【业务培训】 2022年，于田县维吾尔医医院加强业务培训，组织医疗专题培训16次，参加人员485人次，组织院感防控知识培训16次，参加人员400人次，组织应急演练40次，参加人员550人次，在院内开展教学查房45次。（罗婵娟）

【健康体检】 2022年，于田县维吾尔医医院开展一般健康体检8140人次。完成16岁以上人口免费胸片结核病体检筛查工作，完成率100%。（罗婵娟）

【推广中医技术】 2022年，于田县维吾尔医医院专家组（副主任中医师2人，执业中药师2人，中医理疗师5人，中医推拿师2人）针对15个乡镇卫生院推广10余种、针对村卫生室推广5种以上中医适宜技术，15个基层医疗机构开设中医馆科，顺利运行拔罐、刮痧、熏洗、推拿、针灸、汗蒸房、泡脚、TDP涂擦疗法等治疗系列服务。（罗婵娟）

【医德医风建设】 2022年，于田县维吾尔医医院以二级甲等医院规范化管理为载体，以行政查房、优质护理服务、提高服务质量和服务水平为目的，将医德医风建设作为一项重要任务来抓，对医护人员进行医德医风考评，评出优秀人员35人。（罗婵娟）

【医共体建设】 2022年，于田县维吾尔医医院由6个临床科室包联14个乡镇卫生院，开展医共体相关工作，结合各乡镇卫生院维吾尔医科室人员专业情况，安排相应科室包联，开展义诊活动12次，义诊患者368人次，开具处方310人次。于田县维吾尔医医院通过天津市中医药研究附属医院帮扶，开展业务讲座培训10次，参加教学查房20次，开展中医药义诊活动12次，诊治患者300人次，送药1.2万元，发放宣传单200多张，受到当地群众好评。（罗婵娟）

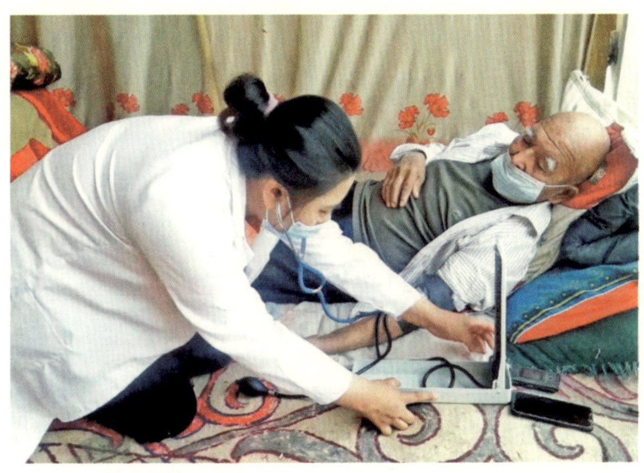

2022年7月2日，于田县维吾尔医医院开展送医义诊活动（于田县维吾尔医医院提供）

社会生活

人力资源和社会保障

【概况】 2022年，于田县人力资源和社会保障局坚持把“惠民生”作为工作重中之重，以就业惠民、社保安民、技能强民、增收富民、服务便民为主线，全力以赴惠民生，各项工作取得明显成效。

（赵 强）

【干部管理】 2022年，于田县招聘事业编干部97人（教育系统36人、其他单位61人），卫生系统“农村订单定向医学生免费培养项目”定向生10人，招聘“三支一扶”“西部计划志愿者”等服务基层队伍人员109人。于田县采取“全职引进与柔性引进，长期引进与短期引进”相结合方式，引进188名人才落户于田。 （库尔班江·阿不都瓦克）

【职称评审】 2022年，于田县申报职称评审专业技术人员1066人，其中高级（副高级）61人、中级233人、初级772人。通过自治区、地区、县职称评审委员会系统审核720人（副高级以上21人、中级84人、初级615人），审核通过等级技术申报96人（初级工14人、中级工9人、高级工20人、技师28人、高级技师25人）。 （梁松国）

【工资福利】 2022年，于田县完成对189个单位1.1万名在职干部职工和2113名退休干部的工资审核和基金审批，审批抚恤金、丧葬费50人1010.55万元，遗属生活费18人0.86万元；办理各类工资福利变动1261批次1.2万人次；对全县9371名2021年年终考核合格及以上人员和连续三年优秀人员年终绩效奖进行审核审批，1.04万名在职干部3394.23万元年终一次性奖金（13月工资）进行审核、1.28万名符合享受取暖费人员审批发放取暖补助。

（张喜凤）

【管理岗职员等级晋升】 2022年，于田县核定九级职员等级岗位27个，审批27人，兑现待遇27人，人均月增资420元；核定八级职员等级岗位180个，审批180人，兑现待遇180人，人均月增资695元；七级职员等级岗位20个，审批9人，兑现待遇9人，人均月增资700元；六级职员等级岗位5个，审批3人，兑现待遇3人，人均月增资1235元。 （阿米娜·买买提明）

【就业服务】 2022年，于田县实现农村就业10.1万人次劳动收入7.8亿元，人均收入7723元；脱贫劳动力实现就业4.88万人次。实现城镇新增就业2536人，城镇失业再就业1290人，就业困难认定87人，新增创业1318人，创业带动就业897人；城镇失业人员731人，失业登记率3.2%。

（梁有寿）

【技能培训】 2022年，于田县组织开展各类技能培训6.37万人次，开展补贴性培训2.13万人次。组织开展职业技能大赛18场，参赛人员357人次，获奖108人。遴选24名选手参加地区级复赛，获一等奖1名、二等奖3名、三等奖5名，一等奖1名

进入自治区级决赛。（陈　海）

【社保扩面】2022年，于田县城乡养老保险参保13.05万人（参保缴费人员10.86万人，享受待遇人员1.66万人），企业养老保险参保7999人，机关事业单位养老保险参保1.42万人，参加失业保险1.46万人，工伤保险参保2.43万人。全县社会保险基金总收入7.56亿元（社会保险基金征缴收入4.31亿元、各级财政补助收入3983.05万元、利息收入578.74万元、上级补助收入2.76亿元、转移收入248.35万元、其他收入130.56万元），社会保险基金总支出7.37亿元（待遇支出3.11亿元、转移支出556.43万元、上解上级支出4.16亿元、稳定岗位补贴支出112.16万元、其他支出361.48万元）。（李文斌）

【构建和谐劳动关系】2022年，于田县人力资源和社会保障局对属地企业用工劳动合同签订、用工书面审查、"双随机、一公开"开展专项检查，巡查用人单位签订劳动合同153家6168人次。开展劳动用工备案和书面审查266家1.45万人次。其中，机关事业单位63家3152人次、各类企业203家1.13万人次，开展劳动保障"双随机、一公开"309家。开展联合执法3次，涉及用人单位25家，健全劳动关系协调机制，加强对新业态领域合法用工宣传，通过上门服务、实地走访、座谈会等形式开展宣传2次，惠及73人次。（陈仙仙）

【根治欠薪】2022年，于田县人力资源和社会保障局多渠道受理欠薪案件1391起3361人5606.15万元，办结1149起。仲裁院受理劳动争议案件39件，调解处理23件43人345.5万元，仲裁裁决15件23人30.1万元。（丁国顺）

【惠企政策】2022年，于田县发放失业保险金2227人次287.92万元、失业补助金1534人次109.36万元、失业保险物价补贴441人次2.34万元、稳岗返还补助177家企业2760人次112.55万元、扩岗补助11家企业25人次3.75万元；失业保险阶段性降费（单位由1%降低至0.5%）552家企业1.46万人次359.65万元，社会保险缓缴企业6家36万元，灵活就业缓缴161人次17.03万元。（李文斌）

医疗保障

【概况】2022年，于田县医疗保障局紧盯困难群体基本医疗有保障突出问题，着力解决困难群体"是否有制度保障、看得起病；是否有地方看病、方便看病；是否有医生看病、看得好病"问题，实现困难群体基本医疗保险、大病保险、医疗救助"三重保障"全覆盖，做到应保尽保、应纳尽纳，有效防止因病致贫、因病返贫问题。（田　芳）

【参保工作】2022年，于田县城镇职工参加基本医疗保险及大病保险414家单位1.75万人，基本医疗保险基金收入1.1亿元，大病医疗保险基金收入359万元，公务员医疗补助基金收入1378万元，基金收入1.27亿元。于田县农村人口参保23.83万人，其中脱贫人口参保12.01万人，监测对象参保3.47万人。代缴城乡居民基本医疗保险12.71万人4066.02万元。为全县参保脱贫户、特困人员、低保户购买医疗救助险14.04万人（185元/人/年）2596.86万元，其中监测户购买医疗救助险2.92万人540.88万元。（陈秀英）

【待遇保障工作】2022年，于田县在和田统筹区内实行"先诊疗后付费"，在疆内实行"一单式结算"，通过"三重保障"让群众少跑腿、让信息多跑路，极大方便群众看病就医。于田县住院总费用2.34亿元，统筹支付1.55亿元，大病保险报销1663.19万元，医疗救助2755.38万元，其中脱贫户、监测户住院3.35万人次，总费用1.47亿元，基本医疗保险报销9923.44万元，大病保险报销1088.73万元，医疗救助2440.82万元，个人自付1242.83万元。（阿依古丽·阿布都卡地）

【二次医疗救助】 2022年,于田县通过与住院数据进行比对,针对低收入户、脱贫户等困难人群,在政策范围内个人自付费用超过标准按照相关标准给予二次医疗救助,对低收入户、脱贫户等困难群体经过"三重"保障报销后个人自付费用仍然较高的,实施二次医疗救助422人次298.69万元,其中监测户110人次61.73万元。

(吾哈力尼沙·巴拉提)

【欺诈骗保专项整治】 2022年,于田县深入开展以定点医疗机构自查自纠为重点专项治理工作,组织召开医保基金使用问题自查自纠培训会,及时开展自查自纠工作,全面排查梳理医疗行为、经办服务行为和履约情况,规范医保服务行为,主动自觉整改到位,守护好群众"救命钱"。于田县"两定机构"(定点医疗机构、定点零售药店)追回违规金额和智能监控违规金额拒付款192.9万元。其中,对全县33家定点医疗机构执行"两定"协议情况进行督导检查,根据《和田地区基本医疗保险定点医疗机构医疗服务协议书》,追回基金本金64.84万元,处罚违约金额121.45万元。根据《2020和田地区定点医疗机构医疗服务协议书》,通过医保智能监控实时监控,"两定机构"智能监控违规金额拒付6.61万元。 (王卫平)

【困难群众医疗费用负担监测预警】 2022年,于田县按月梳理自付医疗费用过高住院数据,对住院费用较高、患重大疾病人员进行跟踪管理、定期监测,梳理出全县救助自付费用超过5000元监测预警人员995人194.52万元。

(吾哈力尼沙·巴拉提)

【异地备案】 2022年,于田县医疗保障局进行异地登记备案524人次,通过在就医地直接结算,减轻医疗费用负担,实现全国异地备案住院费用结算。 (买热木尼沙·吾加布拉)

【慢性病报销工作】 2022年,于田县一类门诊慢性病病种9种,患一类慢性病的城乡居民报销比例50%,属特困供养人员(农村"五保"、城市"三无"、孤儿),经城乡居民基本医疗保险门诊慢性病政策报销后,剩余部分由医疗救助报销100%,除特困供养人员外其他医疗救助对象,经城乡居民基本医疗保险门诊慢性病政策报销后,个人自负费用由医疗救助报销80%。二类门诊慢性病病种5种,患二类慢性病人员一律按住院比例报销。三类门诊慢性病病种4种,患三类慢性病人员先由重大公共卫生专项资金补助,再由城乡居民医保全部报销。门诊慢性病年统筹基金最高支付限额2000元,特困供养人员门诊慢性病年最高救助限额3000元,除特困供养人员外其他医疗救助对象门诊慢性病年最高救助限额2000元。于田县脱贫人口纳入慢性病救助1.03万人次(监测户2484人次)。 (海里且木·阿布都卡地)

【免收住院押金】 2022年,于田县医疗保障局同自治区11家三级定点医疗机构签订免收住院押金协议,为困难群体办理免收住院押金63人次,防止因病致贫、因病返贫现象发生,实现"政府得民心,群众得实惠"目标,真正做到便民利民。

(买热木尼沙·吾加布拉)

【医疗政策宣传】 2022年,于田县医疗保障局通过广播电视、宣传栏张贴宣传海报、发放宣传单等形式,围绕干部群众关注的重点、热点、难点、疑点问题,以群众喜闻乐见方式进行医保政策宣传。定期组织村医为群众测血糖、量血压等诊疗活动,及时发现潜在病情,普及讲解健康知识,增强群众对疾病预防意识,尤其对多发病、地方病诊治起到预防作用。同时,为群众解读医保政策,现场为群众答疑解惑,消除医保政策盲区。在医院门诊大厅、零售药店大厅等人员密集场所醒目位置长期张贴宣传海报;组织开展宣传活动850场次,解答群众疑难疑惑问题150条,解决群众医保困难诉求

26件，切实提升群众对医疗保障政策知晓率。采用多种形式、多种途径全面宣传《医疗保障基金使用监督管理条例》，悬挂横幅219条，设置宣传栏、展示栏33个，全县21个电子LED屏24小时滚动播放宣传主题，张贴、发放海报、问答手册、便民宣传资料2.5万份；实地义诊宣传3次，接受群众咨询1500人次，免费发放药品价值5000元。

（艾比拜·买买提明）

【医保定点药店】 2022年，于田县辖区内有医保定点零售药店13家，均是连锁加盟店，位于县城内及周边，为参保人员提供药品咨询、用药安全、医保药品销售、医保费用结算等服务。（王卫平）

民　政

【概况】 2022年，于田县有农村低保对象2.63万户3.78万人，城市低保对象1538户1850人。有1所儿童福利院；有1所民政社会福利园区；有14所农村幸福大院。（郭丛丛）

【城乡低保】 2022年，于田县民政局加强低保对象动态管理和监测预警机制，执行城市低保每月动态管理、农村低保每两个月动态管理发放一次低保金制度，动态停发城市低保对象290人、农村低保对象7045人，新增城市低保对象192人、农村低保对象2879人。组织人员开展低收入家庭摸排认定工作，每月动态管理，认定低保边缘家庭2907户5677人，并录入社会救助信息系统。将406名纳入农村低保脱贫户稳定就业后，给予一年时间渐退期，实现稳定增收后退出低保范围；将910名重病重残人员纳入保障范围，其中重病161人、重残749人。为1538户1850人城市低保对象发放1—12月份低保金1189.09万元，为2.63万户3.78万人农村低保对象发放1—12月份低保金1.94亿元。

（郭丛丛）

【特困人员救助供养】 2022年，于田县将符合特困供养条件人员全部纳入特困人员救助供养服务范围，实现有意愿农村“五保”老人集中供养率100%。全县特困人员有意愿集中供养的全部集中供养，从衣食住行医葬方面给予全面保障；分散供养特困人员全部签订照料服务和监护协议，县民政局每季度一次、村每月一次入户回访，及时发现解决存在困难和问题，督促监护人员尽职尽责，加强分散供养人员日常看护、生活照料、个人卫生、住院陪护、精神慰藉等工作，按照自理、半自理、全护理照料护理标准落实每月200元、400元、1300元护理费，确保分散供养人员生活保质保量。

（郭丛丛）

【孤儿收养】 2022年，于田县孤儿全部实现集中收养，人均补助标准为1610元/月。为提高孤儿生活学习质量，采取每月发放100元零花钱，每月集体过生日，组织观看红色电影，配齐娱乐活动器材等方式，让孤儿感受到党和祖国大家庭关心和温暖，保障孤儿健康成长。（郭丛丛）

【困难老人救助供养】 2022年，于田县农村幸福大院配备管理、医务、炊事、安保、护理服务人员153人，农村幸福大院设施配套一应俱全，基本满足幸福大院正常运行和老人日常需求。为确保幸福大院安全运转，严格按照食品安全、消防安全要求落实各项措施，结合实际制定防灾、防疫、防火、防暴等应急处置预案，坚持每周开展一次实战演练，提高工作人员和服务对象防范风险、抗御灾害自救能力。加大机构物资保障力度，组织炊事人员、护理人员参加烹饪和护理培训，举办老人集体婚礼，经常性开展文化娱乐活动，实现“老地方安置、老邻居凑对,乡里乡亲结伴养老不孤单”,让老人想住、愿住,保障好困难老人晚年生活。

(郭丛丛)

【临时救助工作】 2022年,于田县坚持专项救助与急难救助相结合,对遭遇突发事件、意外伤害、重大疾病或者其他特殊原因导致基本生活陷入困境群众,结合实际困难给予社会救助,发放临时救助金2.02万户3.05万人1959.4万元。 (郭丛丛)

【残疾人“两项补贴”发放】 2022年,于田县对符合享受残疾人“两项补贴”条件残疾人应补尽补,为残疾人发放1—12月“两项补贴”776.3万元。对一、二级且需要长期照护重度残疾人,按照每人每月220元标准落实“两项补贴”;对生活困难残疾人,在享受最低生活保障基础上,按每人每月110元标准发放生活补贴;低保家庭中一、二级重度残疾人,按照每人每月220元标准落实“两项补贴”。

(郭丛丛)

【80周岁以上老人基本生活津贴发放】 2022年,于田县继续落实好80周岁以上老人高龄津贴制度,为1093名高龄老人发放高龄津贴74.76万元。高龄津贴标准为80~89周岁老人每人每月补贴50元、90~99周岁老人每人每月补贴120元,100周岁以上老人每人每月补贴200元。 (郭丛丛)

【婚姻登记】 2022年,于田县民政局加强对婚姻登记员业务培训,组织2次婚姻登记员参加自治区级视频培训,提高婚姻登记员依法办事效率和服务质量。完善政务网上公开内容,对工作人员照片、工作守则、服务承诺、办公时间、办理时限、办事依据、收费标准、咨询电话、监督电话等进行公开,并向社会公开承诺,接受社会监督,进一步提高依法行政水平和婚姻登记工作质量。(郭丛丛)

2022年,于田县居民婚礼现场(周 涛 摄)

退役军人事务

【概况】 2022年,于田县退役军人事务局通过线上、线下相结合方式,接收退役士兵,接收退役军人档案,完成自主就业系统录入。 (汪 丽)

【体系建设】 2022年,于田县退役军人事务局按照“五有”(有机构、有编制、有人员、有经费、有保障)、“全覆盖”要求,创建完成示范型县级服务中心1个、示范型乡(镇、街道)服务站17个,设立县级退役军人法律援助工作站,在17个乡(镇、街道)服务站和17个社区退役军人服务站设立法律援助工作室,帮助退役军人及时化解矛盾纠纷,维护合法权益。

(汪 丽)

【建档立卡和优待证申领发放】 2022年,于田县制定《于田县退役军人、其他优抚对象优待证申领发放工作实施方案》,设立建档立卡和优待证申领服务站点18个,完成退役军人、其他优抚对象建档立卡。

(汪 丽)

【优抚政策落实】 2022年,于田县发放“光荣之家”牌匾1055块,发放优抚对象定期生活补助(定期抚恤金)141.78万元、2021年度自主就业退役士兵一次性经济补助98.2万元、义务兵2020—2021

年度家庭优待金24.5万元，补发2名往年退役士兵一次性经济补助7.4万元，报销烈士遗属医疗费3人次1.8万元，缴纳15名自主择业军队转业干部医疗保险21.69万元、发放取暖补助1.69万元，报销6名退役军人职业技能培训费用1.05万元，为2名年满60岁农村籍退役士兵申请享受生活补助，帮助1名患有严重心脏病，并同时患有肺炎、肾炎、气管炎等多种慢性病，需长期治疗并服用药物烈士遗属申请关爱基金1万元；为5名低保退役军人成功申请“防癌抗癌专属保险”。（汪　丽）

【就业创业】 2022年，于田县退役军人事务局做好退役军人服务群体就业创业服务工作。组织有劳动能力未就业或就业不稳定退役军人、现役军人家属专场招聘会1场。鼓励并推选优秀退役军人到村、社区任职，组织自主择业退役军人参加“再起航”线上适应性培训。（汪　丽）

【双拥共建】 2022年，于田县组织人员慰问自主择业军队转业干部、优抚对象、生活困难退役士兵、烈士遗属以及驻于部队和消防官兵，慰问品价值33.95万元。协调快递行业主管部门，为县人民武装部开通绿色配送通道。结合“军地互提需求互办实事‘双清单’”，收集部队困难诉求10件，涉及帮扶资金201.35万元，全部解决。在中国人民解放军建军节来临之际，举办“军民鱼水情 购物显真情”崇军拥军购物节活动，组织退役军人、烈士遗属、现役军人家属等参与活动。（汪　丽）

住房公积金管理

【概况】 2022年，和田地区住房公积金管理中心于田管理部加大政策宣传和归集扩面，加大公积金贷款力度，以“改革、规范、提升”加强管理，科学运作，加大住房公积金对住房消费市场和住房保障体系支持，扎实推进住房公积金制度完善发展，提高公积金使用率。（韩永利）

【住房公积金缴存】 2022年，于田县有221家住房公积金缴存单位，缴存人数1.19万人，缴存住房公积金2.89亿元；新开户单位2个，新增开户人数378人次，封存866人次，信息变更620人次；外部转入86人次118.20万元，外部转出91人次262.5万元。（韩永利）

【住房公积金提取】 2022年，和田地区住房公积金管理中心于田管理部办理支取住房公积金4102笔，支取金额2.18亿元。其中，购买住房提取1302笔1.28亿元，偿还购房贷款本息3.44万笔9217.23万元，租房提取473笔919.59万元，销户1笔1万元，离休退休167笔2541.54万元，终止劳动关系637笔2443.65万元，死亡提取16笔136.63万元。（韩永利）

【公积金贷款】 2022年，和田地区住房公积金管理中心于田管理部向1022户家庭发放住房公积金个人贷款3.48亿元（本地贷款发放928笔计3.4亿元，异地贷款发放94笔计847.20万元）。（韩永利）

【住房公积金服务】 2022年，和田地区住房公积金管理中心于田管理部实现住房公积金业务“全疆通办，跨省通办”缴存，职工可不受缴存地域限制，自行选择各地州服务大厅办理公积金业务，完成“个人申请出具异地贷款缴存使用证明”工作，实现“让数据多跑腿，让群众少跑腿”。全面落实企业住房公积金开户“一网通办”，实现住房公积金单位登记开户、信息变更、缴存业务等工作全程网办。针对前来贷款缴存人员，改善服务质量，简化办事程序，缩短贷款业务办理时间，为缴存职工提供上门服务。（韩永利）

应急管理

安全生产

【概况】 2022年，于田县应急管理局完成矿山企业、烟花爆竹、危险化学品和工贸企业安全生产监督执法工作，承担安全生产委员会办公室、应急管理委员会办公室、减灾委员会办公室、抗震救灾指挥部办公室、森林草原防火指挥部办公室、防汛抗旱指挥部办公室等机构日常工作。 （任赛群）

【安全责任】 2022年，于田县编制《于田县委常委会、县政府常务会、县委、人民政府领导安全生产职责清单》《于田县2022年安全生产职责清单》，落实《于田县党政领导安全生产述职制度》，完成安全生产督导5轮，下发督办函82份，对安全生产责任落实不到位4家行业监管部门、6个乡镇和2家企业责任人进行警示约谈。 （任赛群）

【道路运输安全】 2022年，于田县道路交通安全专业委员会以保315国道、民洛高速（于田段）交通秩序畅通为重点，科学合理布置警力，强化路面执法管控。推进"一盔一带"专项治理、"千灯万带"工程，保障道路交通秩序。组织人员整治隐患道路4.5万平方米，安装标志牌850个，清理路面障碍物147处，安装防护栏153米，安装爆闪灯16个，安装警示桩132个，规范标线6.87万平方米。（任赛群）

【城市建设安全】 2022年，于田县建筑安全专业委员会紧盯建筑领域"危大工程"，组织开展工程质量和工程安全检查73家次，发现并整改问题119个；排查自建房11.58万栋，发现并整治安全隐患房屋92栋；检查基础用气设施9次，发现并整改问题隐患29个；检查燃气经营、使用单位283家次，下发整改责令书69份，对1家燃气经营企业进行提醒约谈。组织开展燃气使用入户宣传1.3万家次，发放宣传单2.4万份。 （任赛群）

【特种设备监管】 2022年，于田县特种设备安全专业委员会组织人员排查特种设备使用单位515家次、检查设备1954台次，发现隐患628个，整改597个，责令限期整改问题隐患31个，下达《特种设备安全监察指令书》59份，经济处罚6.6万元。 （任赛群）

【危险化学品安全】 2022年，于田县组织人员检查加油站175次，排查整改隐患245个，下发限期整改指令书75份，经济处罚7.5万元。于田县创建3级以上安全标准化加油站9家、风险分级管控和隐患排查双机制建设达标加油站11家。（任赛群）

【矿山安全】 2022年，于田县组织人员检查非煤矿山51次，排查整改隐患101条，下发责令整改书20份，经济处罚3起4万元。于田县创建3级安全标准化砂石料企业16家。 （任赛群）

【安全生产基础设施】 2022年，于田县安全生产基础设施建设投入资金4600万元，主要完成对国道、乡村道路路面隐患整治，为消防救援队伍配备10套个人防护装具和单兵救援通信装备，更新升级市政工程、天然气管网、高层住宅消防设备，新增交通劝导站91个，安装减速带214条、爆闪灯80个，新增微型消防站22个，购置简易消防水车16

辆，新建消防水池7个。（任赛群）

【安全生产宣传】 2022年，于田县围绕“5·12”防震减灾宣传周、安全生产月、“10·13”国际减灾日、“119”消防宣传月等活动，设立咨询台35个，发放宣传单7000份，受教育群众1.5万人次。组织开展企业安全生产承诺宣誓活动174场次，参与企业员工2.8万人次。组建安全生产“五进”宣传组，开展宣讲156场次，发放宣传单1万份，受教育群众2.5万人次。“于田零距离”“于田融媒体”等官方账号制作、转发安全生产宣传微视频、微文章300余条（篇），收藏、点赞、转发人数突破10万人次；移动、联通、电信公司发送安全生产提醒短信30万条，覆盖所有手机用户。（任赛群）

防震减灾

【地震应急】 2022年，于田县修订完善《于田县地震应急预案》，组建地震应急救援队伍286支3857人，利用公安指挥系统开展全县地震综合实战应急演练，组织各乡镇、学校、企业开展地震应急演练317场次，参演人员1.77万人次。投入资金380万元，实施奥依托格拉克乡吐木亚村地质灾害防治项目；投入资金230.52万元，采购应急物资11类1.43万件，新建阿羌乡等2个偏远乡镇救灾物资代储点和360处应急避难场所。组织人员对重点工程、生命线工程、次生灾害源工程进行抗震鉴定和加固，排查整改安全隐患自建房92栋。组建乡村两级灾害信息员队伍，开展培训2次。（任赛群）

【防汛抢险】 2022年，于田县防汛抗旱指挥部召开防汛抗旱联席会议4次，下发气象预警59次，水文预警11次，启动防汛抢险Ⅲ级应急响应1次，维修加固临时防洪坝5座、险工险段7处28.5千米，储备铁丝网5373张、铁丝11.8吨、防汛编织袋4.1万条、卵石5.1万立方米、救生衣100件、长丝土工布1万平方米、吊葫芦13个、发电机2台、强光手电筒50个、雨衣50件。组织兰干乡、阿日希乡、科克亚乡防洪段位开展全要素演练3次，乡村两级实施防护演练36次。组织人员对防洪段除险加固、险工险段应急值班值守等工作开展督导检查7次，发现问题40条，下发通报2起。（任赛群）

【森林草原防灾】 2022年，于田县召开森林草原防火联席会议2次，发布森林火灾预警3次，建立专业应急分队1支7人、半专业扑火队1支21人，配备森林草原防火灭火器具855件套。组织人员对林牧区开展隐患检查4次，发现并整治火灾隐患73个。（任赛群）

【防灾减灾宣传】 2022年，于田县印发防灾减灾资料3.12万份，开展集中宣讲225场次，受教育群众11.6万人次。（任赛群）

消防救援

【概况】 2022年，于田县发生火灾43起，抢险救援17起，社会救助2起，公务执勤222起。（章主龙）

【消防安全】 2022年，于田县完成42个居民小区，150家社会单位消防车道划线、立牌和清障工作，增加停车位1000个。组织开展重要节点消防安全联合执法138次，检查单位5287家，排查火灾隐患8412处，督促整改火灾隐患7375处，下发责令改正通知书1906份，下发行政处罚决定书130份，临时查封单位33家，责令“三停”单位34家，对3家重大火灾隐患单位挂牌督办。（章主龙）

【消防宣传】 2022年，于田县利用“一台一栏一播”刊载消防工作动态，普及消防安全常识，在春节、“两会”、安全生产月、国庆节、党的二十大、消防宣传月等重要节点，利用主流媒体及楼宇电视、户外广告高频次、高密度播放消防安全提示和消防公益广告。组织人员发放消防宣传单2万份，开展消防宣传“五进”活动80次，培训干部和消防安全管理人600人次，播放消防安全提示1万条。（章主龙）

乡镇(街道)

木尕拉镇

【概况】 2022年,于田县木尕拉镇辖行政村24个、村民小组83个,耕地面积1669.39公顷,粮食播种面积854.93公顷,粮食总产量9953.78吨,经济作物播种面积530公顷。实现工业总产值1.52亿元。安居富民工程投资65.2万元,完成建筑面积1518.9平方米。农村居民人均可支配收入1.14万元。

(徐孝贤)

【集体经济发展】 2022年,于田县木尕拉镇指导各村制定村集体经济发展计划,按照"一村一策",在充分整合现有资源基础上,申报符合实际需求和受群众欢迎扶持项目,采取购置大型机械、出租门面房、建立畜禽养殖项目、入股合作社分红等方式,长效化促进村集体经济不断发展壮大。(徐孝贤)

【乡村振兴】 2022年,于田县木尕拉镇坚持落实周研判、月分析乡村人口防返贫预警机制,落实"228"机制,每月22日前完成监测对象信息排查分析,制定并落实帮扶措施,确保全镇人口不致贫、不返贫。对收入持续稳定、"两不愁三保障"及饮水安全持续巩固、返贫致贫风险稳定消除的,按程序应消则消、动态清零。对风险消除稳定性较弱,特别是收入不稳定、刚性支出不可控的,密切跟踪监测,跟进帮扶举措,坚决杜绝"一消了之"。年内,木尕拉镇化解贫困风险27户116人。

(徐孝贤)

【社会事务】 2022年,于田县木尕拉镇有小学5所,在校学生3497人;幼儿园5所,在园幼儿593人;各类教师198人。有卫生院1所,卫生技术人员83人,病床110张。全年邮政业务总量22万元,电信业务总量30万元。年末固定电话用户658户,移动电话用户6371户,计算机互联网用户1521户。年末广播人口覆盖率100%,电视人口覆盖率100%。有2.88万名农牧民参加城乡居民基本医疗保险,参保率100%。1.21万名农牧民参加城乡居民养老保险,领取养老保险待遇1636人。

(徐孝贤)

【人居环境整治】 2022年,于田县木尕拉镇依托国家民航局项目帮扶资金200万元,在该镇巴什喀群村、阿亚格喀群村打造人居环境整治示范点。

(徐孝贤)

2022年6月,于田县木尕拉镇人居环境示范点巴什喀群村一角 (杨智胜 摄)

【农村经济】 2022年,于田县木尕拉镇农林牧渔及其服务业总产值2.78亿元，比上年增长2.5%。其中，农业产值4965万元，林业产值7154万元，牧业产值1.5亿元，渔业产值40万元，服务业产值655万元。主要农产品产量：油料487.63吨，特色农作物463吨。年末牲畜存栏4.24万头（只），全年出栏率28%。肉类总产量1250吨，羊毛54吨，牛奶525.6吨，禽蛋82吨，水产品22吨。实现就业1.18万人次。（徐孝贤）

【妇女儿童保障】 2022年，于田县木尕拉镇开展《中华人民共和国未成年人保护法》《中华人民共和国宪法》《中华人民共和国劳动法》《中华人民共和国妇女权益保障法》等法律法规普法宣传活动，加强法治宣传教育，提高妇女群众知法、守法、用法能力。开展"五好""五美""平安家庭""美丽庭院"推荐工作，发挥先进典型示范效应，用身边故事引导群众传承民族美德、传承良好家风。（徐孝贤）

先拜巴扎镇

【概况】 2022年，于田县先拜巴扎镇辖行政村14个、村民小组49个，耕地面积2401公顷，粮食播种面积2022公顷，粮食总产量1149.8吨。工业总产值560万元。完成建筑面积2977.7平方米。农村居民人均可支配收入1.14万元。（胡耀飞）

【基层党建】 2022年，于田县先拜巴扎镇选派25名新招录干部到村任职，5名国家公职人员担任村（社区）党组织书记，储备村级后备力量88人。有党员721人，发展党员50人。组织党员干部到于阗博物馆、"先遣连进藏纪念碑"等地学习参观621人次。（胡耀飞）

【乡村振兴】 2022年，于田县先拜巴扎镇全年新识别监测户13户52人，新消除风险监测户20户91人，未消除监测户113户403人。新建砖木双坑户厕191座，整改户厕179座。依托于田县万方实业有限公司，建立先拜巴扎镇硒鸽养殖合作社，养殖硒鸽34.4万对。协调办理脱贫小额信贷2次136笔401.95万元，小额信贷2930户1.02亿元、致富贷1039户2723.12万元。新建安居富民房60套。（胡耀飞）

2022年12月，于田万方硒鸽实业有限公司
（高　岗　摄）

【社会事务】 2022年，于田县先拜巴扎镇有普通初中1所，在校学生2415人；小学6所，在校学生3785人；幼儿园10所，在园幼儿976人；各类教师330人。有卫生院1所，卫生技术人员56人，病床60张。全年邮政业务总量1.5万元，电信业务总量442万元。年末固定电话用户1233户，移动电话用户7786户，计算机互联网用户1766户。年末广播人口覆盖率100%，电视人口覆盖率100%，有线电视用户1635户。有2万名农牧民参加城乡居民基本医疗保险，参保率100%。1.2万名农牧民参加城乡居民养老保险，领取养老保险待遇1265人。创建健康村3个（斯克达西曼村、阿瓦提村、托万萨依巴格村），开展爱护环境宣讲270场次，受教育人数2.7万人次；配置垃圾桶4939个、垃圾船51个、垃圾转运车8辆。有新时代文明实践所1个、新时代文明实践站11个；创建十星级文明户282户；开展志愿者服务活动495场次，受益人数9359人次；评选道德模范14人、"诚信之星"14人、"五好""五美"个人560人。（胡耀飞）

【农村经济】 2022年，于田县先拜巴扎镇农林牧渔及其服务业总产值2866.2万元，比上年增长10%。其中，农业产值2029万元，林业产值312万元，牧业产值294万元，渔业产值1.2万元，服务业产值214万元。主要农产品产量：棉花228吨，油料120吨，水果210吨。年末牲畜存栏3.87万头（只），全年出栏率100%。肉类总产量1708吨，羊毛50.1吨，牛奶578吨，禽蛋4196吨。年末农牧业机械总动力495千瓦。种植万寿菊206.67公顷、洋葱15.6公顷、小麦1048公顷、玉米1266.67公顷，有小麦种子田73.33公顷，正选入库236吨新东20种子，推广新东40种子田453.33公顷、新东60种子田140公顷。组织开展农民技术培训14次，参加9450人次。修剪核桃733.33公顷，嫁接核桃3500株。病虫害防治打药1333.33公顷。开展土地流转总面积446.93公顷。新成立合作社2家。（胡耀飞）

【社会治理】 2022年，于田县先拜巴扎镇宣传安全生产知识328次、防诈骗知识256次，发放远离毒品珍爱生命宣传单1650张。（胡耀飞）

【人大工作】 2022年，第十一届于田县先拜巴扎镇人民代表大会有人大代表60人，人大代表联系接待选民668人次，走访7453户，收集困难诉求86件、社情民意4条，办好事实事460件，参加调研6场次。（胡耀飞）

【群众工作】 2022年，地区数字化平台推送于田县先拜巴扎镇“12345”诉求1002条，办结960条（其中司法确认134条），关注办理42条。驻村力量及志愿者收集困难诉求967条，解决967条。（胡耀飞）

【党风廉政】 2022年，于田县先拜巴扎镇组织开展干部作风专项整治“回头看”工作，召开警示教育大会3场，组织机关干部开展廉政测试5次，受理信访举报3件。（胡耀飞）

加依乡

【概况】 2022年，于田县加依乡辖行政村12个、村民小组47个，耕地面积1003.49公顷，粮食播种面积1349.7公顷（复播面积615.16公顷），粮食总产量7146.81吨，经济作物播种面积408.86公顷（复播292.66公顷）。农村居民人均可支配收入1.39万元。（欧为才）

【基层党建】 2022年，于田县加依乡确定入党积极分子30人，确定为发展对象2人，预备党员14人；调整村干部25人，选派94名村“两委”班子成员参加地县两级培训。加依乡申报壮大村集体经济项目1项（喀拉吐干村壮大村集体经济项目），由县委组织部牵头，项目收益用于开展为民办实事。（欧为才）

【乡村振兴】 2022年，于田县加依乡“三类户”风险消除16户，脱贫人口稳定就业3832人；新建农村卫生厕所31座；将肉鸽养殖产业项目分红104.41万元和壮大村集体经济（羊产业）项目收益分红34.3万元全部下放到村集体。片区工厂年产值4500万元，实现就业人员500余人，发放工资总额801.15万元。各村集体经济入账277.83万元。（欧为才）

2022年8月，于田县加依乡鸽产业养殖基地

（王小雨 摄）

【社会事业】 2022年，于田县加依乡有普通初中1所，在校学生1054人；小学5所，在校学生3891人；幼儿园6所，在园幼儿905人；各类教师268人。有卫生院1所，卫生技术人员81人，病床40张。全年邮政业务总量20万元，电信业务总量250万元。年末固定电话用户200户，移动电话用户4300户，计算机互联网用户3100户。年末广播人口覆盖率100%，电视人口覆盖率95%，有线电视用户4501户。有1.89万名农牧民参加城乡居民基本医疗保险，参保率100%。9081名农牧民参加城乡居民养老保险，领取养老保险待遇1284人。就业9251人次，开展各类职业技能培训1049人次。改善幼儿园办园条件6所。新建安居富民房30户，实施煤改电(二期)居民供暖设施入户改造4户。发放城乡低保1.72万人次1279万元、残疾人补贴2104人次60.15万元、高龄补贴479人次5.31万元。推进阿亚格萨亚提拉村、巴什萨亚提拉村、喀提克昆村、尤喀克加依村等村天然气入户工程建设，工程惠及农户2176户。实施社会事业项目7个，投入资金162.09万元。 (欧为才)

【农村经济】 2022年，于田县加依乡农林牧渔及其服务业总产值1.38亿元，比上年增长5.58%。其中，农业产值3657.6万元，林业2778.52万元，牧业7186.72万元，渔业2.98万元，服务业208.79万元。主要农产品产量：粮食7146.81吨，水果574.31吨或其他(苜蓿)500吨。年末牲畜存栏4.98万头(只)，全年出栏率60.37%。肉类总产量1019.1吨，羊毛48.5吨，牛奶28.8吨，禽蛋85.1吨，水产品7吨。年末农牧业机械总动力1.1万千瓦。工业总产值4545万元。安居富民工程投资86.24万元，完成建筑面积1232平方米。围绕“稳粮、强畜、增草、扩林”发展思路，种植玉米466.67公顷、小麦653.33公顷、饲草料(苜蓿)66.67公顷、蔬菜133.33公顷。按照“企业+基地+合作社+三类户”四级架构养殖模式，持续发展15.5万对肉鸽养殖产业，覆盖1843户农户，实现户均年增收723元；发展多胎羊2.18万只，实现户均年增收1257.5元；以“公司+农户”的模式，种植万寿菊面积53.33公顷，与新疆晨光生物科技有限公司签订收购合同，解决收购问题。 (欧为才)

【社会治理】 2022年，于田县加依乡深入排查化解矛盾纠纷，全年化解矛盾纠纷218起。组织人员开展居民自建房安全专项整治4次，发现并整改重大问题2条；排查整治燃气隐患3次，开展交通安全专项整治4次，发现并整改问题48条；消防专项整治4次，发现并整改问题736条。 (欧为才)

【群众工作】 2022年，于田县加依乡“12345”便民热线收集群众“急难愁盼”1152件，办结1063条，关注办理89条。 (欧为才)

【文化宣传】 2022年，于田县加依乡开展文艺活动54场次，参与群众4370人次；完成申报地区民族团结进步示范单位2个。开展保障妇女权益集中宣讲459场次，参与妇女5821人次；组织开展妇女之家微活动478场次、巾帼志愿者服务活动94场次；开展婚姻家庭问题咨询工作，调解矛盾36条；引导妇女就业4726人。组织开展“五好”“五美”评选表彰活动2场次，评选表彰20人。 (欧为才)

科克亚乡

【概况】 2022年，于田县科克亚乡辖行政村17个、村民小组75个，耕地面积1957.17公顷，粮食播种面积1002.5公顷，粮食总产量6159.8吨(含复播)，经济作物播种面积2.03公顷。农村居民人均可支配收入1.14万元。 (钟佳峰)

【基层党建】 2022年，于田县科克亚乡以提升村干部整体素质为重点，选派村干部及后备干部参加各类培训，提升村干部能力素质。围绕发展党员5个阶段25个步骤，在严把政审关基础上，切实

抓好发展党员工作。制定“一村一策”,扶持薄弱村发展壮大村集体经济。（钟佳峰）

【社会事业】 2022年,于田县科克亚乡有中学1所、小学4所、幼儿园13所,幼儿园在园幼儿1892人、小学阶段学生3986人、初中阶段学生1053人、高中阶段学生407人、中职学生411人、高职学生419人、大专阶段学生54人、大学本科以上阶段学生251人。有卫生院1所、卫生室17个,床位60张,医护人员89人。有农村低保1672户2854人、城市低保53户66人。（钟佳峰）

【农村经济】 2022年,于田县科克亚乡主要农产品产量:粮食6159.8吨,棉花3.67吨,水果1108.2吨,特色农作物21.3吨。年末牲畜存栏3.98万头(只),全年出栏率100%。肉类总产1433吨,羊毛59吨,牛奶61吨,禽蛋210吨。有温室大棚1152座,引导2600户群众种植万寿菊面积280公顷,每亩收益2500元。新建棚圈77座,总投资200万元。新建安居富民房11套。（钟佳峰）

【社会治理】 2022年,于田县科克亚乡悬挂市域社会治理宣传横幅25条、制作宣传展板36个,开展市域社会治理专题宣传活动2次,发放宣传单400份,宣传群众900人次。（钟佳峰）

【廉政建设】 2022年,于田县科克亚乡组织开展干部作风整顿“回头看”专项治理工作,自查问题90条,立案调查1条;开展惠民惠农财政补贴资金清理规范“回头看”专项治理工作,发现违规发放惠民惠农财政补贴0.26万元,追回0.26万元;发现群众身边腐败和作风问题5条,立案调查1条,组织处理1条。（钟佳峰）

【文化润疆】 2022年,于田县科克亚乡发挥中华优秀传统文化、革命文化、社会先进文化教育引领作用,举办春节、元旦、中秋节等晚会82场次,参加群众4000人次。（钟佳峰）

【卫生医疗】 2022年,于田县科克亚乡医院门诊就诊人数2万人次,住院病人1600人次。全乡2.18万人均建立电子健康档案,建档率100%。（钟佳峰）

2022年12月,于田县科克亚乡卫生院老年人爱心服务导医台（王朝斌 摄）

阿热勒乡

【概况】 2022年,阿热勒乡辖行政村13个,村民小组61个,总面积484.18平方千米,耕地面积2298.35公顷,粮食播种面积1642公顷,粮食总产量4078吨,经济作物播种面积1134公顷。农村居民人均可支配收入1.5万元。（韩延根）

【基层党建】 2022年,于田县阿热勒乡有党员810人(正式党员781人、预备党员29人),打造“五个好”党支部县级示范点1个、乡级示范点3个、机关党支部1个。组织开展“五强五提升”组织振兴行动,提升党建引领乡村治理水平。阿热勒乡有13名村党组织带头人,其中下派国家干部6人;健全村党组织领导自治、法治、德治相结合村级治理体系,规范村级“三个中心”运行机制,督促各村统筹各级力量,细致做好群众工作。（韩延根）

【乡村振兴】 2022年,于田县阿热勒乡大力发展玫瑰花特色种植产业项目,以阿热勒乡紧邻315国道万方村新种植万亩玫瑰为核心示范区,建立1个现代化农业示范基地辐射带动周边村庄12个。阿热勒乡玫瑰花特色种植项目占地面积533.4公顷,其中玫瑰花新种植面积300公顷,农户自种面积233.4公顷,项目总投资700万元。引进新疆坚得利时装有限公司(片区工厂),年内生产服装100万件,带动当地就业群众363人,其中脱贫户183人,月均工资1540~3450元。发展香菇产业、不断拓展群众增收渠道。2022年8月,于田县阿热勒乡香菇基地产业园按期分红223.3万元。其中,96万元用于脱贫户、监测户家庭收入困难群众分红,37.98万元用于奖励在岗员工,89.32万元用于充实13个村集体经济。发展大芸产业,运行"合作社+农户"种植模式。阿热勒乡种植红柳大芸面积883公顷,年产量2500吨,新鲜大芸每千克售价15元左右,带动增收3500万元。有58座大棚投入使用,年产西红柿250吨,辣子100吨,胡萝卜20吨,豇豆20吨,小白菜16吨,总产值300万元。 (韩延根)

【社会事业】 2022年,于田县阿热勒乡有小学5所,在校学生3388人;幼儿园在园幼儿757人;各类教师224人。移动电话用户4756户,广播人口覆盖率100%,电视人口覆盖率85.5%,有线电视用户4121户。有1.58万名农牧民参加城乡居民基本医疗保险,参保率100%。8646名农牧民参加城乡居民养老保险,领取养老保险待遇者861人。对2022年死亡家属发放丧葬补贴83人次3.32万元,为259人发放残疾人"两项补贴"39.04万元。有劳动力7068人,就业6903人,实现劳动力家庭就业全覆盖,就业人员平均工资较上年增长770元;有脱贫人口就业3184人。 (韩延根)

【农村经济】 2022年,于田县阿热勒乡农林牧渔及其服务业总产值665万元,比上年增长1.8%。其中,农业产值480万元,林业105万元,牧业80万元。主要农产品产量:棉花31吨,油料0.5吨,其他(特色农作物)800吨。年末牲畜存栏3.14万头(只),全年出栏率12.5%。肉类总产量953吨,羊毛48吨,牛奶30吨,禽蛋222吨。建成"好果园"面积93.8公顷,"好林带"整治面积5.63公顷,"好道路"112.5千米,"好渠道"83千米,"好条田"391.07公顷,组织人员疏通沟渠23千米,清理路面263千米,改厕排查4565户,完成重点防护林建设面积1211.47公顷,实施高效节水项目727.93公顷。

(韩延根)

【社会治理】 2022年,于田县阿热勒乡做好市域社会治理现代化工作保障,组织召开集中学习和研讨2次,开展法治专题讲座4次。阿热勒乡有"一村一法律顾问"13人,"法律明白人"43人、"农村学法用法示范户"13户;组织人员开展法律宣讲63场次,参加群众2004人次。 (韩延根)

【群众工作】 2022年,于田县阿热勒乡组织人员收集群众困难诉求1226条,化解1090条;办结债务债权类问题702条,关注办理167条。发挥乡党委书记驻村、乡长入户、乡党委书记信箱、第一书记信箱作用,收集诉求37条,解决37条。

(韩延根)

阿日希乡

【概况】 2022年,于田县阿日希乡辖行政村9个、村民小组36个,耕地面积2195.64公顷,粮食播种面积743.2公顷,粮食总产量3908.72吨,经济作物播种面积233.3公顷。农村居民人均可支配收入1.56万元。 (单自鹏)

【基层党建】 2022年,于田县阿日希乡选派4名国家公职人员到村任职,配齐村"两委"班子成员57人,其中国家干部19人。推进党建引领基层治理工作,打造"五个好"党支部示范点,开展"五强五提升”组织振兴行动以及党员干部“三学三亮三比”“四个强化”,规范村级事务,夯实党建引领基层治理工作基础。由乡党委牵头,每季度开展支部书记抓基层党建工作述职评议会。（单自鹏）

【乡村振兴】 2022年,于田县阿日希乡农村居民人均可支配收入1.56万元,同比增长8.85%。做好防返贫动态监测帮扶工作,对全乡301户监测户全部落实帮扶措施。将农村改厕作为乡村整治首要任务,完成厕所革命整村推进工作任务,阿克提热克村实现卫生厕所全覆盖。加快完善基础设施短板,实施基础设施项目3个(均为水利局牵头实施水利设施项目),总投资4385.28万元。（单自鹏）

【社会事业】 2022年,于田县阿日希乡有小学3所,在校学生1254人;幼儿园8所,在园幼儿267人;各类教师105人。有卫生院1所,卫生技术人员13人,病床32张。全年邮政业务总量18万元,电信业务总量263万元。年末固定电话用户1137户,移动电话用户2011户,计算机互联网用户389户。年末广播人口覆盖率100%,电视人口覆盖率100%,有线电视用户2211户。有8223名农牧民参加城乡居民基本医疗保险,参保率100%。3049名农牧民参加城乡居民养老保险,领取养老保险待遇497人。依托新时代文明实践站所,举办主题文化文艺活动288场次、宣传宣讲300场次、主题党课30堂、科普讲座110场,受教育干部群众1.3万人次。60岁以上享受待遇497人,享受率100%。积极宣传低保政策,确保低保复核公开、公平、公正进行,坚持按照“应保尽保、规范运作、动态管理”要求,打造阿日希乡阳光低保工程,为1521人发放低保金751万元。（单自鹏）

【农村经济】 2022年,于田县阿日希乡农林牧渔及其服务业总产值1.05亿元,比上年增长8%。其中,农业产值1897.16万元,林业3694.15万元,牧业4796.67万元,服务业78.13万元。主要农产品产量:粮食3908.72吨,水果5.4吨。年末牲畜存栏2.9万头(只),全年出栏率92.8%。肉类总产872.8吨,羊毛49.9吨,牛奶7吨,禽蛋67.3吨。种植蔬菜面积203.27公顷、万寿菊面积160公顷,搭建小拱棚1112座,有大型菜窖4个、农户小菜窖1200个。全乡家禽存栏3.5万羽(只);多胎羊人工配种7000只,产羔数1.1万只。结果期核桃面积1233.27公顷,其中大田核桃面积1095.07公顷,庭院核桃面积138.2公顷,核桃亩均产量223千克,比上年增加3千克;新建5.33公顷苗木繁育基地,新育法国梧桐1万棵、桃树苗0.67公顷,桃树育苗213.33公顷。全年新嫁接改良核桃1.1万棵,接种红柳大芸20公顷。（单自鹏）

2022年10月,于田县阿日希乡果农在加工挑选核桃（杨宝振 摄）

【社会治理】 2022年,于田县阿日希乡结合禁毒、消防与防骗反诈工作,通过电子屏、小喇叭及悬挂宣传标语等形式积极开展“不让毒品进我家,消防安全处处防,全民防骗反诈”等内容宣传教育活动。利用周一升国旗、村民大会等形式,将消防安全防范、无毒村创建、全民反诈知识宣传到每家每户,营造良好社会宣传氛围。（单自鹏）

【群众工作】 2022年,于田县阿日希乡积极按照群众工作要求,认真落实好困难诉求“135”机制,常态化收集诉求587条、解决567条、跟踪盯办20

条。阿日希乡"12345"热线共收集困难诉求362条,办结356条,关注办理类6条。（单自鹏）

【就业工作】 2022年,于田县阿日希乡有劳动力3256人、无劳动力4979人,实现就业人员3024人。（单自鹏）

【拥军优属】 2022年,于田县阿日希乡成立退役军人服务管理站,为退役军人提供就业咨询、优恤补助等服务,帮助解决军人家属各类困难诉求15条,组织慰问军人家属6次,慰问物资价值5000元。年内,阿日希乡籍现役军人吾斯曼·买提肉孜被评为"三等功"和"四有"优秀士兵。（单自鹏）

兰干乡

【概况】 2022年,于田县兰干乡辖行政村17个、村民小组50个,总面积1216.09平方千米,耕地面积3067.52公顷,粮食播种面积867.1公顷,粮食总产量9268.5吨,经济作物播种面积101公顷。农村居民人均可支配收入1.4万元。（李全华）

【基层党建】 2022年,于田县兰干乡组织党员干部开展学习69场次,通过民主程序调换3名能力强、有担当干部担任村支部书记,选派19名新招录干部到村任职,组织17名党支部书记、65名副职村干部参加地、县两级教育培训。（李全华）

【乡村振兴】 2022年,于田县兰干乡坚持精准布局产业、挖掘资源潜力,依托辖区2家葡萄叶加工厂(安美味、金叶子葡萄叶加工厂)收购群众葡萄叶1500吨,实现经济收入1000万元。发展鹅1.06万只、多胎羊2.61万只,种植葡萄面积3466.67公顷(盛产期葡萄3173.33公顷)。（李全华）

【脱贫攻坚成果同乡村振兴有效衔接】 2022年,于田县兰干乡建立健全防止全乡2147户8944人建档立卡贫困户防贫动态检测和帮扶机制,精准施策,补齐短板,坚决守住防止规模性返贫底线。加大农业结构调整力度,着力推进农业产业现代化,特色种植、林果经济效益逐步显现,畜牧业发展势头良好,"农户+合作社"模式成功推进,"短平快"项目落地生根,农村基础设施建设进展顺利。（李全华）

【民生建设】 2022年,于田县兰干乡坚持以人民为中心发展理念,补足基础设施建设"短板"。争取资金300万元,为村民安装沿路路灯12.5千米,改造住房108户。17个村动力电覆盖率100%、光纤和4G网络覆盖率100%。大力推进生态环境建设,翻新围墙、购置环卫车和大型垃圾箱,通过"合作社+农户"模式,完善垃圾清运工作,美化乡村环境。（李全华）

【社会事业】 2022年,于田县兰干乡以创建耳鼻喉科和妇科为特色科室,不断完善医疗体系建设,进一步提升乡村医疗卫生水平。城乡居民医疗保险参保率100%,城乡居民养老保险参保率100%,各族群众健康和卫生水平显著提升。持续推行"新风尚"、"厕所革命"有序推进,创卫工作全面开展。社会保障体系逐步健全,3001户低保对象应保尽保,惠民政策全面落实,人民获得感得到明显提升。（李全华）

【农村经济】 2022年,于田县兰干乡农林牧渔及其服务业总产值3.07亿元,比上年增长10.23%。其中,农业产值1.66亿元,林业1363.55万元,牧业7989万元。主要农产品产量:粮食9268.5吨,油料2.7吨,水果1621吨或其他(核桃和桃子)396吨。年末牲畜存栏4.54万头(只),全年出栏率97%。肉类总产1147吨,羊毛62吨,禽蛋158吨。种植春冬蔬菜85.33公顷、总产量2816吨。发挥万寿菊经济特色，着力提升农民种植技能，加快农民转产转业，种植万寿菊面积89.67公顷。鼓励农村合作社走规模经营新路子，大力推进农业产业化经营，鼓励合作社承包村机动地，发展生态高效节水农业，带动全乡农业发展，使特色农业成为广大农户增收新亮点。（李金华）

【村容村貌】 2022年，于田县兰干乡秉持“绿水青山就是金山银山”理念，全面打响污染防治、乱搭乱建攻坚战，严格落实乡村两级“河长制”，压实责任，定期开展巡河工作。建立健全环境卫生管理长效机制，动员乡村两级巡河队伍定期巡河并清运垃圾，河道畅通、街面干净整洁，不断改变农村脏、乱、差局面。大力度推进美丽乡村建设，进行庭院改造，整治违规私搭乱建问题，确保兰干乡天蓝草绿水清。组织引导辖区内500余家商铺参与环境整治，签订门前三包责任书，建立纵向到底、横向到边、辖区道路街面全面覆盖网格化管理格局。（李金华）

【党风廉政】 2022年，于田县兰干乡巩固和拓展党史学习教育成果，实现干部理论学习有收获、思想政治受洗礼、干事创业敢担当、为民服务解难题、清正廉洁做表率。严肃查处扶贫领域腐败、干部作风和群众身边“微腐败”等违纪违法问题，运用“四种形态”执纪问责。全面推进依法行政，把依法行政贯彻至乡政府工作各个环节，不断完善民主集中制和科学民主决策制度，严格落实党风廉政建设责任制，扎实推进惩治和预防腐败体系建设，营造风清气正政治生态环境。（李金华）

【群众工作】 2022年，于田县兰干乡组织人员入户收集解决群众困难诉求229条，解决229条。多元化运用12345平台收集困难诉求637条，解决405条。（李金华）

斯也克乡

【概况】 2022年，于田县斯也克乡辖行政村20个、村民小组56个，总面积549.1平方千米，耕地面积3523.01公顷。农村居民人均可支配收入1.45万元。（王彦国）

【基层党建】 2022年，于田县斯也克乡组织开展党委中心组理论学习22次、党员干部政治理论学习74次，座谈交流4次。有党员1085人，党支部43个，培养储备村级后备力量117人，调整村党支部书记7人、其他村“两委”班子成员18人。（王彦国）

【乡村振兴】 2022年，于田县斯也克乡有监测户778户3500人，其中脱贫不稳定户242户1051人、边缘易致贫户455户2096人、突发严重困难户81户353人。通过常态化监测预警和2022年度第一轮第二轮集中排查工作，全乡纳入监测户16户75人，风险消除监测户28户117人。全乡未化解风险监测户96户385人。通过落实转移就业、产业扶持、金融帮扶、兜底保障等措施，脱贫人口人均纯收入不增反降户降至150户523人，占脱贫人口4.51%。（王彦国）

【社会事业】 2022年，于田县斯也克乡有小学10所，在校学生4831人；幼儿园7所，在园幼儿973人；各类教师248人。有卫生院1所，病床60张。全年邮政业务总量500万元，电信业务总量200万元。年末移动电话用户5949户，计算机互联网用户1254户。年末广播人口覆盖率100%，电视人口覆盖率100%，广播用户5949户。有2.45万名农牧民参加城乡居民基本医疗保险，参保率100%。1.06万名农牧民参加城乡居民养老保险，领取养老保险待遇1273人。（王彦国）

【农村经济】 2022年，于田县斯也克乡农林牧渔及其服务业总产值1.53亿元，比上年增长7%。其中，农业产值4462万元，林业4223万元，牧业6524万元，服务业67万元。主要农产品产量：棉花1121吨，油料650吨，水果124吨或其他(特色农作物)7468吨。年末牲畜存栏6.22万头(只)，全年出栏率96.6%。肉类总产3402.12吨，羊毛412.03吨，牛奶12吨，禽蛋652.07吨，其他842.57吨。

（王彦国）

【群众工作】 2022年，于田县斯也克乡着力解决民生难题，办结数字化平台群众困难诉求418条、关注办理227条。（王彦国）

【纪检工作】 2022年，于田县斯也克乡组织人员开展小额贷款、购羊领域和惠农惠民财政补贴资金“回头看”专项整治、“小微权力”整治等工作，纪检部门立案查处14起14人。（王彦国）

【工作亮点】 2022年，于田县斯也克乡克提其村被列为自治区第一批乡村振兴示范点项目建设之一，投入资金2944万元。克提其村建设“一城两街三园四中心”(服装贸易城、阗美美食街、丝路驿站、观赏园、采摘园、精品园、农业发展中心、畜禽养殖中心、托老托幼中心、产品交易中心)，逐步打造成为斯也克乡文化中心和经济中心，带动斯也克乡亚尔拜什村、斯也克村、恰尔巴格村、阿勒达西曼村、托万斯也克村、麦盖提村6个村2111户8513人共同发展。（王彦国）

托格日尕孜乡

【概况】 2022年，于田县托格日尕孜乡辖行政村12个、村民小组40个，总面积111.96平方千米，耕地面积2552.98公顷，粮食播种面积1938.27公顷，经济作物播种面积466.67公顷。（李好强）

【基层党建】 2022年，于田县托格日尕孜乡开展党员干部集中培训767次、集体总学时1.95万分钟，个人自学和信息化平台平均学习时长15个学时，实践锻炼总次数198次。以“五强五提升”组织振兴行动和“三学三亮三比”争当先锋行动为核心抓手，抓好抓实“五个好”党支部、“四个合格”党员创建工作。（李好强）

【乡村振兴】 2022年，于田县托格日尕孜乡教育保障落实100%全覆盖，住房安全有保障落实100%，坚持落实周研判、月分析乡村人口防返贫预警机制，村级每周召开研判会，及时了解帮扶成效，初步判断拟纳入和拟消除风险监测对象。

（李好强）

【社会事业】 2022年，于田县托格日尕孜乡有普通初中1所，在校学生2551人；小学7所，在校学生2096人；幼儿园6所，在园幼儿492人；各类教师308人。有卫生院1所，卫生技术人员70人，病床80张。全年邮政业务总量1.8万元。年末广播人口覆盖率100%，电视人口覆盖率100%，有线电视用户3665户。有1.41万名农牧民参加城乡居民基本医疗保险，参保率100 %。有5430名农牧民参加城乡居民养老保险，领取养老保险待遇681人。在全乡范围内建设养老助餐点10个，为54名老人提供助餐服务。（李好强）

【农村经济】 2022年，于田县托格日尕孜乡农林牧渔及其服务业总产值2.57亿元，比上年增长25.53%。其中，农业产值8806.45万元，林业产值8810万元，牧业产值8053万元。主要农产品产量：棉花433.8吨，水果600吨。年末牲畜存栏4.1万头(只)，全年出栏率103%。肉类总产1635吨，羊毛65.3吨，牛奶7.5吨，禽蛋82.19吨，水产品20吨。种植万寿菊466.67公顷，西瓜52公顷、甜瓜30.67公顷，有温室大棚16座，小拱棚1648座，农户土菜窖2230座，种植蔬菜468.77公顷，主要种植小白菜、大白菜、洋葱、萝卜、胡萝卜、茄子、韭菜、辣椒、油麦菜、西红柿等。实施林果整形修剪2次、水肥管理5次、病虫防治3次、适期采收等技术措施全覆盖指导25场次。（李好强）

2022年12月，于田县托格日尕孜乡拱棚蔬菜长势良好（廖　鹏　摄）

【社会治理】 2022年，于田县托格日尕孜乡在12个村打造完善党群服务中心主阵地，开展习近平总书记市域化治理相关论述学习，提升党员干部落实市域社会治理现代化能力。通过组织文体活动、法律服务等方式，宣传惠民政策、法律知识、道德准则等800次。引导学校、卫生院等开展“小手拉大手”、卫生大课堂等活动88次，参与群众4000人次。有注册志愿者1005人，组织开展志愿服务活动30次。（李好强）

喀拉克尔乡

【概况】 2022年，于田县喀拉克尔乡辖行政村13个、村民小组51个，总面积742.09平方千米，耕地面积3655.02公顷，粮食播种面积1384公顷，经济作物播种面积1845.6公顷。农村居民人均可支配收入1.47万元。（苗德雨）

【基层党建】 2022年，于田县喀拉克尔乡有党员851人，党员致富带头人48人，村“两委”班子成员共91人，其中党员66人。通过各层推优，13个村共配65名后备干部，重点培养对象15人，选派33名新招录干部下沉到村任职，覆盖13个行政村。（苗德雨）

【乡村振兴】 2022年，于田县喀拉克尔乡有监测户517户1944人。其中，脱贫不稳定户166户606人，边缘易致贫户289户1090人，突发严重困难户62户248人；化解风险监测户422户1717人（脱贫不稳定户143户539人，边缘易致贫户254户991人，突发严重困难户45户187人）；纳入4户14人（边缘易致贫户1户5人，突发严重困难户3户9人），消除24户100人（脱贫不稳定户11户46人，边缘易致贫户11户44人，突发严重困难户2户10人）；剩余未化解风险监测75户227人（脱贫不稳定户23户68人，边缘易致贫户35户99人，突发严重困难户17户60人）。（苗德雨）

【社会事业】 2022年，于田县喀拉克尔乡有普通初中1所，在校学生668人；小学4所，在校学生2223人；幼儿园11所，在园幼儿650人；各类教师194人，初中教师57人，小学教师96人，幼儿园教师41人。有卫生院1所，卫生技术人员52人，病床80张，卫生室13个。年末固定电话用户650户，移动电话用户6101户，计算机互联网用户2465户。年末广播人口覆盖率100%，电视人口覆盖率100%，有线电视用户80户。有1.44万名农牧民参加城乡居民基本医疗保险，参保率100%。7703名农牧民参加城乡居民养老保险，领取养老保险待遇1062人。（苗德雨）

【市域治理】 2022年，于田县喀拉克尔乡将市域社会治理作为重大政治任务，纳入党委重要议事日程，深入开展普法宣传教育，在乡、村建设法治宣传专栏1000块，设置法律图书角及法治文化园地30个。开展法律宣传系列活动18场次，参加人数587人次。（苗德雨）

【农村经济】 2022年，于田县喀拉克尔乡建立企业、合作社与贫困户利益联结机制，引进和培育企业1家、合作社23个、林业木材合作社4个、零售业其他合作社6个、家庭农场21个，有致富带头人49人。全乡实现就业6291人，辖区工厂带动就业349人；开发公益性岗位260个。（苗德雨）

2022年10月，于田县喀拉克尔乡家庭农场

（麦麦提·艾拜杜拉 摄）

【群众工作】 2022年，于田县喀拉克尔乡设立第一书记信箱14个（包括1个党委书记信箱），收集各类问题8条，核实解决6条。（苗德雨）

【改厕工作】 2022年，于田县喀拉克尔乡扎实开展农村户厕问题摸排整改"回头看"，组织培训3次，现场实操3次，累计培训人员186人次。完成摸排4686户7086座户厕，完成率100%，其中达标类189户189座，新建类28户28座，整改类222户345座，核查复核类4219户6713座，漏排补录类28户32座，排查期间立查立改问题598条。

（苗德雨）

【安全生产】 2022年，于田县喀拉克尔乡新配备、更换灭火器1245个，辖区有消防沙袋7595个，消防水桶4252个，铁锹等其他消防设备2168个，新配备微型消防站16个；新加装减速带50条，设立交通劝导站14个。（苗德雨）

希吾勒乡

【概况】 2022年，于田县希吾勒乡辖行政村4个、村民小组10个，总面积495.42平方千米，耕地面积1730.87公顷，粮食播种面积694.21公顷，粮食总产量1366吨（复播面积306.76公顷），经济作物播种面积790.71公顷。农村居民人均可支配收入1.55万元。（张浩男）

【基层党建】 2022年，于田县希吾勒乡组织开展党员学习106次、党委理论学习中心组25次、学习党的十九届六中全会精神9次、第三次中央新疆工作座谈会精神5次、党的二十大精神7次。选派2名国家公职人员担任村党组织书记，选派6名新招录干部到村任职，储备村级后备力量24人。围绕推进创建"五个好"党支部，开展线上线下培训辅导6次、培训人数192人次，组织观摩交流2场、互学互检2次，创建"五个好"党支部1个、"四个好"党支部3个。发展预备党员12人。（张浩男）

【乡村振兴】 2022年，于田县希吾勒乡组织人员每月22日前对全乡207户监测户进行一次收入采集，每两月对731户脱贫户进行一次收入采集，每季度对299户一般户进行一次收入采集，消除监测户24户85人，纳入监测户3户12人。不增反降比例5.32%，其中脱贫人口不增反降比例5.18%，监测对象（不含脱贫人口）不增反降比例3.13%，一般户不增反降比例3.92%。拟纳入监测户2户9人。开展农村户厕摸排整改"回头看"及户厕新建整改任务，排查户厕2547座，其中达标类74座、核查复查类2470座。新建户厕74座。（张浩男）

【社会事务】 2022年，于田县希吾勒乡有小学1所，在校学生759人；幼儿园2所，在园幼儿205人；各类教师48人。有卫生院1所，卫生技术人员

46人、病床20张。移动电话用户3693人,安装宽带用户1358户。年末广播人口覆盖率100%,电视人口覆盖率100%,有线电视用户1358户。有4882名农牧民参加城乡居民基本医疗保险,参保率100%。3061名农牧民参加城乡居民养老保险,领取养老保险待遇369人。建立为民服务文明实践志愿者队伍11支,培育5支品牌服务队伍,组织慰问困难群众1327户、开展敬老助残、"情暖童心""医疗保健"等活动976户。开展走访慰问困难人员30次,为151名大学生发放各类资助金51.6万元。 (张浩男)

【农村经济】 2022年,于田县希吾勒乡主要农产品产量:粮食1366吨,棉花2926吨,水果40吨或其他(特色农作物)684吨。年末牲畜存栏3.22万头(只),全年出栏率80%。肉类总产225吨,羊毛3吨,牛奶5.5吨,禽蛋28.1吨,水产品25吨。种植冬小麦面积227.58公顷、正播玉米面积159.87公顷、复播玉米面积306.76公顷;无人机病虫害防治面积9.33公顷,人工病虫害防治140公顷,玉米人工病虫害防治面积233.33公顷。蔬菜正播面积46.67公顷、复播面积64.8公顷,完成拱棚种植977座。万寿菊种植面积48公顷。林果面积55.36公顷,红枣、杏树等果树参保率100%。有地区级示范合作社1个,县级示范合作社1个,乡级合作社15个,分红金额43.2万元,分红户数432户1512人。抓好农村承包地"三权分置"改革工作,全乡流转农户241户,流转脱贫户241户,流转土地面积109.42公顷,其中家庭承包面积42.41公顷,土地清理再分配46.54公顷,其他承包面积20.47公顷,流转合同总额22.48万元。 (张浩男)

【社会治理】 2022年,于田县希吾勒乡投入资金4.15万元,安装减速带24处、爆闪灯52个、配备308个灭火器、购置消防箱11个、灭火毯5个、消防衣和防毒面具5套、消防枪头1个、消防水龙带13个。 (张浩男)

【群众工作】 2022年,于田县希吾勒乡组织人员收集群众困难诉求535条,解决409条,关注办理52条,逐步解决74条;办结数字化平台推送群众诉求148条、关注办理22条。深入排查化解矛盾纠纷,乡村两级收集各类矛盾纠纷46条,化解46条,矛盾纠纷回访46条,满意率100%。 (张浩男)

【工作亮点】 2022年,于田县希吾勒乡成功入选2022年全国第十二批"一村一品"示范村镇名单。依托和田地区津垦牧业科技有限公司技术资源、科学管理等优势资源,积极发挥多胎肉羊育种、扩繁、育肥、屠宰、销售等养殖模式,通过"企业+合作社+养殖大户+农户"四级构架模式,总结出"希吾勒模式""1+N模式"等,建立一批养殖示范园区、示范引领户等,打造奥军鲁克村养殖小区、达西库勒村多胎肉羊快速育肥、英阿瓦提村标准化养殖基地等一批精品示范点,年末多胎羊存栏3.2万只。

(张浩男)

奥依托格拉克乡

【概况】 2022年,于田县奥依托格拉克乡辖行政村16个、村民小组70个,总面积8336.48平方千米,耕地面积3307.29公顷,粮食播种面积1072公顷,粮食总产量7670.34吨,经济作物播种面积1133.3公顷。农村居民人均可支配收入1.44万元。

(苏祥荣)

【基层党建】 2022年,于田县奥依托格拉克乡通过"线上+线下"模式开展党员干部学习150场次,教育培训党员干部1.2万人次。发展党员47人,调整不胜任村干部10人。创建"五个好"党支部6个、"四个好"党支部5个、"三个好"党支部6个。优化驻村人员结构,优化调整工作队员17人,开展"岗位大练兵"活动3次。规范村级组织工作事务,规范梳理村级各项规章制度,清理牌匾66个。

(苏祥荣)

【乡村振兴】 2022年,于田县奥依托格拉克乡落实防止返贫动态监测和帮扶机制,强化收入监测分析,“三类户”风险消除率87%,脱贫户人均增收1609元左右。实施人居环境整治提升工作,以建设美丽宜居村庄、庭院改造、“三区”分离、改厕工作为导向,一手抓“示范”,一手抓“整治”,完成人居环境改造4759户,完成率96.3%。实施农村粪污一体化项目,新建农村卫生厕所29座。

(苏祥荣)

【社会事业】 2022年,于田县奥依托格拉克乡持续推进全民参保计划,城乡居民参保100%,乡卫生院和村卫生室标准化率100%。对纳入城市低保61户68人、农村低保2180户3045人,发放低保金1209.3万元,对分散特困供养户1户1人发放保障金1.8万元;为288名残障人士发放保障金50.2万元;对231名因病、因学、因灾造成生活困难群众进行临时性救助,发放救助金30.6万元;开展集中供养保障工作,扩建供养床位150张,自主招聘保障人员14人,集中供养老人26人。实施煤改电(二期)居民供暖设施入户改造工程,完成72户年度改造任务,3297户农户实现清洁取暖。

(苏祥荣)

【农村经济】 2022年,于田县奥依托格拉克乡农林牧渔及其服务业总产值3.8亿元,比上年增长7.58%。其中农业产值7365.89万元,林业1.25亿元,牧业9312.6万元,服务业1704.62万元。主要农产品产量:棉花217吨,油料27吨,水果202吨,其他(特色农作物)2597吨。年末牲畜存栏10.7万头(只),全年出栏率327%。肉类总产2253吨,羊毛97吨,禽蛋80吨。种植玫瑰花面积733.33公顷,年产2090吨,产值2090万元,户均增收1.13万元;种植红柳大芸面积939.07公顷,年产7043吨,产值7043万元。种植蔬菜面积233.33公顷,年产蔬菜2625吨。新增合作社5个,合作社35个,正常运行合作社23个,县级示范合作社1个,家庭农场59个,创建示范家庭农场2个。 (苏祥荣)

【社会治理】 2022年,于田县奥依托格拉克乡深入排查化解矛盾纠纷491件,依法打击盗抢骗、食药环、黄赌毒、电信诈骗等突出违法犯罪12起。贯彻落实安全生产“十五条硬措施”,紧盯重点行业领域精准防控风险,持续加大安全生产严管力度,开展自建房安全专项整治和防火灾、防煤气中毒、溺水安全排查整治46次,整改问题364件。

(苏祥荣)

【群众工作】 2022年,于田县奥依托格拉克乡组织干部入户走访收集群众困难诉求1345条。数字化平台推送群众困难诉求1060条,化解937条,关注盯办122条,解决率99.9%。人民调解事项379件,司法确认事项112件,涉及金额698.85万元。配合做好“互联网+督查”工作,解决群众困难14件。深化“接诉即办”,“12345”便民热线解决群众“急难愁盼”889件,办结率100%。 (苏祥荣)

【亮点工作】 2022年,于田县奥依托格拉克乡聚焦民生领域,开展清理土地面积2318.63公顷,包含承包合同外土地面积166.33公顷,涉及承租人637人。确认历年来承包土地应追收土地承包费419.92万元,其中机动地承包费145.51万元,四荒地承包费274.41万元,追缴土地承包费295.16万元。 (苏祥荣)

阿羌乡

【概况】 2022年,于田县阿羌乡辖行政村11个、村民小组42个,总面积1.32万平方千米,耕地面积2335.57公顷,粮食播种面积221.7公顷,经济作物播种面积21公顷,人均耕地面积0.19公顷。完成固定资产投资1024.09万元,比上年增长14.6%;国民生产总值1.82亿元,比上年增长24.04%;公共财政预算2658.93万元,增长42.8%;农村居民人均可支配收入1.59万元。 (赵 帅)

【基层党建】 2022年，于田县阿羌乡真抓真改软弱涣散党组织，先后召开乡党委会议2次，专题研究塔尔阿格孜村整顿提档升级工作。选派6名国家干部到村担任党支部书记，将6名优秀青年人才培养为入党积极分子。 （赵 帅）

【乡村振兴】 2022年，于田县阿羌乡有监测户385户1262人，第二次排查拟识别1户5人（脱贫不稳定户1户5人），拟风险消除8户30人，按照“一帮一”结对帮扶原则，对全乡1763户6039人脱贫户、监测户进行全覆盖结对帮扶，因户因人逐一制定帮扶措施，确保脱贫户、监测户无返贫致贫风险。实现就业4183人。实施项目7个，其中，以工代赈项目2个、援建项目5个，投入资金1098.89万元，主要为河流综合治理、农村生活基础设施、路灯等民生项目。 （赵 帅）

2022年，于田县阿羌乡河流综合治理项目

（金 昊 摄）

【社会事业】 2022年，于田县阿羌乡有小学4所，在校学生1429人；幼儿园10所，在园幼儿412人；各类教师131人。有卫生院1所，卫生技术人员25人，病床50张。全年邮政业务总量6.2万元，电信业务总量84万元。年末移动电话用户2655户，计算机互联网用户324户。年末广播人口覆盖率100%，电视人口覆盖率100%，有线电视用户2655户。有9041名农牧民参加城乡居民基本医疗保险、5490名农牧民参加城乡居民养老保险，领取养老保险待遇618人。发放临时救助资金47人8.8万元、“四老”人员生活补助45万元，低保动态调整201人，发放低保资金28.3万元，有15名特困供养人员在敬老院享受1035元/月集中供养服务。组织人员看望慰问退役军人及其他优抚对象4人，发放退役军人家庭优待金2万元。 （赵 帅）

【农村经济】 2022年，于田县阿羌乡农林牧渔及其服务业总产值1.59亿元，比上年增长19.09%。其中，农业产值1544万元，林业1889.5万元，牧业1.24亿元。主要农产品产量：粮食1187吨，油料18吨，水果278.4吨或其他（特色农作物）1502吨，万寿菊总种植面积14公顷。年末牲畜存栏19.47万头（只），全年出栏率58%。肉类总产2600吨，羊毛3611吨，禽蛋48吨。新增绿化面积30公顷。开展河长巡河468次，巡河长度936千米。 （赵 帅）

【社会治理】 2022年，于田县阿羌乡调解各类民事纠纷119起，涉及当事人238人，调解成功119起，主要涉及债务类33起、家庭纠纷类24起、邻里纠纷类29起、土地纠纷类9起、其他类24起。组织法律明白人开展法律宣讲60次，受理法律援助案件119件。 （赵 帅）

【群众工作】 2022年，于田县阿羌乡组织开展联谊活动37场次，解决群众各类困难717件，慰问群众物品3600件，价值25.45万元。 （赵 帅）

英巴格乡

【概况】 2022年，于田县英巴格乡辖行政村13个、村民小组47个，总面积3355.74平方千米，耕地面积3464.88公顷，粮食播种面积723.53公顷，粮食总产量4187.85吨，经济作物播种面积168.4公顷。农村居民人均可支配收入1.17万元。 （周云鹏）

【基层党建】 2022年，于田县英巴格乡创建县级示范点“五个好”党支部3个，举办村干部培训班7次，培训村干部29人。组织全乡党员干部、驻村工作队、村干部学习党的二十大精神6场次，参学人员138人次。（周云鹏）

【社会事业】 2022年，于田县英巴格乡有小学4所，在校学生1554人；幼儿园9所，在园幼儿708人；各类教师110人。有卫生院1所，卫生技术人员28人。全年邮政业务总量6万元，电信业务总量321万元。年末固定电话用户2户，移动电话用户2400户5200人，计算机互联网用户2100户。年末广播人口覆盖率100%，电视人口覆盖率100%，有线电视用户1800户。评选出“文明乡村”先进个人65人，“身边好人”39人。（周云鹏）

【农村经济】 2022年，于田县英巴格乡农林牧渔及其服务业总产值3330.26万元，比上年增长10.63%。其中，农业产值4825.07万元，林业6777.3万元，牧业3230.36万元，渔业99.9万元，服务业24.86万元。主要农产品产量：粮食4187.85吨，棉花613.32吨，油料106.7吨，水果182.2吨或其他（特色农作物）323.7吨。年末牲畜存栏2.6万头（只），全年出栏率197.8%。肉类总产956吨，羊毛31吨，牛奶156吨，禽蛋42.14吨，水产品61.3吨。农村居民人均可支配收入1.17万元。（周云鹏）

2022年，于田县英巴格乡水产养殖项目

（来自“于田零距离”微信公众号）

【社会治理】 2022年，于田县英巴格乡抓好广大群众法治文化宣传教育，开展各类法治文化宣传137场次，受教育人员768人次；制作法治文化宣传栏27个、法治文化喷绘13条，设置法律图书角13个、法治文化墙1面。（周云鹏）

【群众工作】 2022年，于田县英巴格乡办结“12345”推送困难诉求513条，关注办理64条，线下收集困难诉求568条，全部解决完毕。结合周一升国旗开展宣讲338场次，受教育群众1.69万人次。（周云鹏）

达里雅布依乡

【概况】 2022年，于田县达里雅布依乡辖行政村1个，村民小组6个，总面积9715.81平方千米，农村居民人均可支配收入2.19万元，比上年增长48.79%。有天然草场7.07万公顷，天然胡杨林4.5万公顷。（李　胜）

2022年10月，于田县达里雅布依乡天然胡杨林

（周迎举　摄）

【基层党建】 2022年，于田县达里雅布依乡党委理论中心组学习22次、集体研讨26次，召开党建专题会议12次、党建述职会议4次，培训村级骨干力量32人次，46人提交入党申请书，发展入党积极分子12人，发展党员7人。选派2名国家干部到村

任党支部书记和副书记;组织24名无职党员进行公开承诺,完善37名无职党员帮扶群众台账。(李　胜)

【乡村振兴】 2022年,于田县达里雅布依乡消除风险户3户。有农村低保对象161户288人。其中,一般户5户5人脱贫户129户243人,突发严重困难户10户16人,脱贫不稳定户5户10人,边缘易致贫户12户14人。有残疾人口36人,其中29人享受残疾人补贴。(李　胜)

【社会事业】 2022年,于田县达里雅布依乡有小学1所,在校学生63人;幼儿园1所,在园幼儿38人;各类教师8人。有卫生院1所,卫生技术人员4人,病床6张。移动电话用户360户,计算机互联网用户25户。年末广播人口覆盖率100%,电视人口覆盖率100%,有线电视用户360户。(李　胜)

【农村经济】 2022年,于田县达里雅布依乡农林牧渔及其服务业总产值1762万元,比上年增长34 %。其中,农业产值1300万元,牧业450万元,服务业12万元。年末牲畜存栏3.2万头(只),全年出栏率42 %。肉类总产245吨,羊毛12吨。经济作物播种面积800公顷。新增畜牧大户5户。利用春季引洪灌溉天然草场和胡杨林1.6万公顷,建防洪坝500米。(李　胜)

【社会治理】 2022年,于田县达里雅布依乡收集群众困难诉求115条,解决115条,化解债务纠纷29起。悬挂安全生产横幅8条,发放宣传单1200余份,设置宣传栏5个、安全生产墙报8块。(李　胜)

【科学技术普及推广】 2022年,于田县达里雅布依乡培训科技明白人312人次,新评定牧民技术员5人,发布科技信息5条,建立科技宣传栏3个。(李　胜)

【党风廉政建设】 2022年,于田县达里雅布依乡召开纪检大会与教育警示大会2次,接待群众来访12起、办结12起,给予组织处理2人,提醒谈话8人,下发督办函13份。(李　胜)

【文化宣传】 2022年,于田县达里雅布依乡开展文艺演出20场次,选树先进典型8人,后进典型6人。(李　胜)

兰干博孜亚农场

【概况】 2022年,于田县兰干博孜亚农场辖行政村4个、村民小组12个,总面积131.2平方千米,耕地面积494.52公顷,粮食播种面积100公顷,粮食总产量817.6吨,经济作物播种面积66.5公顷,主要产业以种植葡萄为主。(丁　建)

【基层党建】 2022年,于田县兰干博孜亚农场有党支部5个,党员161人。对村"两委"班子调整2次,开展主题党日活动12次。(丁　建)

【社会事业】 2022年,于田县兰干博孜亚农场有小学1所,在校学生562人;幼儿园3所,在园幼儿151人;各类教师56人。有卫生院1所,卫生技术人员5人,病床4张。年末固定电话用户5户,移动电话用户760户,计算机互联网用户30户。年末广播人口覆盖率100%,电视人口覆盖率100%,有线电视用户760户。有2975名农牧民参加城乡居民基本医疗保险,参保率100%。1670名农牧民参加城乡居民养老保险,领取养老保险待遇175人。(丁　建)

【农村经济】 2022年,于田县兰干博孜亚农场农林牧渔及其服务业总产值5244.16万元,比上年增长15%。其中,农业产值3793.84万元,林业533.02万元,牧业917.3万元,服务业0.68万元。水果产量8311吨。年末牲畜存栏0.64万头(只),全年出栏率99%。肉类总产126吨,羊毛8吨,禽蛋4.23

吨,工业总产值30万元。农村居民人均可支配收入1.66万元。 (丁　建)

【社会治理】 2022年,于田县兰干博孜亚农场围绕农场安全生产主体责任、安全制度建设等方面,不留死角、不留盲区进行定期督导检查,召开安全生产工作部署及学习传达会议6次,开展安全检查50次。 (丁　建)

【群众工作】 2022年,于田县兰干博孜亚农场常态化收集群众困难诉求42条,其中债务类12条,民生保障类10条,生产生活类20条,全部解决完毕。 (丁　建)

新城区街道

【概况】 2022年,于田县新城区街道办事处辖社区14个,分别是昆仑社区、阗美社区、团结社区、阗园社区、建德社区、朝阳社区、光明社区、玉城社区、幸福社区、快乐社区、和谐社区、库塔孜贝希社区、古再社区、玫瑰社区。 (李　梦)

【基层党建】 2022年,于田县新城区街道办事处设立党支部31个,覆盖党员992人,其中预备党员23人、正式党员969人。确定入党积极分子15人。组织党务干部培训26次。 (李　梦)

【社会治理】 2022年,于田县新城区街道办事处社会治理工作紧盯《城市小区建设方面问题清单》中8个方面30条问题,制定"一小区一方案",逐条对账销号,提升小区美化、亮化、绿化水平。在沿街道路规划夜间停车位,协调物业在夜间12时至次日早上10时开放停车场。完成为民办实事服务事项338条。搜集线上困难诉求1043条,全部办结。 (李　梦)

【文化宣传】 2022年,于田县新城区街道辖区内成立新时代文明实践站3个,建设率23%,阵地面积共450平方米,其余10个文明实践站无场所但有标识、有制度、有队伍、有项目、有展示。成立"向日葵"志愿服务支队1支,"阳光""启航""玫瑰花"等志愿者服务分队13支,开展志愿者活动296次。 (李　梦)

【党风廉政】 2022年,于田县新城区街道办事处推进全面从严治党、党风廉政建设、干部作风整顿"回头看""惠民惠农"补贴专项清理、业务能力培训、日常监督检查等各项工作开展,组织开展纪律学习教育活动8次,召开监察信息员月例会10次,开展监督检查67场次,形成通报8起,立案审查调查4人次,运用党工委第一种形态处理22名干部。 (李　梦)

【社会事业】 2022年,于田县新城区街道办事处有普通初中2所,在校学生1117人;小学3所,在校学生5674人;幼儿园5所,在园幼儿996人;各类教师1453人。有医疗卫生机构1个,卫生技术人员35人,病床20张。全年邮政业务总量205万元,电信业务总量3242万元。年末广播人口覆盖率100%,电视人口覆盖率100%。有1.31万人参加城乡居民基本医疗保险,参保率100%。3886人参加城乡居民养老保险,领取养老保险待遇364人。

【就业工作】 2022年,于田县新城区街道办事处实现就业人数1.07万人。 (李　梦)

老城区街道

【概况】 2022年,于田县老城区街道办事处辖社区6个,分别是塔乃贝希社区、吾斯塘贝希社区、木板桥社区、墩巴格社区、龙湖社区、平安社区,辖区居民小区6所,事业单位7家,在建产业园1个,在建学校1个,在建居民小区4个。农林牧渔及其服务业总产值1954万元。其中,农业产值173.1万元，林业56.8万元，牧业863.1万元，服务业861万元。辖区耕地面积68.74公顷，粮食播种面积50公顷，粮食产量363.37吨。主要农产品产量：粮食363.37吨，其他（核桃、红花）7.15吨。肉类总产5吨，禽蛋1.1吨。农村居民人均可支配收入1.72万元。（陈丽丽）

【基层党建】 2022年，老城区街道党工委下设党支部8个，党小组15个，有党员215人，新发展党员10人，召开党员大会45次、支部委员会68次、党小组会议76次，支部书记、讲党课64次；召开党建述职会4次、组织生活会5场次、民主生活会1次。完成各社区"两委"换届选举工作。（陈丽丽）

【乡村振兴】 2022年，于田县老城区街道办事处纳入监测户1户6人，消除4户15人。对134户监测户，由22名干部全覆盖包联，根据风险原因制定精准帮扶措施，落实医疗、大病、临时救助等措施，完成建档工作。（陈丽丽）

【社会事业】 2022年，于田县老城区街道办事处有各类专业技术人员11人，其中中级以上1人。有普通初中1所，在校学生2868人；小学1所，在校学生1617人；幼儿园2所，在园幼儿424人；各类教师272人。有医疗卫生机构5家，卫生技术人员41人。年末移动电话用户2247户，计算机互联网用户1925户。年末广播人口覆盖率100%，电视人口覆盖率100%。有7448名农牧民参加城乡居民基本医疗保险，3196名农牧民参加城乡居民养老保险，领取养老保险待遇393人。组织开展"五好""五美"评选表彰活动30场次，评选表彰317人次。广泛宣传开展"一元捐款"活动，募集资金3867.5元。（陈丽丽）

【公共服务】 2022年，于田县老城区街道办事处针对辖区小区存在天然气管道老化、使用天然气不规范等情况，对接新疆吉腾燃气设备安装服务有限公司对辖区小区燃气情况进行维修检测。完成改造木板桥高层小区外围绿化带，新增停车位200个。（陈丽丽）

【群众工作】 2022年，于田县老城区街道办事处持续开展宣传教育、移风易俗、困难诉求化解等工作，打造积分超市，建成新时代文明实践站4个，开展宣讲27次、覆盖群众3.9万人次。开展"文明户、好媳妇、好婆婆"等评选活动，创建"星级文明户"1904户，创建率90.4%。（陈丽丽）

【纪律检查】 2022年，于田县老城区街道办事处严肃查处群众身边"微腐败"等违纪违法问题，及时对轻微性、苗头性、倾向性问题做到抓早抓小、早预防、早提醒，对低保、计划生育、涉农补贴重点"小微资金"开展入户摸排，发现疑点问题56条。

（陈丽丽）

驻县单位

新疆生产建设兵团第十四师二二五团

【经济建设】 2022年，新疆生产建设兵团第十四师二二五团（以下简称二二五团）实现生产总值1.51亿元，人均生产总值2.74万元，三次产业结构比73:11:16，一般性公共财政预算2.63亿元，增长率205.67%。完成固定资产投资3.2亿元，开复工项目11个，投资总额7.94亿元，形成实物量1.04亿元，到位资金2.57亿元。（赵 薇）

【农业种植业】 2022年，二二五团全年完成农林牧业总产值2.1亿元，比上年增长2.7%。全年总作物播种面积1978.24公顷，比上年增长14.9%。农作物种植面积1978.24公顷，较上年增长14.9%，总产量7.64万吨，比上年增长7.1%。果园面积1052.43公顷，总产量1.06万吨，较上年增长25.56%。饲草料种植面积1014.39公顷，产量6.85万吨。高新节水灌溉面积2253.33公顷。年末农业机械总动力2686千瓦，农业机械化率95%。（李迎红）

【畜牧业】 2022年，二二五团与北京农合、北京方略等公司合作，扩大合作社经营范围，建立“龙头企业+党支部+合作社+农户”利益联结机制。引进陕西海升集团、新疆修真农业等龙头企业，通过优化布局、调结构、转方式，推动农业布局科学化、标准化。党支部领办合作社4家，创建师市级示范社1家，入社户数1955户。年末牲畜存栏总数3.48万头（只），主要畜产品总产437吨，畜牧总产值3160万元，比上年增长75.97%。（李迎红）

【庭院经济】 2022年，二二五团组织辖区职工利用庭院空地，发展蔬菜种植、畜禽养殖、果树栽种、农家餐饮等多措并举促进农家多元增收，种植蔬菜、养殖畜禽农户1574户，栽种果树4万株，庭院经济户均收入5000元以上。（李迎红）

【生态环保】 2022年，二二五团加强农药废弃物回收力度，严格排查农药农资门店，落实农药化肥购销登记工作，开展农药废弃物回收宣传，建立临时回收点2个，完成秸秆还田化、饲料化利用7.3万吨，发放秸秆综合利用补贴资金112万元。（李迎红）

【工业建筑业】 2022年，二二五团工业增加值1746万元，主要工业产品为砖、商混、沥青，建筑商混产量2.9万立方米，建筑业增加值6500万元。团场落地实施项目48个，累计投资3.2亿元。（赵 薇）

【商业服务业】 2022年，二二五团社会消费品零售总额6632.72万元，批发业完成250万元；零售业完成2270.42万元，比上年增长21.2%；餐饮业完成633万元，比上年增长28.8%；住宿业完成79.3万元，比上年增长20.3%，实现新的增长点。限额以下企业及个体工商户429家,法人企业83家,个体从业人员数731人,比上年增长25.39%。

(赵 薇)

【城镇建设】 2022年,二二五团实施城镇建设类项目11个包括职工周转住房、职工周转住房配套、人才公寓、三馆合一、创新创业中心、基层干部人才周转宿舍、新团部配套基础设施、504套保障性住房、社区服务中心、二二五团医院、幼儿园扩建项目等建设项目,投资3.22亿元,增长率169.73%。

(马军全)

【民生工程】 2022年,二二五团落地实施项目31个,投资8.25亿元,其中团承建项目26个,总投资4.7亿元,完工19个,师市行业部门承建项目5个,总投资3.55亿元。投资2060万元,先后实施二二五团美丽连队、一连污水提升改造、二连污水提升改造、连队公共卫生厕所、二二五团便民超市建设项目。

(马军全)

【教育事业】 2022年,二二五团中学有教职工112人,其中教师94人、后勤职工18人、专任教师77人,学生1047人,初中毕业生人数62人。二二五团幼儿园有教职工36人,其中教师17人、后勤职工19人,学生257人,升小学158人,升学率100%。有学龄前儿童267人,适龄儿童小学人数860人。

(何生亮)

【文化活动】 2022年,二二五团以传统节假日为契机,组织辖区群众举行文艺会演、书法比赛、拔河比赛、篮球比赛、写春联送万福、书画展等活动40场次,与于田县及周边乡镇开展联合文艺会演、篮球友谊赛等10场次。组织辖区干部群众前往师市参与文艺汇演、视频录制、体育竞赛6次,协助兵团、师市开展文化下基层活动8场次。通过组织开展丰富多样文化活动,弘扬社会主义核心价值观。

(刘 扬)

2022年1月1日,新疆生产建设兵团第十四师二二五团举办元旦文艺会演活动 (高宇鸽 摄)

【医疗卫生】 2022年,二二五团有卫生机构及私人诊所2个,分别为团医院、君安中医诊所。医院在岗职工44人,在编人员27人,临聘7人。年门诊患者1万人次,收入89.39万元。全年完成血生化等检验686项次;影像科全年普放射片检查1445人次;B超开展心脏、上下支气管项目,全年接诊患者1021人次;心电图室全年接诊患者851人次;年门诊量1万人次,同比增长21.1%,其中急诊220次;完成留观住院治疗58次。

(金 磊)

【社会事务】 2022年,二二五团开发就业岗位700个,实现就业1074人,设置公益性岗位39人,在辖区内扶持创业人数23人。登记失业64人次,失业率0.44%。

(黄 琼)

【社会保障】 2022年,二二五团参加基本养老保险缴费2591人、基本医疗保险缴费4751人、失业保险317人、工伤保险430人、生育保险432人。享受居民最低生活保障1143户次,保障2108人次,发放金额114.77万元。享受居民特困人员救助供养96户次,保障96人次,发放金额12.1万元。享受事实无人抚养儿童保障188户次,保障351人次,发放金额40.37万元。享受经济失能困难老人补贴保障288人次,发放金额2.69万元。享受80

岁高龄老人津贴保障973人次，发放金额4.13万元。享受残疾人“两项补贴”保障849人次，发放金额9.67万元。困难人员临时救助户数561户，人数1059人，救助金额32.56万元。（杨国栋）

【人民生活】 2022年，二二五团有柏油路160千米，居住楼房人数187人，在总人数中占比3.38%，人均居住面积74.57平方米。有家用汽车615辆，人均拥有0.11辆。通自来水用户1916户6334人，人口用水覆盖率100%。移动电话拥有量1.11万部。妥善解决群众困难诉求7000余件。（邬巧巧）

【乡村振兴】 2022年，二二五团实施红枣提质增效472.2公顷，打造鲜食蟠枣示范园5.8公顷，种植西梅400公顷，新建矮砧密植苹果标准园133.33公顷，特色林果种植面积持续扩大，不断调整优化林果业。完成粮油作物种植880公顷，超额完成粮油种植目标任务。与于田县津垦牧业共建年产30万只现代化羊场，总占地面积68.33公顷，带动饲草种植基地1000公顷。庭院种植果树4万株，种植各类蔬菜61公顷，养殖禽类1.6万羽（只）。庭院经济户均收入5000元以上。人居环境整治累计开展入户宣传120余次，张贴宣传标语60条，发动群众投工投劳2800人次。（赵　薇）

2022年1月，游客在兵团十四师二二五团采摘草莓（二二五团提供）

【党风廉政】 2022年，二二五团坚持把学懂弄通做实习近平新时代中国特色社会主义思想作为首要政治任务，召开集中学习会议20次，周例会31次，开展监督检查129次，下发督导检查专报、通报45期、问题反馈单15份，确保党员干部在“阳光”下行使公权力，信访办结率75%。线上、线下发放“家庭助廉”倡议书180份，签订家庭助廉承诺书20份。集中组织开展警示教育9次，多种形式组织党风廉政教育活动6次；综合运用“四种形态”，组织召开以案促改巡回宣讲4次。（魏宗文）

新疆吉音水利枢纽工程建设管理局

【概况】 2022年，新疆吉音水利枢纽工程建设管理局完成吉音水利枢纽工程移民专项验收、消防验收报备核查，竣工验收技术鉴定、档案验收等工作，编制年度工程维修养护实施方案，实施7号路塌陷修复、河道左岸边坡防护等17个项目和水保四期项目验收，完成首次大坝安全鉴定，工程质量合格，管理规范，被评为“一类坝”。（杨永强）

【水库调度】 2022年，新疆吉音水利枢纽工程建设管理局规范水库调度，做好汛前准备、汛中调度、汛后检查等工作，成功抵御水库蓄水以来最大洪峰流量420立方米/秒，拦洪1013万立方米，削峰率37%，发挥工程防洪效益。加强上下游联系，适时调整供水方案，解决灌区季节性缺水问题，全年累计下泄水量10亿立方米，完成年度供水计划和蓄水任务。（杨永强）

【电力生产】 2022年，新疆吉音水利枢纽工程建设管理局健全电力生产制度化管理体系，加强发电设备运行管理，完成1#机组A级检修、预防性试验、设备检验、消缺25项等工作。利用克里雅河丰水年有利时机，积极与电力公司沟通，加强对供电设备维修维护，增加发电量，全年完成发电量1.4

亿千瓦时，有效增加当地电力供给。（杨永强）

【安全生产】 2022年，新疆吉音水利枢纽工程建设管理局严格落实安全责任制，召开研究部署会议18次，压实责任。强化安全教育，认真落实安全生产月活动，对各类人员安全教育培训10次，开展消防、防洪、触电等应急演练14次。落实风险分级管控措施，深入开展安全大检查、专项检查、月度检查25次，日常监督检查100余次，整治隐患130个，整改率100%，全年无安全事故发生。

（杨永强）

【精神文明】 2022年，新疆吉音水利枢纽工程建设管理局开展宪法宣传月、“12·4”国家宪法日、“3·22”世界水日等活动。发挥工会职能，组织开展“庆五一、迎五四”篮球比赛、“夏送清凉”、道德讲堂等活动，丰富干部职工精神文化生活。

（杨永强）

【党的建设】 2022年，新疆吉音水利枢纽工程建设管理局严守政治纪律和政治规矩，重大事项向厅党组请示报告17次，召开政治生态分析研判会2次，开展党史专题民主生活会查摆整改5个方面问题，净化政治生态。持续跟进学习贯彻习近平总书记视察新疆重要讲话重要指示批示精神和治水兴水重要论述等19次，用习近平新时代中国特色社会主义思想凝心铸魂。坚持以新时代党的建设总要求为统领，推进“五个好”党支部创建，严格落实“三会一课”等制度，开展“党旗映天山”主题党日活动12次，坚定党员干部理想信念。扎实开展建设“四个合格”党员工作，发展党员2人，召开党员思想动态分析会1次，开展“岗位大练兵”活动，不断增强党支部组织力和战斗力。

（杨永强）

【廉政建设】 2022年，新疆吉音水利枢纽工程建设管理局开展监督检查3次，整改全面从严治党调研反馈问题13项。强化监督检查，梳理154项廉政风险点、制定163项防控措施，加强日常接待单审核、合同签订、项目招标过程监督，责成2人退还私卖单位财产获利钱款4780元，回复党风廉政建设意见36人次，努力实现“三不腐”。（杨永强）

2022年度于田县先进集体一览表

表7

序号	颁授单位	荣誉名称	获得单位
1	人力资源和社会保障部、司法部	全国司法行政系统先进集体	于田县司法局
2	国家机关事务管理局、中共中央直属机关事务管理局、国家发展和改革委员会、财政部	全国节约型机关	于田县司法局
3	司法部、民政部	第九批“全国民主法治示范村(社区)”	新疆生产建设兵团第十四师二二五团一连
4	自治区党委、自治区人民政府	自治区“人民满意的公务员集体”	于田县公安局
5	共青团新疆维吾尔自治区委员会	第19届青年文明号	于田县税务局第一税务所
6	自治区教育科学研究院	情景剧《草船借箭》荣获自治区中小学话剧评选小学组二等奖	于田县第一小学
7	自治区教育科学研究院	课本剧“丰碑”获中小学话剧评选小学组二等奖	于田县喀拉克尔乡小学
8	自治区教育科学研究院	课本剧“为中华之崛起而读书”自治区中小学话剧评选小学组一等奖	于田县第一中学
9	中共新疆生产建设兵团委员会	“兵团民兵武装工作先进单位”	新疆生产建设兵团第十四师昆玉市二二五团武装部
10	中共和田地区委员会组织部	和田地区“喜迎二十大奋进新征程”“四微”学用活动展示大赛一等奖	于田县委组织部
11	和田地区检察分院	和田地区检察机关第二届职务犯罪检察业务优秀组织奖	于田县人民检察院
12	和田地区生态环境局	和田地区生态环境系统2022年度先进集体	和田地区生态环境局于田县分局
13	共青团和田地区委员会	和田地区五四红旗团委	共青团于田天津工业园区工作委员会

续表7

序号	颁授单位	荣誉名称	获得单位
14	和田地区职业技能竞赛工作组委会	和田地区第三届职业技能竞赛暨自治区第一届职业技能大赛和田地区选拔赛“优秀组织单位”	于田县技工学校
15	和田地区教学研究室	情景剧《草船借箭》荣获小学组二等奖	于田县第一小学
16	新疆生产建设兵团第十四师昆玉市	第十四师昆玉市民族团结进步模范集体	新疆生产建设兵团第十四师二二五团二连

2022年度于田县先进个人一览表

表8

序号	颁授单位	荣誉名称	获得个人
1	中国红十字会	中国红十字会“会员之星”	依再提古丽·买苏木
2	自治区党委、自治区人民政府	自治区“人民满意的公务员”	祖莱汗·麦提斯迪克
3	自治区纪委监委	自治区纪检监察先进工作者	胡耀辉
4	自治区党委宣传部、自治区公安厅	新疆“最美基层民警”提名奖	班　辉
5	自治区公安厅	百佳辅警	艾山·吐地
6	共青团自治区公安厅委员会	全区公安机关“优秀共青团员”	纳迪尔·乃比江
7	自治区人民检察院技术处	全疆检察机关网络安全配置和管理操作竞赛业务能手	杨　涛
8	自治区妇女联合会	自治区最美家庭	祖莱汗·麦提斯迪克、祖力皮亚·阿巴白克日
9	自治区教育学会	自治区普通高中优质课三等奖	努尔尼沙汗·阿不都艾尼、佐合拉·砍吉
10	新疆生产建设兵团“民族团结一家亲”活动领导小组	兵团“民族团结一家亲”和民族团结联谊活动先进个人	魏仁伟
11	中共和田地区纪律检查委员会	“喜迎二十大、清风润和田”主题书画作品展优秀奖	胡云霞
12	和田地区国防动员委员会	优秀标兵	张广文
13	和田地区检察分院	职务犯罪检察业务标兵	郑韦、茹柯耶·麦合苏提、阿依努尔·买提沙迪克
14	和田地区教育局	地区级优质课评选一等奖	周冬雪
15	和田地区文旅局	和田地区“津和杯”、“津和杯”、“皖和杯”青少年足球比赛优秀教练	西日艾力·买买提明

续表8

序号	颁授单位	荣誉名称	获得个人
16	和田地区教学研究室	和田地区中小学数学说题比赛初中组一等奖	石刘军
17	和田地区教育局	地区级优质课优秀奖	李岩
18	和田地区教育局	和田地区“优课评选”二等奖	阿米娜·日杰甫、贾伟旭
19	和田地区教师培训服务中心	地区小学思政教师培训荣获“优秀学员”称号	许飞敏
20	和田地区文化体育广播电视和旅游局	和田地区2022年乒乓球比赛荣获“优秀裁判员称号”	汪莹莹
21	和田地区教育局	和田地区“优课评选”三等奖	陈烨、包永莉、王雪婷、邱洪根
22	和田地区教育局	和田地区第四届中华经典诵读大赛优秀指导教师	赵志刚、刘庆艳
23	共青团和田地区委员会、和田地区教育局、少先队和田地区工作委员会	和田地区第十四届少先队辅导员专业技能大赛三等奖	翟雷雷
24	和田地区妇联	地区”三八“红旗手	古再丽努尔·麦图送、阿衣先木古丽·买提库尔班
25	和田地区妇联	“我的就业故事演讲比赛”二等奖	热依兰姆·买提库尔班
26	新疆生产建设兵团第四师昆玉市	第十四师昆玉市民族团结进步模范个人	赵小良、布再娜甫·吐鲁洪

（相关单位提供）

2022年于田县组织机构及负责人名录

县级领导

【中共于田县委书记、副书记、常委名单】

书　记:董燕军

副书记:木合塔尔·买提尼牙孜(维吾尔族)、朱海龙(4月离任)、冯威年(4月任职)、薛　军(天津市援疆)、杨建礼(挂职)

常　委:罗金海(天津市援疆)、刘　波(挂职)、赵永强(部队)、吐送古丽·买托胡提(女,维吾尔族,1月离任)、杨玉龙、孙柏川(1月离任)、马东锋(5月离任)、陈云春、朱亚军、吾卜力·麦麦提(维吾尔族,1月任职)、骆洪梅(女,4月任职,11月离任)、徐鸿昌(5月任职)、阿克力·阿布都艾尼(维吾尔族,8月任职)

【于田县第十八届人大常委会党组书记、常委会主任、副主任名单】

党组书记:田玉生

主　任:图尔贡·阿卜杜拉(维吾尔族)

副主任:吐尔洪·依不拉音(维吾尔族)、刘新会、巴哈古丽·艾合买提(女,维吾尔族,4月离任)

【于田县人民政府县长、副县长名单】

县　长:木合塔尔·买提尼牙孜(维吾尔族,9月任职)

副县长:朱海龙(4月离任)、冯威年(4月任职)、罗金海(天津市援疆)、骆洪梅(女,4月离任)、阿卜杜克然木·亚森(维吾尔族)、陈　波、蒋达志(6月任职)

【政协于田县第十六届委员会主席、副主席名单】

主　席:吐尔洪·亚合甫(维吾尔族)

副主席:米日尼萨·阿布都卡地(女,维吾尔族,12月离任)、郑志英、艾海提·艾萨(维吾尔族)、骆爱科

【于田县纪委书记、监委主任名单】

纪委书记、监委主任:马东锋(5月离任,兼)

纪委书记、监委主任人选:徐鸿昌(5月任职,兼)

【于田县人民检察院主要领导名单】

党组书记:孔　波

检察长:阿布都拉·买买提明(维吾尔族)

【于田县人民法院主要领导名单】

党组书记:薛富尹

院　长:排尔哈提·麦麦提敏(维吾尔族)

【天津市援疆于田县工作组领导名单】

组　长:薛　军

副组长:罗金海

【中国民用航空局派驻于田领导名单】

县委常委:刘　波(挂职)

党　群

【于田县纪委监察机关领导名单】

纪委副书记、监委副主任：王崇坤、艾合买提江·玉送（维吾尔族）

纪委常委：王博磊、李晓瑾（女）、吴德福、阿依木汗·买提库尔班（女，维吾尔族）

监委委员：刘　建、麦吐如则·麦麦提（维吾尔族）

【于田县委办公室领导名单】

主　任：刘志强

副主任：孙志鹏、李永昌、孙海林、莫　南（6月任职）

【于田县人大常委会机关内设机构领导名单】

办公室主任：贵彦平

办公室副主任：保守福（土族）

信访办公室主任：阿依夏木·买吐送（女，维吾尔族）

督察办公室主任：买买提明·阿吾拉（维吾尔族）

法制工作委员会主任：杜　茂

财经工作委员会主任：买买提明·巴克（维吾尔族，5月离任）、杨洪海（5月任职）

科学教育文化卫生工作委员会主任：沙依兰别克·哈布勒汗（哈萨克族）

代表人事民族宗教工作委员会主任：王伟涛（12月任职）

【于田县政协办公室、各专委会领导名单】

办公室主任：罗　鹏（4月离任）、齐贵州（5月任职）

民族宗教委主任：肉孜·木沙（维吾尔族，4月离任）

文史资料委主任：丁建山

科教文卫委主任：马鹏有

财经委员会主任：晁珍德（2月任职，7月离任）

【于田县委组织部领导名单】

部　长：杨玉龙（兼）

副部长：沈　涛（女）、李　月（女，天津市援疆）、包鹏喆、沈源超（6月任职）

委　员：张　乐、王国成

【于田县委宣传部领导名单】

部　长：吐送古丽·买托胡提（女，维吾尔族，2月离任，兼）、骆洪梅（女，6月任职，12月离任，兼）

副部长：孟雪坤、古松涛、巴吾尔江·萨塔尔（哈萨克族）

【于田县委统战部领导名单】

部　长：吐送托合提·依明江（维吾尔族，3月离任，兼）、吾卜力·麦麦提（维吾尔族，3月任职，兼）

副部长：丁二平、胡小元、万永顺（4月任职）

阿布都力艾则孜·买买提（维吾尔族，4月任职）

【于田县委机构编制委员会办公室领导名单】

主　任：高金军（5月离任）、沈　涛（女，12月任职）

副主任：徐慧琼（女，8月离任）、李　芳（女，5月任职）、罗栓宝（8月任职）

【于田县委网络安全和信息化委员会办公室领导名单】

主　任：马永林（回族）

副主任：何光伟、高　嘉（1月离任）、刘　宏（1月任职）

【于田县委直属机关工作委员会领导名单】

党工委书记：万永顺（2月离任）、聂俊辉（2月任职）

党工委副书记：周福平、徐　英（女）

【于田县委巡察机构领导名单】

主　任:王博磊

副主任:关红正、高小岗

第一巡察组巡察专员:艾尼瓦尔·艾山(维吾尔族)

第二巡察组巡察专员:张国军

第三巡察组巡察专员:巫英智

第四巡察组巡察专员:王昔美

第五巡察组巡察专员:买吐送·艾力(维吾尔族)

【于田县委群众工作服务中心领导名单】

主　任:张雪燕(女)

副主任:史宏杰、王　伟

【于田县委党史地方志研究所领导名单】

副所长:王立新(8月离任)、陈建东、周　涛(8月任职)

【于田县委党校领导名单】

校　长:杨玉龙(兼)

党支部书记、常务副校长:刘江根

副校长:程维华、罗　强

【于田县融媒体中心领导名单】

主　任:周　杰

副主任:赵　昊、肖　榆

【于田县社会主义学院领导名单】

院　长:夏惠文

副院长:艾尼瓦尔·木沙(维吾尔族)

【于田县伊斯兰教协会领导名单】

秘书长:买提卡司木·买买提明(维吾尔族)

副秘书长:买提玉苏普·麦提库尔班(维吾尔族)

【于田县总工会领导名单】

主　席:杨洪海(8月离任)、韩晓博(8月任职)

副主席:李红梅(女)

【中国共产主义青年团于田县委员会领导名单】

团委书记:刘正银(6月任职)

团委副书记:祖米热提·艾合买提(女,维吾尔族)、吴　迪(2月任职,挂职)

【于田县妇女联合会领导名单】

主　席:阿依仙木古丽·阿布都卡迪尔(女,维吾尔族)

副主席:王艳兰(女,4月离任)、王银红(女,5月任职)

【于田县科学技术协会领导名单】

副主席:崔六平

【于田县工商业联合会领导名单】

主　席:巴哈尔古丽·艾合买提(女,维吾尔族,4月离任)、骆爱科(4月任职)

党组书记:万永顺(2月任职)

副主席:吾·乌朗格日勒(女,蒙古族,2月任职,12月离任)、刘　江(12月任职)

【于田县残疾人联合会领导名单】

理事长:布海力切木·阿西木(女,维吾尔族)

副理事长:孙茂辉

【于田县红十字会领导名单】

会　长:阿布都克热木·亚森(维吾尔族)

常务副会长:高　杰(1月任职)

政　法

【于田县委政法委领导名单】

党支部书记:朱亚军(兼)

党支部副书记:刘尊格、易万军、樊卫东、关超(9月离任)、黄大伟(9月任职)

【于田县公安局领导名单】

党委副书记、政委：买买提明·库尔班（维吾尔族，5月离任）、买买提艾力·买提克力木（维吾尔族，5月任职）

党委书记、局长、督察长：吕小强

副局长：汤君华（女，蒙古族）、徐　洪、马永林、刘兆斌、亚库甫江·买买提（维吾尔族）、王　军（5月任职）、胡开幸（挂职）、管　建（挂职）、孔令强、阿不都力米提·巴吾东（维吾尔族）

党委委员：艾尔肯·尼亚孜（维吾尔族）、姜永刚、亚森·买提奴尔（维吾尔族）、曾　勇、王旭东、陈晓辉、吐送江·买托合提（维吾尔族）

【于田县人民检察院领导名单】

党组书记：孔　波

检察长：阿布都拉·买买提明（维吾尔族）

副检察长：王圣龙（6月任职）

【于田县人民法院领导名单】

党组书记：薛富尹

院　长：排尔哈提·麦麦提敏（维吾尔族）

副院长：黄红辉（挂职）、阿孜古丽·库尔班（女，维吾尔族）

党组成员：尹业红（女，1月任职）、王宝宏

【于田县司法局领导名单】

党组书记：张明文

局　长：阿不都卡地·阿不拉（维吾尔族）

副局长：吐孙江·艾山（维吾尔族）

政　府

【于田县人民政府办公室领导名单】

主　任：张　磊

副主任：王　韬、李　林（12月离任）

政府电子政务服务中心主任：刘学荣

政府机关服务中心主任：贺少龙（8月任职）

政府机关服务中心副主任：杨小龙、侯玉云

【于田县发展和改革委员会领导名单】

党组书记：昌　明（3月任职）

主　任：严成祥

副主任：刘立闯（天津挂职）、杨　涛

【于田县财政局领导名单】

党组书记、局长：杨润龙

副局长：成　江（仡佬族）

【于田县行政服务和公共资源交易中心领导名单】

主　任：王丽辉（1月任职）

副主任：魏瀚征、单晓宝

【于田县审计局领导名单】

党组书记、局长：代艳花（女）

副局长：余建峰、买买提艾沙·买托合提（维吾尔族，4月离任）、单世恒（5月任职）

【于田县统计局领导名单】

党组书记：任新伟

副局长：卞新川

普查中心主任：张海滨

【于田县市场监督管理局领导名单】

党组书记：董福平

局　长：朱海军

副局长：窦立香（女）

【于田县乡村振兴局领导名单】

党组书记：闫志刚

局　长：唐明生

副局长：张小虎（8月任职）、侯玉云（挂职）

【于田县农业农村局领导名单】

党组书记：马永江（回族）

局　长：徐　伟

副局长：李　奇

【于田县林业和草原局领导名单】

党组书记：贾存鹏

局　长:吾布里艾山·买买斯迪克(维吾尔族)

副局长:买土地·日吉普(维吾尔族)

【于田县水利局领导名单】

局　长:杜　涛

副局长:艾则孜·阿不都热西提(维吾尔族)、陈　东

【商务和工业信息化局领导名单】

党组书记:李　林(12月任职)

局　长:马金龙

副局长:蒋　哲(2月任职)

【于田县住房和城乡建设局领导名单】

党组书记:郭永军(3月任职,12月离任)

局　长:赵金宝

副局长:丁爱国、孙郁葆(天津挂职)

城市环境卫生和园林服务站长:元俊林

城乡服务中心主任:管永清

城市管理监察大队大队长:蒲家宝(8月任职)

住房保障办(房产服务中心)主任:孙　辉

【于田县科学技术局领导名单】

党组书记:李天政(1月离任)、赵胜勇(1月任职)

局　长:田宏武

副局长:阿瓦汗·买买吐送(女,维吾尔族)

【于田县自然资源局领导名单】

党组书记:马永刚

局　长:阿里木江·依不拉音(维吾尔族)

副局长:刘　博

【于田县交通运输局领导名单】

局　长:李　军

副局长:戴　帅、买尔旦·赛福丁(维吾尔族)

【于田县人力资源和社会保障局领导名单】

党组书记:梁松国

局　长:何贵军

副局长:陈　海

【于田县医疗保障局领导名单】

党组书记:周　新

局　长:阿布都力艾则孜·买提卡斯木(维吾尔族)

副局长:张进惠(女,回族)

【于田县民政局领导名单】

党组书记:阿札提古丽·托合松(女,维吾尔族,5月离任)、黄文鑫(5月任职)

局　长:古丽孜拉·玉素甫(女,维吾尔族,5月任职)

副局长:高　杰(1月离任)、安永瑞(1月任职)

【于田县文化体育广播电视和旅游局领导名单】

党组书记:文　磊(7月任职)、覃舜波(7月离任)

局　长:坎山·买提库尔班(维吾尔族)

副局长:李乐成

【于田县退役军人事务局领导名单】

局　长:曾治溢

副局长:李　佳(9月离任)、曾金荣(3月离任)、陈　静(女,9月任职)

【于田县应急管理局领导名单】

党委书记:樊卫东

局　长:郭永军(11月任职)

副局长:侯宏超

【于田县消防救援大队领导名单】

大队长:章主龙

教导员:阿不来提·阿不都外力(维吾尔族)

【于田天津工业园区管委会领导名单】

党(工)委书记:杨玉龙(5月离任,兼)、吐尔洪·阿布拉(维吾尔族,5月任职,兼)

主　任:阿不都克然木·亚生(维吾尔族,6月离任,兼)、蒋达志(6月任职,兼)

党(工)委副书记:阿卜杜艾尼·卡斯木(维吾尔族)、何贵军、黄晓东

党(工)委委员:阿不力米提·巴吾东(维吾尔族)、布海力且木·苏莱曼(女,维吾尔族)、海力且木·阿布都卡迪尔(女,维吾尔族)、蒲家宝、毛建东

【于田县供销合作社联合社领导名单】

党委书记:吴忠勇(12月离任)

主　任:武满社

副主任:芒力克·哈斯木(维吾尔族,12月任职)

教　育

【于田县教育局领导名单】

党组书记:李天政(1月任职)

局　长:亚生·木沙(维吾尔族)

副局长:石立峰

【于田县中等职业学校领导名单】

党支部书记:李新海(1月任职)

校　长:买买提江·艾尼(维吾尔族)

【于田县技工学校领导名单】

校　长:何贵军

副校长:展　光、依力亚斯·麦托合提(维吾尔族)、阿热孜古丽·买吐肉孜(女,维吾尔族)、艾合麦提托合提·苏皮(维吾尔族)、阿依加马力·买托合提(女,维吾尔族)、戴法宝、穆太力普·巴拉提(维吾尔族)、汗克孜·买买提明(女,维吾尔族,12月离任)

【于田县第一幼儿园领导名单】

党支部书记:俞　萍(女,2月离任)、沈玉萍(女,2月任职)

【于田县第二幼儿园领导名单】

党支部书记:闫晓芳(女)

园　长:阿依吐兰罕·艾山(女,维吾尔族,3月离任)

阿米娜·买提吐尔荪(女,维吾尔族,3月任职)

【于田县第三幼儿园领导名单】

党支部书记:唐慧红(女,2月任职)

园　长:高　琴(女,2月离任)

【于田县第四幼儿园领导名单】

党支部书记:努斯热提·买提玉素甫(女,维吾尔族)

【于田县第五幼儿园领导名单】

党支部书记:沈玉萍(女,2月离任)、彭　靖(2月任职)

【于田县第六幼儿园领导名单】

党支部书记:线长亮

【于田县金风幼儿园领导名单】

党支部书记:努尔比亚·麦麦提(女,维吾尔族)

【于田县镇海幼儿园领导名单】

党支部书记:宋鹏慧(女)

【于田县第一小学领导名单】

党支部书记:闫世梅(女)

校　长:阿力木江·阿不都艾尼(维吾尔族)

【于田县第二小学领导名单】

党支部书记:木克娜·阿帕尔(女,维吾尔族)

校　长:阿布力孜·阿布都克热木(维吾尔族)

【于田县CEC希望学校领导名单】

党支部书记:唐园园(女)

校　长:杨仕桃

【于田县第一中学领导名单】

党总支书记:王伏伟

校　长:亚森江·喀斯木(维吾尔族,3月任职)

【于田县第二中学领导名单】

党支部书记:黄凤全

校　长:麦提塞迪·艾合买提(维吾尔族,3月任职)

【于田县第三中学领导名单】

党支部书记:李　娜(女)

校　长:阿力木江·阿不都艾尼(维吾尔族)

【于田县第一高级中学领导名单】

党总支书记:周晓英(女)

校　长:阿卜杜艾尼·买提努日(维吾尔族)

【于田县第二高级中学领导名单】

党支部书记:胡玉民(3月离任)、李　鹏(3月任职)

校　长:买买提明·买吐送(3月离任)、亚森·日杰甫(3月任职)

卫生医疗

【于田县卫生健康委员会领导名单】

党组书记:贺德林

主　任:祖莱汗·买提斯迪克(女,维吾尔族,12月离任)

副主任:艾孜麦提江·买托乎提(维吾尔族)

【于田县卫生局卫生监督所领导名单】

所　长:尚　勇

【于田县计划生育服务站领导名单】

站　长:王笑今(女)

副站长:梁小芬(女)

【于田县疾病预防控制中心领导名单】

党支部书记:杭正强

主　任:奥斯曼江·阿西木(维吾尔族,9月任职)

副主任:李鸿斌(2月离任)、阿布都卡地尔·买提卡司木(维吾尔族,6月任职)、妥金莲(女,回族,12月离任)、麦麦提明·艾尔肯(维吾尔族,12月任职)

【于田县妇幼保健站领导名单】

站　长:尚春萍(女)

副站长:楚格拉·哈哈尔曼(女,哈萨克族)

【于田县人民医院领导名单】

党总支书记:王方林(1月任职)

院　长:荣为江(自治区第三人民医院挂职)

副院长:张　颖(天津援疆)、买提吐尔地·阿布都力克木(维吾尔族)、李鸿斌(2月任职)、巴特尔·司马义(维吾尔族)

【于田县维吾尔医医院领导名单】

党支部书记:刘震国

院　长:木塔力甫·木沙(维吾尔族)

副院长:布威海丽且汗·图尔贡(女,维吾尔族)

垂管单位

【国家税务总局于田县税务局领导名单】

党委书记、局长:彭绪奎

副局长:刘福杰、曹　正、张福年、麦麦提江·阿布杜外力(维吾尔族)

【于田县烟草专卖局领导名单】

局　长:卫鸿基

【中国人民银行于田县支行领导名单】

行　长:胡守明

纪检组长:施春艳(女,4月离任)、李金虎(4月任职)

【中国农业银行股份有限公司于田县支行领导名单】

行　长:周晓雷(1月任职)

纪检委员:阿依古丽·艾沙(女,维吾尔族,10月离任)

副行长:耶尔麦麦提·麦提肉孜(维吾尔族,1月任职)

【中国农业发展银行于田县支行领导名单】

行　长:伏军胜

副行长:巴图尔江·麦提如则(维吾尔族)、单文香(女)

【中国邮政储蓄银行于田县支行领导名单】

行　长:朱进龙(6月离任)、马文明(6月任职)

【于田县农村信用合作联社领导名单】

理事长:夏宏山

主　任:阿不力米提·买提肉孜(维吾尔族)

监事长:张　锋

副主任:巴哈尔古丽·麦麦提明(女,维吾尔族)、马玲琪(女)

【中国人民财产保险股份有限公司于田支公司领导名单】

经　理:阿不都热合曼·买提奴尔(维吾尔族)

副经理:阿不都卡地·司马仪(维吾尔族)

【中国人寿保险股份有限公司于田县支公司领导名单】

经　理:丁　兰(女)

【中华联合财产保险股份有限公司于田县支公司领导名单】

经　理:张团结

【国网于田县供电公司领导名单】

经　理:陈　位(12月离任)

副经理:王凯峰(主持工作,12月任职)、艾合麦提江·如则(维吾尔族)、万智鑫、唐　煜

【于田县气象局领导名单】

局　长:张才鑫

台　长:汤　博(3月离任)、杨重祥(3月任职)

【和田地区生态环境局于田县分局领导名单】

党组书记:麦麦提江·买买提明(维吾尔族)

局　长:郑　勇

【于田公路管理分局领导名单】

局　长:图尔荪托合提·麦麦提(维吾尔族、3月任职)

副局长:阿卜来提·喀斯木(维吾尔族、3月任职)、石帅虎

【新疆维吾尔自治区交通运输综合行政执法局和田执法支队于田执法大队领导名单】

队　长:买吐地·买提卡司木(5月任职)

【和田都玉客运有限责任公司于田站领导名单】

站　长:艾买尔江·卡地男(维吾尔族)

【于田县邮政分公司领导名单】

总经理:郝建军

【中国电信股份有限公司和田地区于田县分公司负责人】

总经理:崔武艺(6月离任)、侯彦成(6月任职)

【中国移动通信集团新疆有限公司于田县分公司领导名单】

经　理:郝磊程

【中国联合网络通信有限公司于田县分公司领导名单】

总经理:孙长龙

【和田新华书店有限责任公司于田县分公司领导名单】

副经理:张　军

【和田地区住房公积金管理中心于田管理部负责人】

负责人:韩永利

乡镇(街道)

【于田县木尕拉镇领导名单】

党委书记:程永杰

党委副书记、镇长:麦托合提·麦麦提敏(维吾尔族)

党委副书记:买吐肉孜·阿不都力米提(维吾尔族)、阿不力孜·阿布都外力(维吾尔族)、杨志杰(8月离任)、赵　伟(8月任职)

党委委员:张广文(12月离任)、程思远(12月任职)、麦麦提江·买吐送(维吾尔族)、郑昕元、热孜万古丽·买吐送(女,维吾尔族)、牙森江·尼加提(维吾尔族)、麦图如则·麦提喀斯木(维吾尔族)

副镇长:赵　伟(8月离任)、左　鹏(8月任职)、毛石磊(12月离任)、高　云(12月任职)、阿提喀木·买吐肉孜(女,维吾尔族)、阿力木江·买吐送(维吾尔族)、丁　祥、周国银

【于田县先拜巴扎镇领导名单】

党委书记:姜　葛

党委副书记、镇长:木塔力普·如则麦麦提(维吾尔族)

人大主席:亚森·阿布都外力(维吾尔族)

党委副书记:文　磊(6月离任)、晁珍德(6月任职)、杨凤林(4月离任)、吴凯云(4月任职)、买买提吐尔逊·亚库甫(维吾尔族,5月离任)、阿卜杜拉·阿卜杜海外尔(维吾尔族,5月任职)

党委委员:巴都木材仁(蒙古族,1月离任)、杨　坤(1月任职)、叶明明、买买提江·麦提喀斯木(维吾尔族)、穆萨·阿布都力克木(维吾尔族,4月离任)、阿布都艾尼·阿布都外力(维吾尔族,4月任职)、阿迪力江·阿里木(维吾尔族)

副镇长:刘海琴(女)、梁会维、艾力江·买提赛迪(维吾尔族)、龚　鑫(4月离任)、于福才(4月任职)

【于田县加依乡领导名单】

党委书记:王玉福

党委副书记、乡长:麦麦提·麦提如则(维吾尔族,1月离任)

吾布力艾麦尔·麦提肉孜(维吾尔族,1月任职)

人大主席:阿里木江·阿布都艾尼(维吾尔族,12月离任)、阿里木·依里哈木(维吾尔族,12月任职)

党委副书记:杨红锋、阿里木·依里哈木(维吾尔族,12月离任)、卡木尔登·库尔班(维吾尔族,12月任职)

党委委员:杨　跃(1月任职)、贾忠敏(1月离任)、李　威(1月任职)、魏冬云、玉苏甫江·塔依尔(维吾尔族,1月离任)、阿里木·买提斯迪克(维吾尔族,1月任职)、帕提古丽·吾布力艾山(女,维吾尔族,8月任职)、卡木尔登·库尔班(维吾尔族,12月离任)、艾则孜·阿不都卡地(维吾尔族,12月任职)

副乡长:屠芝镇、艾买尔江·艾则孜(维吾尔族)、胡渭宝、帕提古丽·吾布力艾山(女,维吾尔族,8月离任)、艾合买提·库尔班(维吾尔族,12月离任)、刘红亮(12月任职)、阿米娜·艾则孜(女,维吾尔族,12月任职)

【于田县科克亚乡领导班子名单】

党委书记:黄　峰

党委副书记、乡长:艾尼·阿卜杜拉(维吾尔族)

人大主席:哈德列提(哈萨克族)

党委副书记:麦合木提江·阿布都外力(维吾尔族,2月离任)、巴都木才仁(蒙古族,2月任职)、

买吐地·卡迪尔(维吾尔族)、阿比旦·买买提江(女、维吾尔族)

党委委员:胡耀辉、苗倩男、王虎伟、艾则孜·司马义(维吾尔族)、亚森江·阿不力木提(维吾尔族)

副乡长:冯俊俊、罗敏敏(女)、麦合木提江·阿吾拉(维吾尔族)、王宝山

【于田县阿热勒乡领导名单】

党委书记:蒋达志(6月离任)、蔡显富(6月任职)

党委副书记、乡长:艾海提·艾萨(维吾尔族,8月离任)、吾麦尔江·赛提瓦(维吾尔族,8月任职)

人大主席:买土地·买提肉孜(维吾尔族)

党委副书记:赵军(3月离任)、马家明(5月任职)、吾不力艾麦尔·买提肉孜(维吾尔族,1月离任)、玉素普江·塔依尔(维吾尔族,1月任职)、郭李强

党委委员:罗 震(5月任职)、阿里木江·阿库甫(维吾尔族)、买赛迪·吐地(维吾尔族)、古丽尼沙·沙吾尔(女,维吾尔族)、买托合提·买提库尔班(维吾尔族)

副乡长:梁浩浩(5月离任)、热依拉姆·阿布都热依木(女,维吾尔族,5月任职)、陈俊杰、介江涛、热依莱·苏里坦(女,维吾尔族)、阿布来提江·阿不都力米提(维吾尔族)

【于田县阿日希乡领导名单】

党委书记:郑志英(9月离任)、余龙飞(9月任职)

党委副书记、乡长:哈斯木江·日杰甫(维吾尔族)

人大主席:买提卡斯木·买提玉素甫(维吾尔族)

党委委员:麦麦提明·达吾提(维吾尔族)、林思阳(5月离任)、罗 震(5月离任)、辛沛兴(5月任职)、阿布都克热木·艾山(维吾尔族)、段正斌、麦麦提敏·阿布都外力(维吾尔族)、亚森·肉孜(维吾尔族)、热孜万古丽·吾买尔(女,维吾尔族,5月任职)、亚森·阿布都热西提(维吾尔族,5月离任)、马述会(5月任职)

副乡长:努尔斯曼古丽·艾买尔江(维吾尔族)、阿不力米提·木沙(维吾尔族)、杨宝振、黄彪(1月任职)、张小虎(1月离任)

【于田县兰干乡领导名单】

党委书记:崔衍武

党委副书记、乡长:阿克力·阿不都艾尼(维吾尔族,9月离任)

人大主席:买买提·依不拉依木(维吾尔族)

党委副书记:齐贵州(5月离任)、余龙飞(9月离任)、孙国栋(9月任职)、买买提·艾山(维吾尔族)、阿力木江·买买提(维吾尔族,5月离任)、艾力江·阿卜杜拉(维吾尔族,5月任职,9月离任)、吴天雷(5月任职)、阿布都赛米江·麦提玉素甫(维吾尔族,10月任职)

党委委员:芒力克·哈斯木(维吾尔族,2月离任)、韩东华(2月任职)、王章存、乃比江·艾合买提(维吾尔族)、吾加西木·麦提图尔隼(维吾尔族)

副乡长:阿布都热扎克·吾布力卡斯木(维吾尔族)、牛聚鹏、樊乙丑、斯皮热木汗·买提卡斯木(女,维吾尔族)、他依尔(维吾尔族)、阿布都赛米江·麦提玉素甫(维吾尔族,9月离任)、马胜利(9月任职)

【于田县斯也克乡领导名单】

党委书记:张晨光

党委副书记、乡长:阿不都艾尼·买买提明(维吾尔族)

人大主席:阿布力孜·买买提(维吾尔族,4月离任)、麦提卡斯木·麦提肉(维吾尔族,4月任职)

党委副书记:刘仁辉、蒙立克·买买提明(维吾尔族,4月任职)、阿里木江·买提肉孜(维吾尔族)

党委委员:邬昌军、西日扎提·阿不来提(维吾尔族,4月任职)、古丽孜拉·玉素甫(女,维吾尔族,5月离任)、阿提凯姆·艾麦尔(女,维吾尔族,5月任

职)、凯迪尔丁·库尔班(维吾尔族,3月离任)、武法强(2月离任)、马少武,(2月任职,8月离任)、许国雄(8月任职)、吾加布拉·阿布迪卡迪尔(维吾尔族)

副乡长:吾布力卡斯木·买买提明(维吾尔族)、王立杰、李娟蕊(女)、赵广余、则娜提汗·木萨(女,维吾尔族)、阿布力艾则孜·买提卡司木(维吾尔族)

【于田县托格日尕孜乡领导名单】

党委书记:谢虎林

党委副书记、乡长:阿卜杜热合曼·买提吐尔荪(维吾尔族)

人大主席:亚生·买提库尔班(维吾尔族)

党委副书记:王　杰(12月离任)、艾力江·胡达拜地(9月离任)、廖　鹏、艾力江·阿卜杜拉(维吾尔族,9月任职)

党委委员:古丽娜尔·吾买尔(女,维吾尔族)、阿不力孜·阿西木(维吾尔族)、阿不都乃比江·买西日甫(维吾尔族,1月任职,6月离任)、卡迪尔丁·买提尼亚孜(维吾尔族,8月任职)

副乡长:于素甫江·艾买尔(维吾尔族)、吴龙克(2月离任)、周华杰(3月任职)、木合买提·力提甫(维吾尔族,12月离任)、刘同超(12月任职)、热比娅·麦提图尔荪(女,维吾尔族)、陈海吉(12月任职)

【于田县喀拉克尔乡领导名单】

党委书记:王华东

党委副书记、乡长:麦麦提江·图尔荪(维吾尔族)

人大主席:吾斯曼·阿布都热合曼(维吾尔族)

党委副书记:艾山江·吐尔送(维吾尔族、3月离任)、买买提艾沙·如孜(维吾尔族)、阿卜杜拉·阿布都海外尔(维吾尔族,4月任职,5月离任)、麦麦提敏·多来提(维吾尔族,6月任职)、涂　明(8月离任)、李　佳(8月任职)

党委委员:王　江、董海浪、布海里且木·卡斯木(女,维吾尔族)、麦提卡斯木·麦提托合提(维吾尔族)、玉素甫江·吾不力艾山(维吾尔族)

副乡长:麦麦提热伊木·买提赛伊迪(维吾尔族)、陈　俊、张丁丁(2月任职)、阿卜来提·买买提明(维吾尔族,8月离任)、关　超(9月任职)

【于田县希吾勒乡领导名单】

党委书记:任晓龙

党委副书记、乡长:亚森江·阿布都卡地(维吾尔族)

人大主席:再依提汗·哈再孜(哈萨克族)

党委副书记:马鑫山(2月任职)、吴凯云(2月离任)、牙森江·买提肉孜(维吾尔族)、买赛地·艾合买提(维吾尔族)

党委委员:赛米热·尔肯(女,维吾尔族,1月任职)、梁浩浩(3月任职)、单世恒(3月离任)、图尔贡·亚森(维吾尔族,3月任职)、麦麦提敏·阿卜力孜(维吾尔族,3月离任)

副乡长:卡哈尔江·买提库尔班(维吾尔族)、王有军、奴日比艳·阿布都艾尼(女,维吾尔族)、王明亮

【于田县奥依托格拉克乡领导名单】

党委书记:魏自成

人大主席:麦提图尔荪·阿卜杜热曼(维吾尔族)

党委副书记:昌　明(5月离任)、杨　斌、张谊坤(9月离任)、贾忠森(5月任职)

党委委员:麦麦提艾力·麦托合提(维吾尔族)、艾尼·库尔班(维吾尔族)、西日艾力·艾尔肯(维吾尔族)、艾力江·吾布力(维吾尔族)、郭路强(9月任职)

副乡长:艾山江·赛地(维吾尔族)、麦麦提敏·多来提(维吾尔族,5月离任)、阿不力米提·阿不都吾蒲尔(维吾尔族)、邹光建、姚争光(5月任职)、贾仲虎(8月任职)

【于田县阿羌乡领导名单】

党委书记:张进喜

党委副书记、乡长:亚森·买买提(维吾尔族)

人大主席：卡斯木·吐鲁汗（哈萨克族）

党委副书记：郭亮平、努尔买买提·吾布力（维吾尔族）、艾合买提·库尔班（维吾尔族，12月任职）

党委委员：李高锋（1月任职）、马　良、穆萨·阿卜杜力克木（维吾尔族，3月任职）、麦提图尔荪·图尔迪（维吾尔族）、彭云星

副乡长：邢甲伟、冯井泉、沙代提汗·加帕尔（女，维吾尔族）、汗克孜·买买提明（女，维吾尔族，12月任职）

【于田县英巴格乡领导名单】

党委书记：丁春光

党委副书记、乡长：努尔艾合买提·依孜巴克（维吾尔族，2月离任）、艾山江·吐尔送（维吾尔族，2月任职）

人大主席：买吐肉孜·买吐送（维吾尔族，8月离任）、麦吐尔逊·尼亚孜（维吾尔族，8月任职）

党委副书记：麦提卡斯木·买提肉孜（维吾尔族，3月离任）、麦麦提敏·阿卜力孜（维吾尔族，3月任职）、艾斯卡尔·热西丁（维吾尔族）

党委委员：阿布都萨拉姆·阿吾拉（维吾尔族）、茹克艳木·买提卡斯木（女，维吾尔族）、麦吐尔逊·尼亚孜（维吾尔族，8月离任）、阿布杜热依穆·吾布力卡斯穆（维吾尔族，9月任职）、李高峰（1月离任）、杜明光（1月任职）、马少武（1月离任）、葛玉翔（1月任职）

副乡长：伊巴代提·阿萨克（女，维吾尔族，1月任职）、麦麦提艾沙·如孜（维吾尔族，1月任职）、辛沛兴（5月离任）、李　梦（女，5月任职）、阿布杜热依穆·吾布力卡斯穆（维吾尔族，9月离任）、杨晓能（9月任职）

【于田县达里雅布依乡领导名单】

党委书记：贾存鹏（5月离任）、林思阳（5月任职）

党委副书记、乡长：热孜宛古丽·穆塔里甫（女，维吾尔族）

人大主席：赛力克·哈德尔（哈萨克族）

党委副书记：布海且木·巴吾东（女，维吾尔族，3月离任）、赵　琛（3月任职）、图尔荪江·麦麦提祖农（维吾尔族）

党委委员：杨凤林（3月任职）、雷正彬

副乡长：艾散江·奥布力艾散（维吾尔族）、买色地克·买吐送（维吾尔族）、刘　琨

【于田县兰干博孜亚农场领导名单】

党委书记：李鸿斌（12月离任）

党委副书记、场长：作热古丽·米吉提（女，维吾尔族）

党委副书记：阿布都拉·阿里木江（维吾尔族）

党委委员：王　强、郭路强（8月离任）、张　帅（9月任职）、阿里木江·吐尔洪（维吾尔族，12月离任）、亚森·巴吾东（12月离任）、廖　朋（12月任职）、木合买提·力提甫（维吾尔族，12月任职）

【于田县新城区街道办事处领导名单】

党工委书记：蔡显富（6月离任）、覃舜波（7月任职）

党工委副书记、主任：阿迪力江·阿不都拉（维吾尔族，9月离任）、艾力江·胡达拜迪（维吾尔族，9月任职）

党工委副书记：王　芳（女）、张光海、姚其漾

党工委委员：郭　素、李喜刚、阿依古丽·卡斯木（女，维吾尔族）、帕提古丽·卡斯木（女，维吾尔族）

【于田县老城区街道领导名单】

党工委书记：周小龙

党工委副书记、主任：玉散江·阿塔吾拉（维吾尔族）

党工委副书记：宋新江、马继斌、马廷荣、艾力江·阿卜杜拉（6月离任）、亚森·阿不都热西提（6月任职）

党工委委员：李玉国、古丽柯孜·尼加提（女，维吾尔族）、李成雪（女）

副主任：王　辉

（各单位、各乡镇提供）

2022年于田县国民经济和社会发展统计公报

一、综合

经地区统计局初步核算,于田县实现地区生产总值(GDP)49.75亿元,比上年增长4.5%,(可比价,下同)。其中:第一产业增加值15.15亿元,增长5.0%;第二产业增加值8.75亿元,增长18.9%;第三产业增加值25.85亿元,增长0.5%。从贡献程度看,三次产业对经济增长的贡献率分别为30%、18%、52%,分别拉动经济增长0.9个、3.5个、0.1个百分点。产业结构由2021的27.6:15.1:57.3转变为2022年的30.5:17.5:52;全县人均国内生产总值(GDP)19338元,比上年增长4.4%。

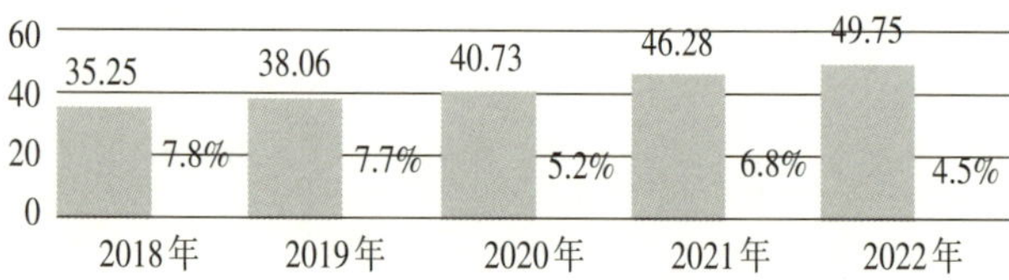

图1:2018—2022年于田县地区生产总值发展情况图

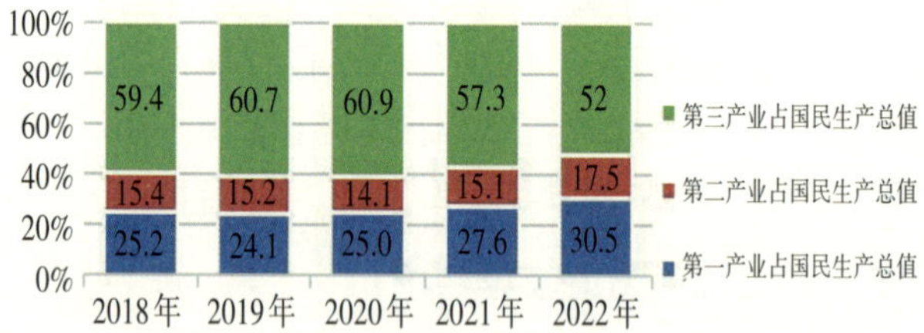

图2:2018—2022年三次产业增加值占地区生产总值比重图

二、农业

2022年,于田县农业产业结构得到了进一步调整,农牧民收入取得新突破。实现农林牧渔总产值(现价)41.15亿元,比上年增长5.5%(可比价、下同),其中:农业总产值28.51亿元,比上年增长41.2%;林业产值0.7亿元,比上年增长24.1%;牧业产值10.85亿元,比上年下降35.5%;渔业产值0.1亿元,比上年增长67%;农林牧渔服务业产值0.99亿元,比上年增长19%。

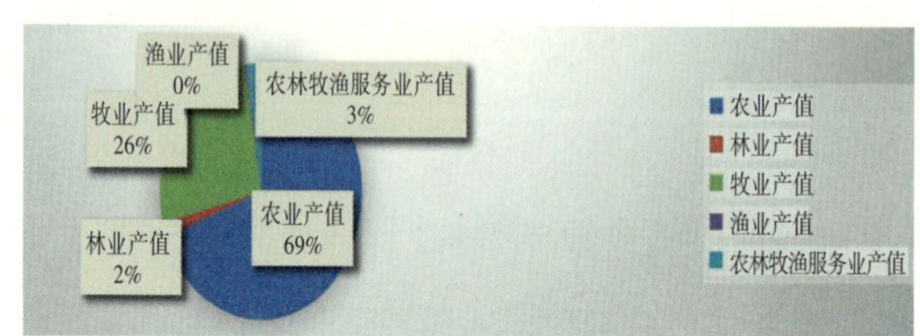

图3:于田县农、林、牧、渔业占农林牧渔总产值比重图

全县耕地总面积57.87万亩;特色农作物种植面积18.52万亩(其中玫瑰花4.86万亩、蔬菜9.66万亩、万寿菊4万亩)。设施农业稳步发展,于田县现有设施农业温室大棚2200座,总收入3696万元,棚均收入16800元。

全县森林总面积276.1万亩,天然林202.14万亩,人工林74万亩,其中:生态林36.7万亩,经济林37.3万亩。完成造林面积(防护林)1.53万亩。完成37.3万亩经济林春夏冬各季的修剪管理,完成果树管理培训85期、培训2.43万人次,完成全年任务的140%,比上年增加2000人。年末经济林实有面积37.3万亩,其中:挂果面积29.7万亩,产量为18.36万吨;其中葡萄实有面积9.8万亩,其中:结果面积5.27万亩,产量11.86万吨;杏实有面积1.6万亩,其中:结果面积1.47万亩,产量1.17万吨,红枣实有面积5.8万亩,其中:结果面积5.7万亩,产量2.39万吨。年末核桃面积19.3万亩,其中:结果面积17万亩,产量为2.84万吨。人工种植红柳18万亩,接种肉苁蓉15.3万亩,产量2.83万吨。全县天然草场906万亩。玫瑰花总面积4.8万亩,产量1.01万吨,亩均收入2200元。

年末牲畜存栏头数95.76万头(只),其中:羊存栏71.27万只，比上年减少11.62万只，比上年下降14.0%；牛存栏2.28万头，比上年增加0.51万头，比上年增长28.8%；牲畜出栏头数76.78万头，比上年增长40.3%，其中：猪出栏50头，牛出栏0.56万头、羊出栏15.66万只；牛肉产量0.25万吨，羊肉产量0.64万吨，禽肉0.17万吨；奶产量0.18万吨。年末活家禽存栏22.21万羽（只），比上年减少15万羽（只），比上年下降40.3%；活家禽出栏60.55万羽（只），比上年减少34.61万羽（只），比上年下降36.4%；禽蛋产量0.04万吨，比上年下降50%。水产品产量580吨，比上年增产162吨，比上年增长39.8%。

三、工业和建筑业

1—12月全县工业企业实现工业总产值15.22亿元；全县实现全口径工业增加值4.53亿元，比上年增长0.8%（可比价）。其中：规模以上（主营业务收入2000万元以上）的企业14家，完成工业增加值3.34亿元，比上年下降4.3%，占全口径增加值的73.73%。1—12月工业企业销售产值（现价）12.97亿元，比上年下降1.88%，其中：轻工业6.97亿元，比上年增长23.6%；重工业6亿元，比上年下降20.8%；产销率85.2%。

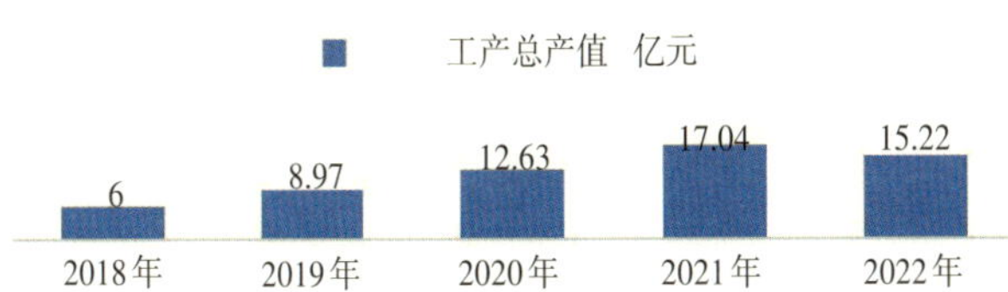

图4:2018—2022年于田县工业总产值完成情况图

全年全社会用电量59027.05万千瓦时，比上年下降5.1%。按用途分：城乡居民生活用电量19543.66万千瓦时，增长46.3%；全行业用电量39483.39万千瓦时，比上年下降19.2%；其中第二产业用电量10036.65万千瓦时，比上年下降56%（工业用电量8510.44万千瓦时，比上年下降59.4%）。

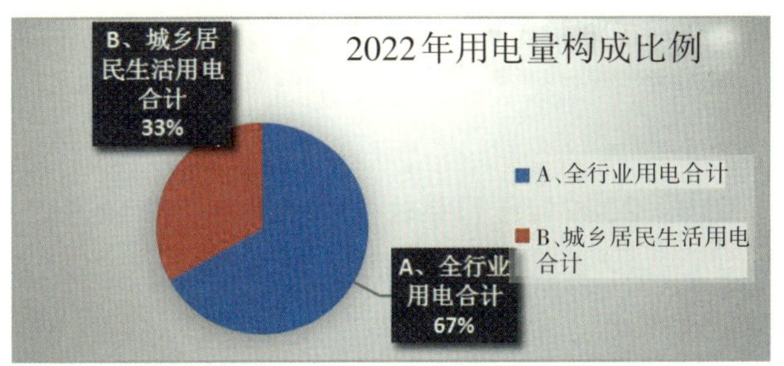

图5:2022年于田县用电量构成比例图

全县建筑业实现增加值5.48亿元，按不变价格计算，比上年增长29.2%。具有资质等级的总承包和专业承包建筑企业4家，签订合同额9.69亿元，比上年增长15.6%。实现建筑业总产值8.16亿元，比上年增长34.9%；房屋建筑施工面积达到17.15万平方米，比上年增长25.6%，房屋竣工价值达1.79亿元，比上年下降29.8%。

四、固定资产投资

全县固定资产投资总额72.1亿元，比上年下降5.4%，完成年度目标任务（84亿元）的85.8%。在建项目214个，其中：5000万元以上项目66个，完成投资12.84亿元，占总完成投资的17.81%；5000万元及以下项目148个，完成投资59.26亿元，占总投资的82.19%，房地产18个，完成投资10.88亿元，占完成总投资的15.09%。

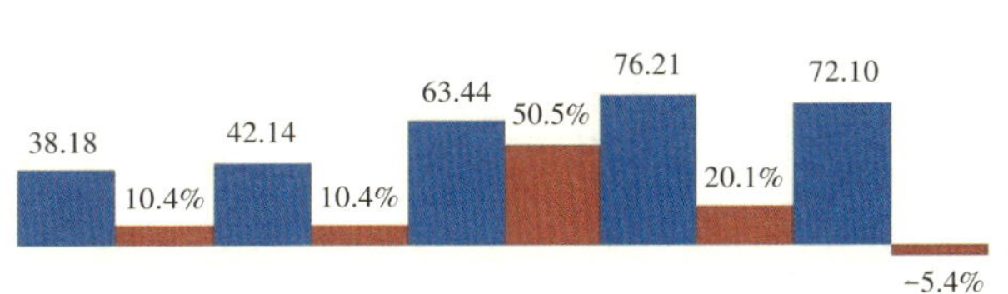

图6:2018—2022年于田县固定资产投资完成情况图

五、批零住餐贸易

2022年全县社会消费品零售总额7.37亿元，比上年下降9.11%，其中限额以上企业实现社会消费品零售总额1.42亿元，比上年增长21.9%。全县社会消费品零售总额按销售单位所在地分：城镇社会消费品零售总额4.64亿元，比上年下降13.9%；乡村社会消费品零售总额2.73亿元，比上年下降

0.37%。按消费形态分:餐饮收入0.85亿,比上年下降25.4%;商品零售6.52亿元,比上年下降6.5%。

2018—2022年于田县社会消费品零售总额完成情况表

表9

指标	计算单位	2018年	2019年	2020年	2021年	2022年
全县社会消费品零售总额	亿元	4.42	6.38	6.6	8.1	7.37
增长速度	%	17.6	44.3	3.4	22.9	-9.1

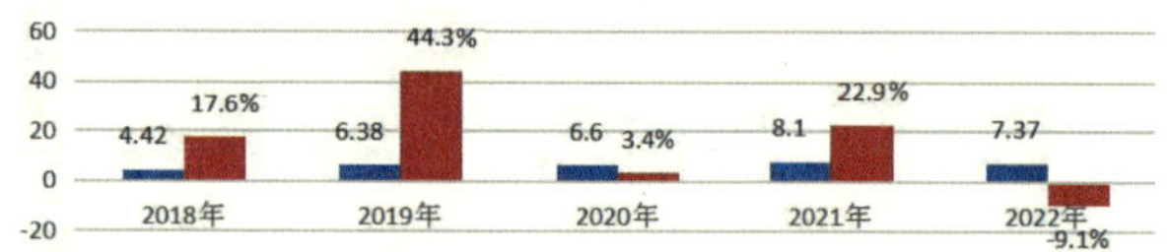

图7:2018—2022年于田县社会消费品零售总额完成情况图

六、财政、金融及招商引资

财政:2022年,于田县完成地方财政总收入5.35亿元,比上年增长22.1%,其中:公共财政预算收入3.82亿元,比上年增长24.2%。地方财政总支出63.32亿元,比上年下降0.4%,其中:公共财政预算支出47.86亿元,比上年下降10.8%。财政自给率8%,比上年增长1.1个百分点;地方财政收入占于田县GDP的10.8%,比上年增长1.3个百分点。

2018—2022年地方财政收入合计(亿元)

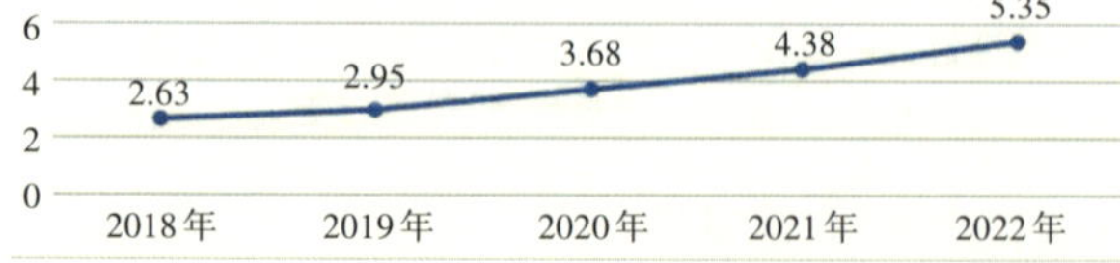

图8:2018—2022年于田县地方财政收入情况图

金融:金融机构各项存款余额50.66亿元,比上年增长5.9%,其中:住户存款余额29.54亿元,比上年增长9%;金融机构各项贷款余额43.96亿元,比上年增长10%。

2018—2022年金融机构存贷余额情况

(亿元)

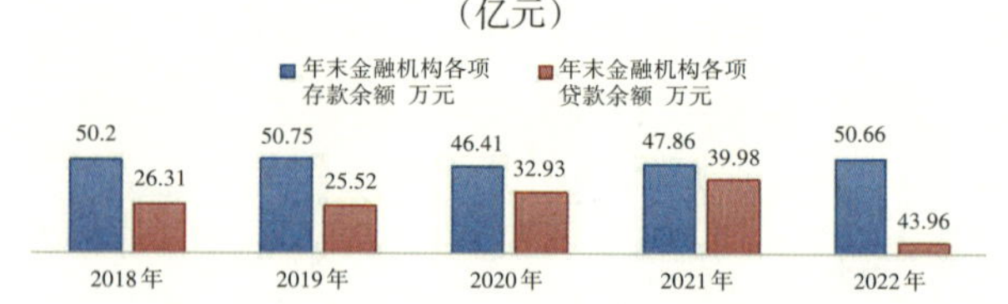

图9:2018—2022年于田县金融机构存贷余额情况图

招商引资:于田县实施招商引资项目68个,其中新建项目47个,往年结转项目21个。本统计期内实现到位资金共35.25亿元,比上年增长25.1%。完成目标任务30.8亿元的114.5%,其中:区外项目39个,其中新执行项目29个,往年结转项目10个,到位资金16.75亿元,占全县到位资金总额的47.5%;区内项目29个,其中新执行项目18个,往年结转项目11个,到位资金18.5亿元,占全县到位资金总额的52.5%,全县招商引资企业(项目)新增就业人数4456人。

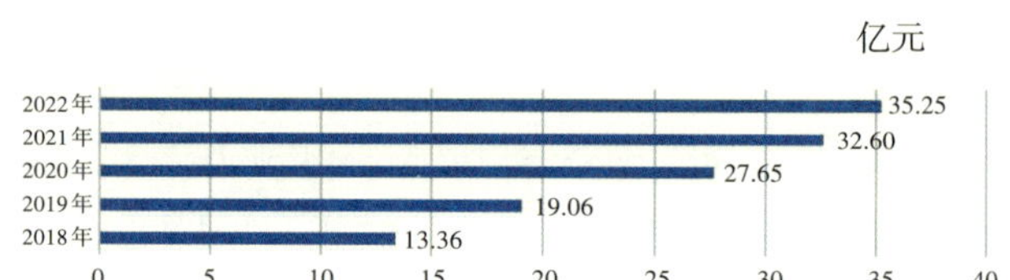

图10:2018—2022年于田县招商引资资金到位情况图

七、交通、邮电及旅游

于田县境内农村公路总里程4358.2千米,其中:县道522.1千米,乡道770.4千米,村道3065.7千米。2022年,交通基础设施建设项目共计12个,全长56.05千米,总投资2.31亿元。

全县机动车2.79万辆,同比增长16.2%,其中:大型车辆324辆、小型汽车2.2万辆,比上年增长10.8%;摩托车4976辆,比上年增长43.9%。机动车驾驶员5.69万人,比上年增长49.3%,其中:汽车驾驶员3.69万人,比上年增长59.1%;摩托车驾驶员2万人,比上年增长34.1%。

积极响应全地区"旅游一盘棋"战略,继续加大建设红色文化广场、库尔班·吐鲁木文化红色风情街和民族手工艺坊及旅游附属配套设施等。A级旅游景区6个，旅游星级饭店1个，旅游星级饭店客房数80间。2022年，全县完成接待旅游人数64.65万人次，旅游总收入5.12亿元，比上年下降9.8%。

全年完成电信业务总量1.2亿元。本地固定电话年末用户0.61万户，移动电话年末用户18.56万户，移动电话普及率72部/百人，全县100%的乡（镇）通电话。全县互联网接入用户9.41万户。

八、教育、文化和卫生事业

教育：2021—2022学年全县各级各类学校总数242所，其中：幼儿园143所、小学85所、初中及一贯制学校11所、普通高中2所、中职学校1所。

共有教学班级2300个，其中：幼儿园575个、小学1249个、初中315个、普通高中122个、中等职业技术39个。

2021—2022学年全县在校学生总数88348人，同比减少2326人，下降2.6%。其中：幼儿园13131人、小学52582人、初中14906人、普通高中5967人、中等职业技术1762人。

教职工5619人（学前1200人、小学2517人、初中1359人、普高470人、中职73人），其中专任教师5266人、教辅人员200人、工勤人员60人、行政人员93人。党员教职工1763人。

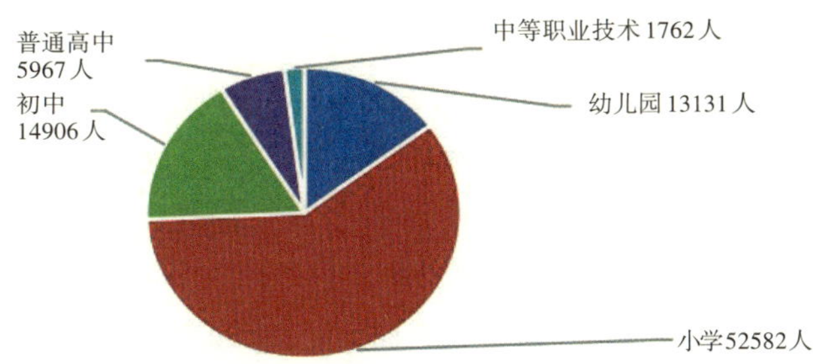

图11：于田县2021—2022教学年各类学生数量图

文化体育事业：全县建成全民健身中心1个，群众体育场（足球场和健身跑道）1个，大型农牧民体育场1个，乡镇非标准足球场4个，全民健身路径工程5个，篮球场211个，乒乓球台178张，排球场3个，健身广场2.8万平方米，健身路径186套；艺术团体1个，送戏下乡145次，演出场次221次；文化馆1个，文化站17个，培训次数10次，活动次数90次；图书馆1个，总藏书量6.6万册，读者服务5.32万次；出车200余次，检查文化市场480次。博物馆1个，纪念馆1个、电影院数1所。非物质文化遗产名录列入国家级3项，自治区级4项，地区级22项，县级17项，成为名副其实的非物质文化遗产项目之乡。

截至2022年年底，拥有广播电台1座，电视台2座，提升服务能力，广播电视信号覆盖率100%，村村通大喇叭1314套，户户通用户4.82万户，村村通用户7335户，有线电视用户数275。有县级广播电视台（融媒体中心）1个，县“户户通”运维中心1个，乡级“户户通”维护站16个，村级广播电视公共服务站170个，乡级设备维护维修技术人员15人，全年维修户户通设备3353户，维修大喇叭1396个。

卫生健康：卫生服务事业不断改善。2022年，全县共有医疗卫生机构数261家，其中：医院5家（公立二级甲等医院2家、社会办医院3家），基层医疗卫生机构251家（社区卫生服务中心1家、社区卫生服务站14家、乡镇卫生院15家、村卫生室196家、个体诊所24家）、专业公共卫生机构4家、卫生计生综合监督执法机构1家、疾病预防控制中心1所、妇幼保健机构1所、计划生育服务指导站1所、医疗卫生机构核定床位1375张，其中：县级医院核定床位550张，占比40%，实际开放1650张。每千常住人口医疗卫生床位数4.9张。

2022年，全县共有卫生计生工作人员3200人，其中：计生宣传员157人、技术人员2348人，乡村医生506人。

九、人民生活

2022年，于田县全体居民人均可支配收入1.92万元，比上年增长4.8%；城镇居民人均可支配收入3.34万元，比上年增长1.7%。农村居民人均可支配收入1.14万元，比上年增长8.4%。

十、劳动就业和社会保障

实现城镇新增就业2536人，新增自主创业人数1318人。城镇登记失业人数731人，登记失业率3.2%。

加大职业技能培训力度。2022年，全县实现职业培训总数2.13万人，通过培训实现多渠道稳定就业2万人，就业率94%。

现有于田县儿童福利院1所。2022年，享受城镇居民最低生活保障的有1546户1850人，发放城市居民最低生活保障金1189.09万元；享受农村居民最低生活保障的有26326户37830人，发放农村最低生活保障金19357.93万元。共为25户25人发放临时救助资金共10.2万元；2022年80～89岁的老年人每月补贴50元，90～99岁老年人每月补贴120元，100岁以上老年人每月补贴200元的标准，共为1093名80岁以上老年人发放高龄补贴74.76万元。全年发放残疾人生活补贴和重度护理补贴776.3万元。

城乡居民养老保险：全县城乡居民养老保险参保人数13.05万人，征缴养老保险金0.17亿元，发放养老金0.29亿元，发放率100%；城镇职工基本养老保险：参保人数2.22万人，征缴保费0.54亿元；医疗保险：全县职工基本医疗保险参保人数1.76万人，基金征缴1.52亿元；城乡居民基本医疗保险参保人数24.12万人，征缴9052万元，其中：个人征缴4273万元；失业保险：全县参保人数1.46万人，基金征缴0.1亿元；工伤保险：全县参保人数2.42万人，基金征缴0.06亿元；生育保险：全县参保人数1.46万人。

十一、乡村振兴、市场监督、安全生产及生态环境

抓好防止返贫动态监测预警帮扶机制：2022年，新纳入监测户99户414人，其中：脱贫不稳定户22户88人，边缘易致贫户13户60人，突发严重困难户64户266人。风险消除408户1736人，做到了监测对象有进有出，应纳尽纳。截至2022年年底，于田县有监测户8305户3.47万人，其中：化解风险7270户3.1万人，风险消除占比89.4%。

市场监督管理工作：截至2022年年底，注册登记存续市场主体共2.23万户，其中：个体工商户1.97万户，农民专业合作社613户，其他类型企业1919户。新增的市场主体共3742户（个体工商户3362户，农民专业合作社56户，企业324户）。

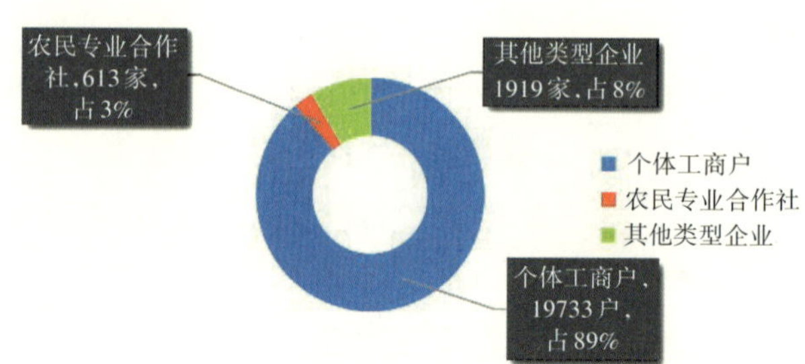

图12：2022年于田县存续市场主体构成图

安全生产：全县检查企业2928家次，排查隐患8784处，下发整改通知书1756份，整改8784处，停产停业整顿58家次，行政处罚370万元。县安委会对自治区、地区各级各类推送的180条隐患及时分析研判，按照行业监管好属地管理相结合的方式，向相关乡镇和行业部门下发隐患整改督办函36份，对督办的问题隐患定人定时定责跟踪督办，限时销号整改。地区推送的各类180条问题隐患全部销号整改完毕，整改率100%。

道路交通安全：以保315国道和民洛高速交通秩序通畅为重点，科学合理布置警力，强化路面执法管控。扎实推进“一盔一带”专项治理行动，全力推进“千灯万带”工程，切实保障道路交通秩序。2022年整治隐患道路44974.4平方米，安装标志牌850个，清理路面障碍物147处，安装防护栏153平方米，安装爆闪灯16个，安装警示桩132个，规范标线6.87万平方米。各乡镇以发挥“两站两员”职能为抓手，在乡村主要路段、路口、学校附近安装、维修、更换减速带218处，爆闪灯350部，为4.8万辆摩托车、电动车张贴反光贴，覆盖率95%。查处各类交通违法行为8902起，警告8288起。

气候概况：全县年平均气温13.9℃，比历年偏高1.7℃，极端最高气温41℃，出现在7月28日，极端最低气温-12.6℃，出现在12月28日；全年总降水量24.3毫米，比历年偏少34.7毫米，日最大降水量9.7毫米，出现在6月19日；年总日照时数1921.8

小时，比历年偏少970.7小时；年极大风速15.2米/秒，出现在5月30日；沙尘日数较多，浮尘163天，扬沙14天，沙尘暴12天。

生态环境：全县污水处理厂2个，垃圾填埋场1个。2022年，环境空气站检测有效天数349天，数据有效率98.6%，其中：环境空气质量一级天气（优）0天，二级天气（良）121天，三级天气（轻度污染）66天，四级天气（中度污染）35天，五级天气（重度污染）29天，六级天气（严重污染）98天。

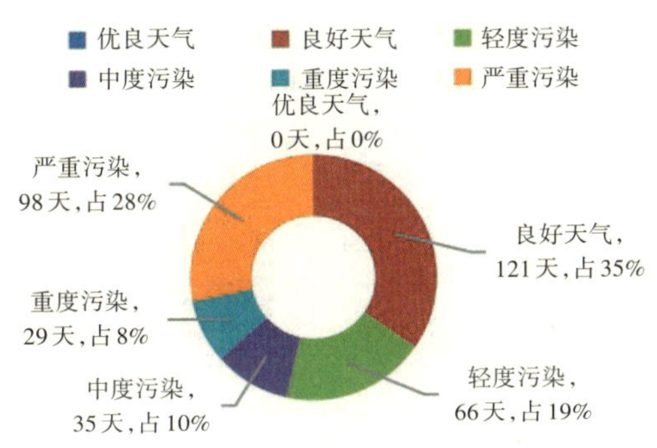

图13：2022年于田县环境空气质量概况图

注：

〔1〕本公报中数据为初步统计数。部分数据因四舍五入，存在总计与分项合计不等的情况。

〔2〕地区生产总值（GDP）、各产业增加值绝对数按现价计算，增长速度按不变价格计算。

〔3〕科技、卫生、文化、林业、劳动就业及社会保障数据不含兵团。

资料来源：

本公报中主要经济指标数据来源于县统计局和国家统计局和田调查队，其他数据来源于相关部门。其中，林业数据来源于县林业和草原局；货物进出口数据来源于县商工局；公路客货运输量来源于县交通运输局；民用汽车数据来源于县交警大队；邮政业务数据来源于县邮政管理局；电信业务数据来源于三家通信公司；旅游数据来源于县文化和旅游局；财政数据来源于县财政局；金融信贷数据来源于中国人民银行于田县支行；教育数据来源于县教育局；卫生数据来源于县卫生健康委员会；乡村振兴数据来源于县乡村振兴局；体育数据来源于县文旅局；就业与社会保障数据来源于县人力资源和社会保障局；医疗保险数据来源于县医疗保障局；电视、广播数据来源于县文旅局；城乡低保数据来源于县民政局；环境监测及自然保护区数据来源于和田生态环境局于田分局；安全生产数据来源于县应急管理局。

（于田县统计局提供）

2022年于田县乡镇（街道）、村（社区）一览表

表10

序号	乡 镇	村 名	村民小组数（个）
1	木尕拉镇	巴什喀群村	4
2	木尕拉镇	绿洲村	3
3	木尕拉镇	英其开艾日克村	3
4	木尕拉镇	吐格曼阔恰村	3
5	木尕拉镇	阿勒村	4
6	木尕拉镇	桃园村	3
7	木尕拉镇	阿热木喀木村	4
8	木尕拉镇	阿克依来克村	3
9	木尕拉镇	古再村	7
10	木尕拉镇	克里雅村	2
11	木尕拉镇	阿斯廷奥依村	2
12	木尕拉镇	喀日曼村	4
13	木尕拉镇	友谊村	4
14	木尕拉镇	阿亚格喀群村	4
15	木尕拉镇	新康村	2
16	木尕拉镇	木尕拉村	4
17	木尕拉镇	吾斯塘吾其村	5
18	木尕拉镇	木尕库勒贝希村	4
19	木尕拉镇	安代库勒贝希村	3
20	木尕拉镇	喀尕村	4
21	木尕拉镇	依提帕克村	4
22	木尕拉镇	买迪尼也提村	4
23	木尕拉镇	库开仁村	2
24	木尕拉镇	博斯坦村	1
25	先拜巴扎镇	萨依村	4
26	先拜巴扎镇	英博斯坦村	4

续表10

序号	乡 镇	村 名	村民小组数(个)
27	先拜巴扎镇	斯克达西曼村	3
28	先拜巴扎镇	其兰扎尔村	2
29	先拜巴扎镇	喀拉吐仑村	6
30	先拜巴扎镇	乔克拉村	3
31	先拜巴扎镇	喀提亚克村	3
32	先拜巴扎镇	托万达西曼村	3
33	先拜巴扎镇	巴什萨依巴格村	6
34	先拜巴扎镇	托万萨依巴格村	6
35	先拜巴扎镇	良种村	2
36	先拜巴扎镇	阿日希村	2
37	先拜巴扎镇	阿瓦提村	3
38	先拜巴扎镇	塔格达西曼村	3
39	先拜巴扎镇	文明社区	0
40	加依乡	却甫其勒村	4
41	加依乡	尤喀克加依村	4
42	加依乡	喀提克昆村	3
43	加依乡	加依村	3
44	加依乡	奥吐拉加依村	5
45	加依乡	喀拉吐干村	3
46	加依乡	阔什塔勒村	4
47	加依乡	加依巴扎村	3
48	加依乡	吉日木村	4
49	加依乡	巴什英阿瓦提村	4
50	加依乡	阿亚格萨亚提拉村	5
51	加依乡	巴什萨亚提拉村	5
52	科克亚乡	库塔孜艾日克村	5
53	科克亚乡	喀拉都维村	3

续表10

序号	乡 镇	村 名	村民小组数(个)
54	科克亚乡	科克亚村	4
55	科克亚乡	巴什艾格来村	3
56	科克亚乡	艾格来村	4
57	科克亚乡	托万艾格来村	9
58	科克亚乡	阔勒吐克村	4
59	科克亚乡	英吾斯塘村	5
60	科克亚乡	色日格奥依村	7
61	科克亚乡	奥吐拉提热克村	4
62	科克亚乡	阔什艾日克村	3
63	科克亚乡	托万艾日克村	3
64	科克亚乡	博斯坦提日克村	5
65	科克亚乡	巴什艾日克村	3
66	科克亚乡	先锋村	4
67	科克亚乡	英巴格村	5
68	科克亚乡	和谐村	4
69	阿热勒乡	阿热勒艾日克村	6
70	阿热勒乡	阿热勒村	4
71	阿热勒乡	阿热勒吾斯塘村	4
72	阿热勒乡	巴什也台巴什村	4
73	阿热勒乡	拜什托格拉克村	6
74	阿热勒乡	古勒巴格村	6
75	阿热勒乡	喀勒尕其村	5
76	阿热勒乡	拉依喀村	3
77	阿热勒乡	托万也台巴什村	6
78	阿热勒乡	万方村	5
79	阿热勒乡	夏玛勒巴格村	4
80	阿热勒乡	也台克孜勒村	5

续表10

序号	乡 镇	村 名	村民小组数(个)
81	阿热勒乡	玉吉买喀塔村	3
82	阿日希乡	英艾日克村	6
83	阿日希乡	拜什塔什村	4
84	阿日希乡	亚依勒干村	4
85	阿日希乡	阿日希村	6
86	阿日希乡	希日开村	3
87	阿日希乡	阿克提热克村	3
88	阿日希乡	也台墩村	4
89	阿日希乡	阔什拉希村	3
90	阿日希乡	吉格代克其克村	3
91	兰干乡	拉依喀村	3
92	兰干乡	托格拉克村	3
93	兰干乡	苏克村	3
94	兰干乡	亚勒古孜托格拉克村	3
95	兰干乡	英巴扎村	4
96	兰干乡	巴扎尔村	3
97	兰干乡	乌鲁格艾日克村	3
98	兰干乡	巴什阿尔喀村	4
99	兰干乡	尧勒阿日希村	2
100	兰干乡	英库勒贝希村	3
101	兰干乡	兰干萨依村	3
102	兰干乡	阿热村	3
103	兰干乡	巴什阿热村	2
104	兰干乡	玉吉米里克阿尔喀村	3
105	兰干乡	玉吉买里克巴格村	2
106	兰干乡	开提米里克村	3
107	兰干乡	也台吐努克村	3

续表10

序号	乡 镇	村 名	村民小组数(个)
108	斯也克乡	阿勒艾日克村	2
109	斯也克乡	阿勒达西曼村	2
110	斯也克乡	阿依丁库勒村	2
111	斯也克乡	奥尔曼村	1
112	斯也克乡	拜什托格拉克村	4
113	斯也克乡	吉日克村	3
114	斯也克乡	吉日木提热克村	2
115	斯也克乡	喀提亚克村	2
116	斯也克乡	科克买提村	3
117	斯也克乡	克尕孜村	4
118	斯也克乡	克提其村	3
119	斯也克乡	麦盖提村	4
120	斯也克乡	努尔鲁克村	3
121	斯也克乡	恰尔巴格村	3
122	斯也克乡	恰尔瓦村	1
123	斯也克乡	琼吾斯塘村	3
124	斯也克乡	斯也克村	3
125	斯也克乡	托万斯也克村	3
126	斯也克乡	亚尔拜什村	3
127	斯也克乡	玉吉买艾日克村	3
128	托格日尕孜乡	巴什库木巴格村	4
129	托格日尕孜乡	托万库木巴格村	3
130	托格日尕孜乡	博热克其村	3
131	托格日尕孜乡	喀日巴格村	4
132	托格日尕孜乡	托格日尕孜村	2
133	托格日尕孜乡	团结村	2
134	托格日尕孜乡	恰喀村	3

续表10

序号	乡 镇	村 名	村民小组数(个)
135	托格日尕孜乡	亚喀兰干村	4
136	托格日尕孜乡	亚喀萨热依村	2
137	托格日尕孜乡	央塔克库勒村	2
138	托格日尕孜乡	乌尊博孜村	4
139	托格日尕孜乡	吉格代勒克巴格村	6
140	喀拉克尔乡	阿克吾斯塘村	4
141	喀拉克尔乡	央塔克喀什村	4
142	喀拉克尔乡	博斯坦艾日克村	5
143	喀拉克尔乡	喀格勒克阿日希村	2
144	喀拉克尔乡	麦盖提村	4
145	喀拉克尔乡	喀格勒克村	5
146	喀拉克尔乡	吐孜库孜勒克村	5
147	喀拉克尔乡	巴扎托普村	5
148	喀拉克尔乡	琼阔勒村	3
149	喀拉克尔乡	提热克吾斯塘村	4
150	喀拉克尔乡	拜什托格拉克村	4
151	喀拉克尔乡	宗塔勒村	4
152	喀拉克尔乡	硝尔库勒村	2
153	希吾勒乡	库什喀其巴格村	3
154	希吾勒乡	达西库勒村	3
155	希吾勒乡	奥居鲁克村	2
156	希吾勒乡	英阿瓦提村	2
157	奥依托格拉克乡	塔吾尕孜村	3
158	奥依托格拉克乡	塔勒克艾日克村	8
159	奥依托格拉克乡	兰干吾斯塘村	4
160	奥依托格拉克乡	亚尔买里村	5
161	奥依托格拉克乡	托格拉吾斯塘村	4

续表10

序号	乡 镇	村 名	村民小组数(个)
162	奥依托格拉克乡	库勒艾日克村	4
163	奥依托格拉克乡	也斯尤勒滚村	3
164	奥依托格拉克乡	吐木亚村	7
165	奥依托格拉克乡	阿尔喀吾斯塘村	5
166	奥依托格拉克乡	依格孜都维村	3
167	奥依托格拉克乡	喀拉库木什村	6
168	奥依托格拉克乡	阿甫塔甫勒克库勒村	2
169	奥依托格拉克乡	拜合提村	5
170	奥依托格拉克乡	依纳克村	3
171	奥依托格拉克乡	巴依拉克村	4
172	奥依托格拉克乡	阿勒尕村	4
173	阿羌乡	普鲁村	4
174	阿羌乡	牧业村	3
175	阿羌乡	乌什开布隆村	2
176	阿羌乡	喀什塔什村	3
177	阿羌乡	雄古拉村	2
178	阿羌乡	库乃斯村	2
179	阿羌乡	吐格曼贝希村	5
180	阿羌乡	阿羌村	7
181	阿羌乡	太斯坎里克村	7
182	阿羌乡	塔尔阿格孜村	2
183	阿羌乡	皮什盖村	3
184	英巴格乡	巴什兰帕村	6
185	英巴格乡	阿亚格兰帕村	4
186	英巴格乡	库如格依来克村	6
187	英巴格乡	托克散墩村	3
188	英巴格乡	艾山玉孙村	3

续表10

序号	乡 镇	村 名	村民小组数(个)
189	英巴格乡	喀瓦艾日克村	3
190	英巴格乡	库勒拜什村	2
191	英巴格乡	库木托格拉克村	5
192	英巴格乡	巴格恰村	5
193	英巴格乡	托什坎塔合塔村	2
194	英巴格乡	艾斯尼提木村	2
195	英巴格乡	康托喀依村	1
196	英巴格乡	新园村	5
197	达里雅布依乡	达里雅布依村	6
198	兰干博孜亚农场	巴什铁日木村	2
199	兰干博孜亚农场	奥吐拉博孜亚尔村	3
200	兰干博孜亚农场	依斯勒格博孜亚尔村	3
201	兰干博孜亚农场	托什坎墩村	4
202	新城区街道办事处	昆仑社区	3
203	新城区街道办事处	建德社区	10
204	新城区街道办事处	库塔孜贝希社区	8
205	新城区街道办事处	和谐社区	4
206	新城区街道办事处	玉城社区	11
207	新城区街道办事处	幸福社区	2
208	新城区街道办事处	朝阳社区	8
209	新城区街道办事处	阗美社区	5
210	新城区街道办事处	玫瑰社区	12
211	新城区街道办事处	光明社区	2
212	新城区街道办事处	团结社区	10
213	新城区街道办事处	快乐社区	9
214	新城区街道办事处	阗园社区	9
215	新城区街道办事处	古再社区	12

续表10

序号	乡 镇	村 名	村民小组数(个)
216	老城区街道办事处	塔乃贝希社区	1
217	老城区街道办事处	吾斯塘贝希社区	1
218	老城区街道办事处	木板桥社区	1
219	老城区街道办事处	墩巴格社区	1
220	老城区街道办事处	龙湖社区	0
221	老城区街道办事处	平安社区	0

（各乡镇〈街道〉提供）

于田县2022年古树名木一览表

表11

序号	地点及编号	保护等级	树种
1	奥依托格拉克乡也斯尤勒滚村村委会后园国家三级（新增）114号（银白杨）	国家三级	银白杨
2	奥依托格拉克乡也斯尤勒滚村村委会后面国家二级58号（银白杨）	国家二级	银白杨
3	奥依托格拉克乡也斯尤勒滚村村委会后园国家二级63号（银白杨）	国家二级	银白杨
4	奥依托格拉克乡也斯尤勒滚村村委会后园国家三级67号（银白杨）	国家三级	银白杨
5	奥依托格拉克乡也斯尤勒滚村村委会后园国家三级66号（银白杨）	国家三级	银白杨
6	奥依托格拉克乡也斯尤勒滚村村委会后园国家二级57号（银白杨）	国家二级	银白杨
7	奥依托格拉克乡也斯尤勒滚村村委会后园国家二级61号（银白杨）	国家二级	银白杨
8	奥依托格拉克乡也斯尤勒滚村村委会后园国家二级59号（银白杨）	国家二级	银白杨
9	奥依托格拉克乡也斯尤勒滚村村委会后园国家三级64号（银白杨）	国家三级	银白杨
10	奥依托格拉克乡也斯尤勒滚村村委会后园国家三级65号（银白杨）	国家三级	银白杨
11	奥依托格拉克乡也斯尤勒滚村村委会后园国家二级62号（银白杨）	国家二级	银白杨
12	奥依托格拉克乡也斯尤勒滚村吾普尔家二级60号（银白杨）	国家二级	银白杨
13	喀拉克尔乡宗塔勒村阿玉甫房边国家二级100号（胡杨）	国家二级	胡杨
14	喀拉克尔乡宗塔勒村阿玉甫房后国家二级101号（胡杨）	国家二级	胡杨
15	喀拉克尔乡宗塔勒村阿玉甫房后国家二级95号（胡杨）	国家二级	胡杨
16	喀拉克尔乡宗塔勒村阿玉甫房后国家二级96号（胡杨）	国家二级	胡杨
17	喀拉克尔乡宗塔勒村阿玉甫房后国家二级97号（胡杨）	国家二级	胡杨
18	喀拉克尔乡宗塔勒村阿玉甫房后国家二级93号（胡杨）	国家二级	胡杨
19	喀拉克尔乡宗塔勒村阿玉甫房后国家二级92号（胡杨）	国家二级	胡杨
20	喀拉克尔乡宗塔勒村阿玉甫房后国家二级94号（胡杨）	国家二级	胡杨
21	喀拉克尔乡宗塔勒村阿玉甫房后国家二级98号（胡杨）	国家二级	胡杨
22	喀拉客乡宗塔勒村阿玉甫房后国家二级99号（胡杨）	国家二级	胡杨
23	喀拉克尔乡宗塔勒村阿玉甫房园国家二级88号（胡杨）	国家二级	胡杨
24	喀拉克尔乡宗塔勒村阿玉甫房园国家二级89号（胡杨）	国家二级	胡杨
25	喀拉克尔乡宗塔勒村阿玉甫房边国家二级102号（胡杨）	国家二级	胡杨
26	喀拉克尔乡宗塔勒村阿玉甫房后国家二级103号（胡杨）	国家二级	胡杨
27	喀拉克尔乡宗塔勒村阿玉甫房后国家二级104号（胡杨）	国家二级	胡杨
28	喀拉克尔乡宗塔勒村阿玉甫房后国家二级105号（胡杨）	国家二级	胡杨

续表11

序号	地点及编号	保护等级	树种
29	喀拉克尔乡宗塔勒村阿玉甫房前国家二级91号(胡杨)	国家二级	胡杨
30	喀拉克尔乡宗塔勒村阿玉甫房前国家二级37号(胡杨)	国家二级	胡杨
31	喀拉克尔宗塔勒村阿玉甫房前国家二级38号(胡杨)	国家二级	胡杨
32	喀拉克尔乡宗塔勒村阿玉甫房前国家二级39号(胡杨)	国家二级	胡杨
33	喀拉克尔乡宗塔勒村阿玉甫房前国家二级46号(胡杨)	国家二级	胡杨
34	喀拉克尔乡宗塔勒村阿玉甫房前国家二级45号(胡杨)	国家二级	胡杨
35	喀拉克尔乡宗塔勒村阿玉甫房前国家二级47号(胡杨)	国家二级	胡杨
36	喀拉客乡宗塔勒村阿玉甫房前国家二级44号(胡杨)	国家二级	胡杨
37	喀拉客乡宗塔勒村阿玉甫房前国家二级43号(胡杨)	国家二级	胡杨
38	喀拉克尔乡宗塔勒村阿玉甫房前国家二级42号(胡杨)	国家二级	胡杨
39	喀拉克尔乡宗塔勒村阿玉甫房前国家二级41号(胡杨)	国家二级	胡杨
40	喀拉克尔乡宗塔勒村阿玉甫房前国家二级40号(胡杨)	国家二级	胡杨
41	喀拉客乡宗塔勒村阿玉甫房前国家三级90号(胡杨)	国家三级	胡杨
42	喀拉客乡宗塔勒村吾唐国家三级10号(银白杨)	国家三级	银白杨
43	喀拉客乡麦盖提村孜亚力房前国家三级2号(银白杨)	国家三级	银白杨
44	喀拉克尔乡麦盖提村孜亚力房前国家三级4号(桑树)	国家三级	桑树
45	喀拉克尔乡麦盖提村孜亚力房前国家二级36号(桑树)	国家二级	桑树
46	喀拉克尔乡麦盖提村孜亚力房前国家三级5号(桑树)	国家三级	桑树
47	喀拉克尔乡麦盖提村孜亚力房前国家三级6号(桑树)	国家三级	桑树
48	喀拉克尔乡麦盖提村孜亚力房前国家三级7号(桑树)	国家三级	桑树
49	喀拉克尔乡麦盖提村孜亚力房前国家三级8号(桑树)	国家三级	桑树
50	喀拉克尔乡麦盖提村孜亚力房前国家三级19号(桑树)	国家三级	桑树
51	喀拉克尔乡麦盖提村孜亚力房前国家三级20号(桑树)	国家三级	桑树
52	喀拉克尔乡麦盖提村孜亚力房前国家三级9号(银白杨)	国家三级	银白杨
53	喀拉克尔乡提热克吾斯塘村村委会国家三级1号(银白杨)	国家三级	银白杨
54	喀拉克尔乡硝尔库勒村阿布都艾尼房前国家三级35号(柳树)	国家三级	柳树
55	阿羌乡太斯坎里克村胡热克国家三级109号(银白杨)	国家三级	银白杨
56	阿羌乡太斯坎里克村胡热克国家三级101号(银白杨)	国家三级	银白杨
57	阿羌乡太斯坎里克村胡热克国家三级111号(银白杨)	国家三级	银白杨

续表11

序号	地点及编号	保护等级	树种
58	阿羌乡太斯坎里克村胡热克国家三级112号(银白杨)	国家三级	银白杨
59	阿羌乡太斯坎里克村胡热克国家三级113号(银白杨)	国家三级	银白杨
60	阿羌乡太斯坎里克村柏油路旁边国家三级107号(胡杨)	国家三级	胡杨
61	阿羌乡太斯坎里克村柏油路旁边国家三级108号(胡杨)	国家三级	胡杨
62	阿羌乡太斯坎里克村柏油路东侧国家三级106号(银白杨)	国家三级	银白杨
63	英巴格乡艾斯尼提木村条田国家三级48号(银白杨)	国家三级	银白杨
64	英巴格乡艾斯尼提木村买提如孜房前国家三级54号(沙枣)	国家三级	沙枣
65	英巴格乡艾斯尼提木村买提如孜房前国家三级55号(沙枣)	国家三级	沙枣
66	英巴格乡艾斯尼提木村买提如孜房前国家三级56号(沙枣)	国家三级	沙枣
67	英巴格乡艾斯尼提木村买提如孜房前国家三级51号(沙枣)	国家三级	沙枣
68	英巴格乡艾斯尼提木村国家三级52号(沙枣)	国家三级	沙枣
69	英巴格乡艾斯尼提木村买提如孜房边国家三级53号(桑树)	国家三级	桑树
70	英巴格乡艾斯尼提木村买提如孜房前国家三级49号(银白杨)	国家三级	银白杨
71	英巴格乡库如格依来克村国家三级50号(银白杨)	国家三级	银白杨
72	先拜巴扎镇萨依村国家三级74号(枣树)	国家三级	枣树
73	先拜巴扎镇萨依村国家三级75号(核桃)	国家三级	核桃
74	先拜巴扎镇萨依村国家三级73号(枣树)	国家三级	枣树
75	先拜巴扎镇萨依村国家三级68号(枣树)	国家三级	枣树
76	先拜巴扎镇阿瓦提村国家三级17号(银白杨)	国家三级	银白杨
77	先拜巴扎镇喀提亚克村国家三级72号(胡杨)	国家三级	胡杨
78	先拜巴扎镇托万萨依巴格村托格拉条田国家三级71号(胡杨)	国家三级	胡杨
79	先拜巴扎镇托万萨依巴格村托格拉克条田国家三级70号(胡杨)	国家三级	胡杨
80	斯也克乡克尕孜村国家三级16号(银白杨)	国家三级	银白杨
81	斯也克乡拜什托格拉克村居民143号门前国家三级15号(银白杨)	国家三级	银白杨
82	斯也克乡阿依丁库勒村买提如孜·艾山房子后面国家三级18号	国家三级	银白杨
83	斯也克乡斯也克村学校前国家三级13号(银白杨)	国家三级	银白杨
84	斯也克乡斯也克村买吐送·买托合提房子后面国家三级14号	国家三级	银白杨
85	斯也克乡琼吾斯塘村阿布热合曼房后国家三级12号(银白杨)	国家三级	银白杨
86	斯也克乡琼吾斯塘村阿不都外力房前国家三级11号(银白杨)	国家三级	银白杨

续表11

序号	地点及编号	保护等级	树种
87	加依乡却普其勒村闸口东侧国家三级3号(旱柳)	国家三级	旱柳
88	希吾勒乡龙湖景区国家三级31号(灰杨)	国家三级	灰杨
89	希吾勒乡龙湖景区国家一级25号(灰杨)	国家一级	灰杨
90	希吾勒乡龙湖景区国家一级27号(灰杨)	国家一级	灰杨
91	希吾勒乡龙湖景区国家一级32号(灰杨)	国家一级	灰杨
92	希吾勒乡龙湖景区国家一级29号(灰杨)	国家一级	灰杨
93	希吾勒乡龙湖景区国家一级78号(灰杨)	国家一级	灰杨
94	希吾勒乡龙湖景区国家一级79号(灰杨)	国家一级	灰杨
95	希吾勒乡龙湖景区国家一级80号(灰杨)	国家一级	灰杨
96	希吾勒乡龙湖景区国家一级76号(灰杨)	国家一级	灰杨
97	希吾勒乡龙湖景区国家一级77号(灰杨)	国家一级	灰杨
98	希吾勒乡龙湖景区国家一级81号(灰杨)	国家一级	灰杨
99	希吾勒乡龙湖景区国家一级87号(灰杨)	国家一级	灰杨
100	希吾勒乡龙湖景区国家一级82号(灰杨)	国家一级	灰杨
101	希吾勒乡龙湖景区国家一级83号(灰杨)	国家一级	灰杨
102	希吾勒乡龙湖景区国家一级84号(灰杨)	国家一级	灰杨
103	希吾勒乡龙湖景区国家一级85号(灰杨)	国家一级	灰杨
104	希吾勒乡龙湖景区国家二级33号(灰杨)	国家二级	灰杨
105	希吾勒乡龙湖景区国家二级30号(灰杨)	国家二级	灰杨
106	希吾勒乡龙湖景区国家二级25号(灰杨)	国家二级	灰杨
107	希吾勒乡龙湖景区国家二级26号(灰杨)	国家二级	灰杨
108	希吾勒乡龙湖景区国家三级24号(灰杨)	国家三级	灰杨
109	希吾勒乡龙湖景区国家三级23号(灰杨)	国家三级	灰杨
110	希吾勒乡龙湖景区国家三级22号(灰杨)	国家三级	灰杨
111	希吾勒乡库什喀其巴格村田间国家三级34号(黑桑树)	国家三级	黑桑树
112	希吾勒乡汗亚依拉克草场国家一级86号(灰杨)	国家一级	灰杨
113	希吾勒乡国家三级21号(灰杨)	国家三级	灰杨

(于田县林草局提供)

索 引

一、本索引采用主题分析法编制。索引范围包括类目、分目、条目。

二、本索引按主题词首字汉字拼音音序（同音按音调）排列，若首字拼音相同则按第二字音序排列，以此类推。

A

阿羌乡　149
阿热勒乡　140
阿日希乡　141
阿什库勒火山群　86
安全生产　75，76，80，81，95，134，147，158
安全生产基础设施　134
安全生产宣传　135
安全责任　134
奥依托格拉克乡　148

B

80周岁以上老人基本生活津贴发放　132
巴什康苏拉克水电站　78
办文办会　21，38
保费收入　91
保密服务保障　22
保险　91
保障和改善民生　44
保障性住房建设　100
保障专用通信服务　22
病虫害防治　71
博爱周活动　62
不动产登记　102

C

财险理赔　91
财源建设　64
财政　63
财政管理　65
财政审计　66
财政收入　63
财政支出　64
采购类交易　39
采矿权设置　77
参保工作　129
参政议政　60
残疾人“两项补贴”发放　132
残疾人保障金征收　61
残疾人就业　61
残疾人康复　61
残疾人社会保障　61
残疾人证办理　61
草场资源　16
厕所革命　73
测绘地理　105
拆迁安置　101
产城融合项目　101
产品质量安全监督　67
产业帮扶　46
产业发展　35
产业支援　44
常委会会议（部分）　19
超限超载治理　94
车险保费　91
城管执法　101
城市环境卫生　101
城市建设安全　134
城市绿化　99
城乡低保　131
城乡规划与土地开发　98
城乡建设　98
城镇建设　156
出版物发行　118
出生医学证明管理和发放　125
除雪保畅　94
传染病防控　122

窗口服务和行风评议 95
村容村貌 144
存贷业务 88

D

达里雅布依古村落 86
达里雅布依乡 151
“大漠胡杨季”特种旅游发展论坛 87
代表工作 33
代表活动 33
代表视察 33
待遇保障工作 129
丹丹乌里克遗址 87
党的建设 18,158
党风廉政 53,138,144,153,157
党风廉政建设 41,152
党建工作 31
党建引领 76
党史和地方志工作 30
党校工作 30
党组织和党员队伍 23
档案管理 22
道路运输安全 134
地方病防治 123
地区机关单位定点帮扶 47
地形地貌 13
地震应急 135
地质灾害防治 105
电力工业 77
电力生产 157
电商孵化 80
电商交易 80
电商市场 96
电网建设与发展 77
电子商务 80
定向培训 113
动态监测和帮扶 73
督查考核、基层减负 22
对口支援 定点帮扶 44

E

二次医疗救助 130

F

法律服务 54
法院 52
法治 49
法治相伴活动 56
法治宣传 54
法治政府建设 34,50
反腐败斗争 41
防汛抢险 135
防灾减灾宣传 135
防震减灾 135
房地产管理 102
房屋预售许可办理 102
放管服改革 34
风险管理 65
扶贫项目资产 73
服务管理 90
服务降费让利 90
服务青年 57
服务社会 97
妇联组织建设 58
妇女儿童保障 137
妇女就业 58
妇幼保健 124

G

改厕工作 147
概况 21,23,25,27,27,29,30,30,31,33,37,38,40,41,42,44,45,46,47,49,51,53,55,56,57,60,61,62,63,65,66,66,68,69,69,70,70,71,72,73,74,75,75,77,78,79,80,80,81,81,82,84,88,88,89,89,90,91,91,92,93,93,94,94,95,95,96,97,111,102,102,103,104,106,107,107,108,109,110,112,112,113,114,115,117,118,119,121,121,122,124,125,126,128,129,131,132,133,134,135,136,137,138,139,140,141,143,144,145,146,147,148,149,150,151,152,153,153,157
干部管理 24,128
干部教育培训 23
干部培训 30
岗位开发 113
高企培育 103
高危儿筛查 125
高中教育 112
个人非车保险 91
根治欠薪 129
耕地保护 105
工程建设 97
工程类交易 39
工程质量监管 78
工会维权 56
工会宣教 55
工商联换届 60
工商联谊 60
工业 建筑业 75
工业发展 17
工业建筑业 155
工业园区 75
工资福利 128

工作亮点 25，26，50，118，145，148
公安 51
公安法治 51
公安英模 51
公共服务 154
公共文化设施 114
公积金贷款 133
公路管理 93
公路客运 95
公路养护 93
公益安置点 101
公益林管护 108
公益林区 108
公益诉讼检察 52
公租房管理 102
公租房清理规范 102
供电服务 78
供排水 100
供销合作 81
供销体系建设 81
供销销售 81
宫颈癌、乳腺癌筛查 125
构建和谐劳动关系 129
孤儿收养 131
古树保护 108
固定资产投资 63
关爱帮扶 58
管护队伍 108
管理岗职员等级晋升 128
灌溉 72
广播电视入户 115
规范工程审批流程 78
规范巡察规程 43
规划免疫 123
国家机关工作人员任免 31
国库会计核算 88
国免孕优项目检查 122
国土空间规划 98

H

夯实基层基础 23
河(湖)长制 72
河流资源 15
红十字会捐赠 62
宏观经济调控 63
汇算清缴 65
惠民补贴 68
惠民惠农补贴发放 64
惠民实事 18
惠农工程 89
惠企政策 129
婚前医学检查 124
婚姻登记 132
活动开展 58

J

机场建设运营 45
机场派出所 51
机构编制管理 29
机构编制管理服务 29
机关服务 22
机械设备管理 94
基本县情 13
基本医疗 119
基层党建 137，138，139，140，141，143，144，145，146，147，148，150，151，151，152，153，154
基层科普行动计划 59
基层人民法庭品牌建设 53
基层社建设 81
基层组织建设 55
基础建设 28，89
基础设施建设 17，75
吉音景区 86
疾病预防控制 122
集体经济发展 136
集体土地清查 68
集体资产清查 68
计量监管 67
计生服务 121
纪检工作 145
纪检监察 41
纪律检查 154
技工学校 113
技能培训 128
技术服务质量管理 122
技术合同 103
加依乡 138
家政服务业 79
监督工作 31
检察 51
检验工作 124
减量增效 68
建档立卡和优待证申领发放 132
建立法治化营商环境 50
建团百年活动 57
建章立制 21
建筑业 78
健康帮扶 119
健康促进 119
健康教育和业务培训 124
健康体检 126，127
交通 93
交通事故隐患排查治理 51
交通运输局定点帮扶 48
交通运输行政执法 94
交往交流 45
教辅相伴活动 57
教师队伍管理 109

教师队伍建设　30
教学研究　110
教研工作　30
教育　109
教育帮扶　47
教育督导　109
教育基建项目工程　109
教育经费投入　109
教育事业　156
结对帮扶　83
结核病防治　123
解决群众困难　40
金融管理　88
金融客户　96
金融业　88
金融支持新型农业经营主体　88
进藏第九线　86
禁毒工作　51
经济发展　18
经济犯罪侦查　51
经济管理　63
经济和社会发展　17
经济建设　155
经济协作　83
经济运行情况　17
经济责任和自然资源审计　66
经贸合作　82
经营主体　68
精神文明　158
精神文明创建　25
精选良种　74
纠治“四风”　42
救灾备灾　62
就业帮扶　47
就业创业　133
就业服务　128
就业跟踪服务　113
就业工作　143,153
卷烟营销　81

K

喀拉墩古城遗址　87
喀拉克尔乡　146
开通运营　95
开展活动　23
开展专题活动　57
考试组织　110
科创大赛　103
科技　气象　103
科技　103
科技服务　103
科技富民工程　60
科技教育　59
科技培训　59
科技项目　103
科技宣传　104
科克亚乡　139
科普宣传　60
科小申报　103
科协换届　59
科学技术普及推广　152
科研教学　126
克里雅河　86
克里雅河国家湿地公园　86
客户服务　92
空气监测　106
控告申诉检察　52
库尔班·吐鲁木纪念馆　84
快递寄递业　79
矿产保护　105
矿产开发与加工　77
矿产勘查　77
矿产资源　16
矿山安全　134
昆仑山　85
昆仑瑶池　85
困难老人救助供养　131
困难群众医疗费用负担监测预警　130
困难诉求收集　29

L

兰干博孜亚农场　152
兰干乡　143
劳动技能竞赛　56
老城区街道　153
老干部管理　24
老旧小区改造　100
理论学习　21
理论学习中心组学习　25
理赔业务　92
历史沿革　14
立案工作　52
联谊活动　57
廉政建设　140,158
粮棉油信贷　89
粮油种植　69
“两规”规划实施　59
两新组织党建　24
亮点工作　43,73,149
林草业　70
林果提质增效　71
林长制组织　71
临时救助工作　132
流水墓地　86
龙湖旅游区　86
路产路权　94
路检路查　72
路政案件办理　94
落实职业教育生均经费　113

旅游创建 84
旅游促销 87
旅游基础建设 84
旅游接待 84
旅游商品专柜设置 87
旅游项目 87
旅游宣传推介 84
旅游业 84
旅游业发展 17
旅游资源 84

M

慢性病报销工作 130
慢性病防治 124
媒体融合 117
免收住院押金 130
免疫防疫 69
苗圃基地建设 71
民航运输 94
民生工程 156
民生建设 143
民生实事 46
民事检察 52
民事审判 52
民政 131
民族团结创建 27
名村志申报 30
木尕拉镇 136

N

馕产业 76
内部管理 90
内控合规管理 89
内控合规建设 90
年鉴编纂 30
农村"煤改电" 102
农村公路工程建设 93
农村公路日常养护 93
农村集体"三资"管理 68
农村集体成员和股权确认 69
农村经济 136，138，139，140，141，142，143，145，145，147，148，149，150，151，152，152
农村人居环境整治 102
农村饮水安全 72
农户贷款 88
农机购置补贴 72
农机新技术推广 71
农贸市场食品安全 80
农牧业机械化 71
农业保险 91
农业发展 17
农业农村 68
农业种植业 155
农资配送及粮油、蔬菜配送 81

P

派驻监督 42
棚户区改造 100
批零住餐贸易 79
平安建设 49
平台销售 80
普法工作 52
普法宣传 53

Q

欺诈骗保专项整治 130
企业服务 75
企业管理 92
气候气象 14
气象 104
气象服务 104
气象科普宣传 104
青年志愿服务 57
区内初中班招生 110
群众工作 138，139，141，142，144，145，147，148，149，150，151，153，154，29
群众团体 55
群众慰问 48

R

燃气管理 101
人才促发展 120
人才工作 24
人才交流 83
人大工作 138
人道救助 62
人工降水 104
人居环境整治 136
人力资源和社会保障 128
人民币账户 88
人民调解 54
人民生活 157
融媒体工作 117

S

"扫黄打非" 26
森林草场保护 106
森林草原防灾 135
森林草原执法审批 107
森林草原资源管理 107
森林资源 16
沙化治理 106
商非保险 91

商贸服务业 79
商业服务业 155
少数民族发展资金项目和民品民贸 27
设施维护 104
社保扩面 129
社会保险费征收 65
社会保障 65,156
社会生活 17,128
社会事务 136,137,147,156
社会事业 139,140,141,142,143,144,145,146,149,150,151,152,153,154
社会信用代码赋码管理 29
社会学习考试 113
社会用电量 77
社会治理 138,139,140,141,142,146,148,149,150,151,152,153,153
社情民意收集 40
涉法涉诉信访 49
深化拓展权责清单管理 29
审读工作 26
审计 66
审计整改 66
生态环保 155
生态环境保护 35
生态环境监管 106
生态环境与保护 105
生态监管执法 106
牲畜品种改良 70
湿地保护 107
湿地动植物 108
湿地资源 16
石榴籽系列活动 58
石油销售 81
实施抗震防灾工程 102
食品安全监管 67
食药环犯罪侦查 51
市场服务 80
市场价格监管 67
市场监督管理 66
市场开发建设服务 80
市域社会治理 50
市域治理 146
市政管理 101
市政建设 98
市政设施维护 99
蔬菜种植 69
双拥共建 133
水产健康养殖和生态养殖 70
水库调度 157
水利 72
水利工程 72
水政水资源管理 72
税收法治 65
税收优惠政策 65
税务 65
税源管理 65
司法救助 49
司法行政 53
斯也克乡 144
送温暖活动 55

T

探矿权设置 77
特困人员救助供养 131
特载 1
特种设备监管 134
特种设备监管 67
提案办理 40
提升城市品质 34
体系建设 132
体育活动 115
天津市对口支援 44
阗昆物流园 80
铁路运输 95
庭院经济 155
通信 96
通信保障 96
统计 66
统计服务 66
统计监测分析 66
统计监督 66
统一战线工作 27
图书发行 118
土地流转 69
土地市场 98
土地资源 15
土地资源保护 105
“团团”陪你过暑假活动 56
团组织建设 56
推广中医技术 127
推进乡村振兴 64
退役军人事务 132
吞吐量 94
托格日尕孜乡 145
托幼机构体检评估 124
脱贫攻坚成果同乡村振兴有效衔接 143

W

万企兴万村 60
网络安全 28
网络基础建设 96
网络监督 28
网络建设 96
网络金融及业务拓展 91
网签审批 102
网信管理 28

网信宣传 29
危险化学品安全 134
卫片执法及变更 105
卫生服务能力 122
卫生监督 121
卫生监督业务培训 121
卫生监督执法案件查处 121
卫生监督执法检查 121
卫生许可 121
卫生医疗 119,140
位置面积 13
文化 体育 114
文化工作 76
文化活动 156
文化教育支援 45
文化旅游节庆活动 87
文化润疆 140
文化润疆工作 26
文化市场监管 115
文化宣传 139,152,153
文旅融合活动 84
文明施工建设 78
文物保护管理 115
物价管理 63
物流配送 81
物业服务 102

X

希吾勒乡 147
“星级化”管理 120
下都草原 86
先拜巴扎镇 137
闲置土地处置 98
衔接资金项目 73
县人大常委会机关定点帮扶 48
县委办公室定点帮扶 48
县委办公室工作 21
县委编办定点帮扶 48
县域商业体系建设 79
县直单位定点帮扶(部分) 48
县直机关党建 27
现代农田建设 68
现金投放 88
献血与造血干细胞捐献 62
乡村建设 102
乡村振兴 136,137,138,141,142,143,144,145,146,147,149,150,152,154,157,73
乡村振兴帮扶 45
乡镇(街道) 136
项目建设 24,63,87
项目实施 46
消防安全 135
消防救援 135
消防宣传 135
消费帮扶 47,48
消费协作 83
小额信贷政策 91
小区优化管理 102
校外教育 110
协商议政 40
新车、二手车促销 80
新城区街道 153
新技术、新项目开展 126
新疆高中班录取 110
新疆吉音水利枢纽工程建设管理局 157
新疆生产建设兵团第十四师二二五团 155
新疆于田县玫瑰园食品有限公司 76
新品种水稻种植示范 74
新生儿听力筛查干预 125
新生儿遗传代谢病筛查 125
新闻宣传 117
新增耕地项目 105
薪酬改革 121
信贷业务 90
信访工作 38
信息服务 38
信息化建设 43
信息数据更新 61
刑事检察 51
刑事审判 52
行政检察 52
行政区划 15
行政许可 98
畜牧兽医技术培训 70
畜牧业 155
畜牧业 69
宣传工作 25
宣传教育 124
宣传宣讲 25
学前教育 110
学生学籍管理 110
学生资助 109
巡察工作 42

亚兰干佛寺遗址 87
烟草专卖 81
严格落实环评制度 106
药具工作 122
药械化领域安全监管 67
野生动物资源 16
野生动植物保护 107
野生动植物保护与救助 107
业务经营 92
业务培训 97,122,127
业务指导 58

业主委员会建设　102
夜间经济　80
医保定点药店　131
医德医风建设　127
医防融合　120
医共体建设　126,127
医共体内网建设　97
医疗帮扶　47,48
医疗保障　129
医疗保障局定点帮扶　48
医疗废物管理　106
医疗机构　125
医疗卫生　156
医疗卫生保障　64
医疗业务　125,126
医疗政策宣传　130
依法治县　50
移交公共资源交易　39
义务教育　111
议事机构会议(部分)　20
异地备案　130
易地搬迁　63
疫苗接种　125
意识形态工作责任制落实　25
银行　88
引领基层治理　28
饮用水水源地环境整治　106
隐性债务化解　64
应急保障　94,97
应急管理　134
应急救护培训　62
英巴格乡　150
营销工作　77
营销活动　79
营养包发放　125
营运线路　95
拥军优属　143
用地审批　98
优抚政策落实　132
优化营商环境　34
邮政　通信　96
邮政　96
邮政储蓄　96
邮政寄递　96
于党办文件(部分)　21
于党发文件(部分)　20
于田概况　13
于田县2022年“津和杯”男子篮球比赛　115
于田县CEC希望学校　112
于田县宝玉石开发公司阿拉玛斯和田玉石矿　77
于田县残疾人联合会　61
于田县第26届少数民族传统体育运动会　115
于田县第二高级中学　112
于田县第二小学　112
于田县第二幼儿园　111
于田县第二中学　112
于田县第六幼儿园　111
于田县第三幼儿园　111
于田县第三中学　112
于田县第十八届人民代表大会第二次会议　32
于田县第四幼儿园　111
于田县第五幼儿园　111
于田县第一高级中学　112
于田县第一小学　111
于田县第一幼儿园　110
于田县第一中学　112
于田县妇女联合会　57
于田县工商业联合会　60
于田县红十字会　62
于田县金凤幼儿园　111
于田县科学技术协会　59
于田县美玉香镶文创发展有限责任公司　77
于田县农村信用合作联社　90
于田县人民代表大会　31
于田县人民医院　125
于田县人民政府　34
于田县人民政府工作报告(节选)　1
于田县赛地苦拉木和田玉矿　77
于田县十八届人大常委会会议　32
于田县维吾尔医医院　126
于田县委理论学习中心组理论学习　19
于田县伊斯兰教协会换届　27
于田县镇海幼儿园　111
于田县总工会　55
于政办发文件(部分)　37
于政发文件(部分)　35
渔业　70
渔政管理　70
预防出生缺陷　124
预防和化解社会矛盾　49
圆沙古城　87
援疆审计　66
孕产妇救助　124

Z

责任落实　28
责任体系　73
增强基层服务　120
债券资金　64
招商引资　17,82
招商引资冬季攻势工作专班　82
招商引资活动　82
招商引资项目储备　82
征收评估　101

征收与补偿　101
征信查询　88
政策制度　73
政法委与综治工作　49
政府办公室工作　37
政府常务会议(部分)　35
政务督查　37
政务服务　38,39
政务公开　38,65
政协于田县第十六届委员会全体委员会议　40
政治监督　41
政治建设　18,28
支农工作　89
执行工作　53
职称评审　128
职能服务　30
职务犯罪检察　51
职业教育　112
植物资源　16
质量提升活动　66
智力支援　44
中国电信股份有限公司和田地区于田县分公司　96
中国共产党于田县委员会　18
中国共产主义青年团于田县委员会　56
中国联合网络通信有限公司于田县分公司　97
中国民用航空局定点帮扶　45
中国农业发展银行于田县支行　89
中国农业银行股份有限公司于田县支行　88
中国人民财产保险股份有限公司于田支公司　91
中国人民解放军独立骑兵师先遣连进藏纪念碑　85
中国人民政治协商会议于田县委员会　40
中国人寿保险股份有限公司于田县支公司　91
中国移动通信集团新疆有限公司于田县分公司　96
中国邮政储蓄银行于田县支行　89
中华联合财产保险股份有限公司于田县支公司　92
中石油销售　81
种养结合　74
种业发展　68
种植业　69
重点项目　98
重要会议　19,32
重要会议和文件　35
重要文件　20
主题团课　56
助力社会治理　40
助推联农带农　74
住房改建　100
住房公积金服务　133
住房公积金管理　133
住房公积金缴存　133
住房公积金提取　133
驻村工作　24
驻县单位　155
铸牢中华民族共同体意识　27
专卖管理　81
专题调研　40
专题宣传　117
专项检查　102
专项治理　42
自然灾害修复　94
自身建设　42
自治区机关单位企业定点帮扶　46
综合管理　96
综合协调　38
综述　109,114,119
综述　18,31,34,40,41,68,75,79,84,93
综治责任落实　49
走访慰问　47
组织工作　23
组织领导　42
组织振兴建设　23